# 卓越领航人

——产教融合培养卓越工程师案例

吕卫锋　赵巍胜　顾问
吴江浩　王　磊　主编

北京航空航天大学出版社

图书在版编目（CIP）数据

卓越领航人：产教融合培养卓越工程师案例 / 吴江浩，王磊主编. -- 北京 : 北京航空航天大学出版社，2025.4

ISBN 978-7-5124-4318-1

Ⅰ.①卓… Ⅱ.①吴… ②王… Ⅲ.①高等学校—产学合作—研究—中国 Ⅳ.①G640

中国国家版本馆CIP数据核字（2024）第025987号

版权所有，侵权必究。

卓越领航人——产教融合培养卓越工程师案例
吕卫锋　赵巍胜　顾问
吴江浩　王　磊　主编
策划编辑　董宜斌　　责任编辑　江小珍　王迎腾
\*
北京航空航天大学出版社出版发行
北京市海淀区学院路 37 号（邮编100191）　http://www.buaapress.com.cn
发行部电话：（010）82317024　传真：（010）82328026
读者信箱：copyrights@buaacm.com.cn　邮购电话：（010）82316936
北京雅图新世纪印刷科技有限公司印装　各地书店经销
\*
开本：710×1 000　1/16　印张：18.25　字数：308 千字
2025 年 4 月第 1 版　2025 年 4 月第 1 次印刷
ISBN 978-7-5124-4318-1　定价：79.00元

若本书有倒页、脱页、缺页等印装质量问题，请与本社发行部联系调换。联系电话：（010）82317024

# 编委会

**顾　问**：吕卫锋　赵巍胜
**主　编**：吴江浩　王　磊
**副主编**：赵世奎　秦安安
**委　员**：（按姓氏笔画为序）

王广胜　王伟宗　田大新　史可文　刘火星　刘沛清
杨　合　李小路　李育隆　宋　友　张宗洋　邵英华
郎　倩　郝金星　段海滨　俞南嘉　徐　辉　栾钟治
黄行蓉　黄　迪　蒋崇文　赖李媛君

# 序 言

卓越工程师是国家战略人才力量的重要组成部分，是教育、科技、人才的重要结合点。习近平总书记在中央人才工作会议上强调指出，要探索形成具有中国特色、世界水平的工程师培养体系，努力建设一支爱党报国、敬业奉献、具有突出技术创新能力、善于解决复杂工程问题的工程师队伍。研究生教育肩负着高层次人才培养和创新创造的重要使命，是国家发展、社会进步的重要基石，也是国家发展水平和发展潜力的重要标志。党的十八大以来，我国研究生教育快速发展，实现了历史性跨越，正在向研究生教育强国稳步迈进。强化产教融合育人机制，推动教育部门、产业部门、行业组织的良性互动和深度协同，是加快培养卓越工程师的必由之路，也是新时代研究生教育面临的重大课题。

北京航空航天大学（以下简称北航）是新中国创建的第一所航空航天高等学府，也是我国首批设立研究生院的22所高校之一。自1952年建校以来，北航把服务国家作为最高追求，落实立德树人的根本任务，薪火相传、砥砺奋进，逐步构建了具有典型行业特色的卓越工程师人才培养体系，为我国国民经济和国防建设事业，特别是航空航天事业培养了大批领军人才。新时代，卓越工程师培养面临新的挑战，北航不断"破题解困"，革新培育途径，深化产教融合，开展了一系列改革工程教育培养模式的行动，持续探索新时代卓越工程师自主培养方案，努力构建北航卓越工程师人才培养新模式。2022年以来，北航先后承办了全国卓越工程师产教联合培养行动座谈会、全国卓越工程师培养工作推进会，获批首批国家卓越工程师学院，率先探索"项目入库""课程三三制""校企联合导师组"等工学交替培养新模式，打造国家卓越工程师培养的"样板间"。

实践基地是产教融合培养卓越工程师的重要平台和保障。一直以来，面向行业企业需求是北航人才培养的鲜明特色，北航以校企协同合作为基础，以全面提高人才培养质量为目标，服务构建新发展格局，积极探索校企联合培养基地建设。北航与航空航天领域领军企业和信息领域龙头企业开展全面合作，瞄准企业"真问题"，开展"真研究"，建立一批"真基地"，推动产教融合培养卓越工程师体系的高质量及可持续发展。在这些基地中，先后有3个基地获评全国示范性工程专业学位研究生联合培养基地，10个基地获评工业和信息化部校企协同育人示范基地，获评示范性基地的数量并列全国高校第一。为进一步推动专业学位研究生联合培养实践基地建设，推进专业学位研究生教育与相关行业企业的紧密合作，提高专业学位研究生的培养质量，北航组织开展了院级优秀基地和校级示范基地的评选，已初步建成"院级—校级—省部级—国家级"的基地建设机制，截至2024年9月，共建成实践基地290个。依托联合培养基地建设，北航先后有40名毕业生入选全国"做出突出贡献的工程硕士学位获得者"，27名毕业生入选全国"工程硕士实习实践优秀成果获得者"。

为进一步总结凝练北航产教融合培养卓越工程师的好经验、好做法，发挥示范基地的引领和辐射带动作用，我们特别邀请了北航产教融合培养基地负责人和相关教师，分别就校企如何协同、如何依托实践基地高质量地培养研究生等内容专门进行了回顾和梳理，汇编形成本书。希望通过系统总结北航校企协同育人示范基地的建设成就，介绍卓越工程师培养的主要工作和发展情况，展示优秀案例及先进做法，阐述学校专业学位研究生教育的改革思路和创新理念，不断创新产教融合人才培养模式和组织机制，源源不断地为国家培养堪当大任的创新领军人才和卓越工程师，为全面建成社会主义现代化强国提供有力支撑、做出更大贡献。

北京航空航天大学校长<br>
2024年10月

# 前 言

《卓越领航人——产教融合培养卓越工程师案例》即将付梓，这是北航研究生院完成的首份专业学位研究生产教融合培养案例示范性经验的汇编报告。为适应形势发展，北航于2021年12月成立专业学位教育办公室，全面深化专业学位研究生教育综合改革。探索创新培养模式，启动实施专业学位项目制，成建制培养适应经济社会发展、符合行业发展需求的高层次应用型人才；精准对接国家需求，实施"卓越领军"工程博士计划，被教育部作为工程硕博产教联合培养的雏形；打破学科壁垒，促进学科交叉融合，实施"卓越交叉"学术博士计划；高质量建设专业学位研究生实践基地，现有10个工信部校企协同育人示范基地，评选出24个院级/校级示范基地；加强专业学位研究生双导师队伍建设，推动行业企业全方位参与人才培养；围绕特定人才培养，建设校企联合课程，开设"领航华为"实践课程34门次，深化理论与实践的融合；通过信息化手段实现研究生实践基地与专业实践过程的规范化管理，夯实专业学位研究生专业实践，切实提升实践创新能力。

本书共收录了21个培养案例，均按照如下体例成篇：第一部分"培养概况"，主要介绍校企联合培养的建设理念与目标、共建基地、人才培养规模、总体历程及进展等情况；第二部分"联合培养举措"，主要从双导师队伍建设、实践项目、条件保障等方面列举联合培养的重要措施；第三部分"管理模式与制度建设"，主要从双方的组织架构、师生管理、制度建设、机制保障等方面进行阐述；第四部分"特色及示范性经验"，重点介绍卓越工程师培养的课堂教学、专业实践、管理服务、产教结合等方面形成的显著特色及指导性经验；第五部分"典型案例"，介绍依托培养基地，产教融合过程中涌现出的突出代表与事例。

本书由吴江浩、王磊主编。各案例撰写人名单如下（按姓氏笔画为序）：于天、于江龙、于雷、马小兵、王广胜、王伟宗、王宏伦、邓亦敏、田大新、史可文、付衍琛、师鹏、曲凯歌、伍前红、任章、刘火星、刘沛清、刘建伟、刘倩楠、齐鹏远、许泽玮、杨合、苏毅、李小路、李牧、李育隆、李建欣、宋友、宋凝芳、张日崇、张宗洋、张晶、张霖、邵英华、林椿昞、周建山、周锐、周游、胡天翔、胡殿印、郝金星、赵尚梅、段海滨、段续庭、俞南嘉、徐辉、殷传涛、郭昊、栾钟治、黄行蓉、黄迪、曹思婷、梁晓辉、韩旭、董旭、董希旺、蒋崇文、谢文婧、赖李媛君、额日其太、Jean-Marc CAMELIN、Frederic GENTY。

《卓越领航人——产教融合培养卓越工程师案例》一书是我们对新时代背景下依托校企协同育人示范基地而首次展开的卓越工程师培养的全方位总结，不当之处，敬请批评指正，不吝赐教。本书是在北航21个培养单位及30余家合作企业提供的培养总结报告的基础上编撰而成的。在此，谨向提供基础素材的培养单位及合作企业致以诚挚的敬意和衷心的感谢！特别感谢雷庆、马永红、杨超、朱立群、王春洁等专家学者对本书提出诸多宝贵的建议！

深入贯彻落实习近平总书记重要讲话精神，立足中华民族伟大复兴战略全局，构建卓越工程师自主培养体系是高校和企业共同的重大使命。今年是北航建校72周年，根据学校卓越工程师培养的战略部署，下一步将深入推进项目制、卓越领军计划、卓越交叉计划的实施，建设一批示范课程和案例库，持续打造联合实践基地，推动卓越工程师教育培养模式改革，构筑卓越工程师体制机制保障。卓越工程师培养的改革探索仍是"进行时"，永远在路上。

本书编委会

2024年12月

# 目 录

网络计算与信息处理培养案例 ............................................. 1

航空发动机高级工程人才联合培养案例 ............................... 16

大型飞机培养案例 ............................................................. 23

飞行器空气动力学培养案例 ................................................ 36

航天动力培养案例 ............................................................. 56

智能无人系统培养案例 ....................................................... 77

集成电路培养案例 ............................................................. 91

智能空天系统培养案例 ..................................................... 103

智能计算培养案例 ........................................................... 117

航天装备质量与可靠性工程培养案例 ................................. 129

光纤陀螺工程化培养案例 ................................................. 144

关键软件培养案例 ........................................................... 159

航空发动机和燃气轮机培养案例 ....................................... 175

北航国际化卓越工程师培养案例 ....................................... 188

北航－沈阳飞机设计研究所专业学位研究生培养案例 .......... 203

北航－九一金融信息服务（北京）有限公司专业学位研究生培养案例 ...... 210

北航－北京航天动力研究所专业学位研究生培养案例 .......... 220

北航－北京控制工程研究所专业学位研究生培养案例 .......... 236

北航 – 中国科学院理化技术研究所专业学位研究生培养案例 …………… 251

北航 – 奇安信专业学位研究生培养案例 …………… 259

北航 – 国营芜湖机械厂专业学位研究生培养案例 …………… 275

# 网络计算与信息处理培养案例

## 一、培养概况

党的十八届五中全会通过的《中共中央关于制定国民经济和社会发展第十三个五年规划的建议》明确提出了实施网络强国战略以及与之密切相关的"互联网+"行动计划。其中，网络计算和信息处理等学科领域作为核心，迫切需要突破技术发展瓶颈，提高人才队伍的综合素养和水平，特别是需要建设高端网络计算和信息处理研究队伍，从而培养出具有高性能网络计算能力、智能信息处理理论与实践能力的高端复合型人才。在此迫切需求下，国家计算机网络应急技术处理协调中心（以下简称应急中心）与北航强强联合，发挥相关领域技术储备、科研创新和应用实践方面的优势，围绕网络计算与信息处理技术领域的基础理论研究、关键技术研发和基础设施平台建设需求，本着"开放灵活、优势互补、务实高效、合作共赢"的基本原则，开展人才联合培养、研究中心共建等方面的合作。2012年，应急中心与北航共同建立了"网络计算和信息处理研究生培养基地"，该基地于2017年获评全国示范性工程专业学位研究生联合培养基地，2020年获评工业和信息化部（简称工信部）校企协同育人示范基地。

2012年9月28日，应急中心与北航举行了协同创新合作签约仪式（见图1），时任工信部部长苗圩、副部长尚冰、应急中心主任黄澄清、北航党委书记胡凌云、校长怀进鹏，以及工信部办公厅、人教司有关负责人和应急中心相关部门负责人等出席仪式。苗圩部长、尚冰副部长、黄澄清主任、胡凌云书记共同为"网络计算与信息处理技术协同创新中心"揭牌，同步启动"网络计算和信息处理研究生联合培养基地"。

2013年9月，依托网络计算与信息处理技术协同创新中心（以下简称协

图 1　协同创新合作签约仪式

同中心）及网络计算与信息处理研究生联合培养基地（以下简称联合培养基地），网络计算与信息处理高级人才班首批招生，并开启了持续建设工作。协同中心和联合培养基地以"网络强国"战略需求为指引，创新联合培养模式，构建校企协同育人平台：第一，在培养体系方面，在现有培养方案的基础上，面向技术前沿与国家重大需求，完成了联合实践讲堂和精品课程的建设；第二，在科研支撑方面，以科技支撑计划等国家重大项目为依托，实现了联合科研攻关；第三，在人才培养方面，将高水平科研与实践锻炼结合，共同发表高质量论文、申请关键专利，屡获国内国际科技竞赛奖励，联合培养基地成为支撑我国网络与信息技术发展的高水平人才培养、核心共性技术研发和产业对接的重要基地。

2016 年至 2018 年是协同中心和联合培养基地的全面发展阶段，应急中心与北航通过进一步深化培养模式改革，建设优秀"校企示范教学团队"和"实践示范基地"，强化校企协同创新，在网络计算、智能信息处理、大数据分析等领域开展深度合作，收获了一批优秀成果：在人才培养方面，2017 年获批教育部实践示范基地、获北京市教学成果一等奖；在协同创新方面，2014 年至 2018 年联合承担国家 973 项目 1 项，2016 年获国家科技进步奖 1 项、电子学会科技进步奖 1 项，2018 年获电子学会科技进步奖 1 项，同时联合开展了 20 余项科研项目。

图 2 为协同中心 10 年的发展历程。校企双方以立德树人为出发点，以"网络强国"国家战略需求为导向，以创新能力提升为根本，以工程实战实践为手段，以开放机制为保障，通过联合培养，汇聚行业、企业全方位资源，推动研究生培养从基本工程能力到"学术＋工程能力"的转变和从单一学科到多学科交叉的转变，实现分类卓越培养模式。协同育人示范基地全面服务国家重大需求，通过深化育人模式，打造信息学科群重点平台，为国家培养网络计算与信息处理领域高水平人才。重点任务包括：进一步优化联合培养模式，发挥校企特色优势，培养"领军领导"人才，提升协同育人成效；构建协同创新长效机制，促进科研成果转化；健全组织管理和质量保障机制，保障和激励人才的不断涌现，为"网络强国"建设提供强有力的人才支持。

图 2 协同中心 10 年的发展历程

## 二、联合培养举措

为全面提高协同育人的人才培养质量，发挥各自的特色和优势资源，校企双方共同制定了网络计算与信息处理高级人才班的人才培养方案，推行双导师制，形成了以行业需求为导向、以企业为主要依托的培养模式，通过完善课程体系、实践体系提高学生的创新能力和解决实际问题的能力；以学生为本，为学生提供充足的生活保障条件和丰富的课余活动；培养信念坚定、品德优良的社会主义建设者和接班人，实现思想政治教育和社会责任教育不断线。应急中心与北航的联合培养机制如图3所示。

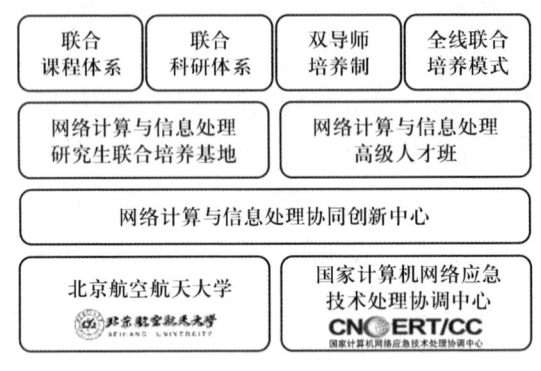

图3 联合培养机制

## （一）双导师队伍建设

协同中心深入挖掘北航和应急中心的人才资源优势，积极推广"行业教师"和"企业导师"聘任制度，配备了一批专业能力强、长期在科研一线工作的优质导师担任网络计算与信息处理方向的研究生导师。导师队伍由北航的学校导师和应急中心的导师组成，包括多名国家级领军人才和国家级青年人才。他们是长期工作在网络计算与信息处理科研一线的中青年学者，也是具体指导研究生进行项目研究和论文工作的生力军。

## （二）实践项目及平台

联合培养研究生完成的实践项目全部来源于国家重大需求，体现了学科前沿和应用需求的紧密结合，使研究生能够参与最前沿的学术研究课题和最实用的工程实践项目。实践教学体现在两个方面：在实践培养中，学生参与项目的申请、实施和验收等环节，参与材料组织、撰写、参考资料收集与查询、演示程序设计等多方面工作，在实践中学习和提高；在课程教学中，协同中心专门开设了由应急中心导师作为主讲教师的课程"前沿技术实践课堂"（如图4所示）。

图4 前沿技术实践讲堂授课、答辩展示

在实践讲堂组织过程中，协同中心通过"课前交流—课中参观—课后评定"的三阶段辅助活动（如图5所示），充分加强"实践讲堂"的效果：在课程中，邀请校内外网络计算和信息处理领域经验丰富的专家学者共同讲授，教学内容既涵盖行业基础又涉及学科前沿；在课程实施过程中，组织全体学生赴应急中心参观；在课程结束后，组织学生进行报告交流和开展课程评定会。全体学生通过赴应急中心参观和交流，不但了解了应急中心的最新研究进展，而且实地参与了系统演示，加强了对实践讲堂所学知识的理解。特别是参观后与多个处室的负责人进行的分组深入交流和讨论，为学生确定学习目标和未来方向提供了很多有价值的指导。

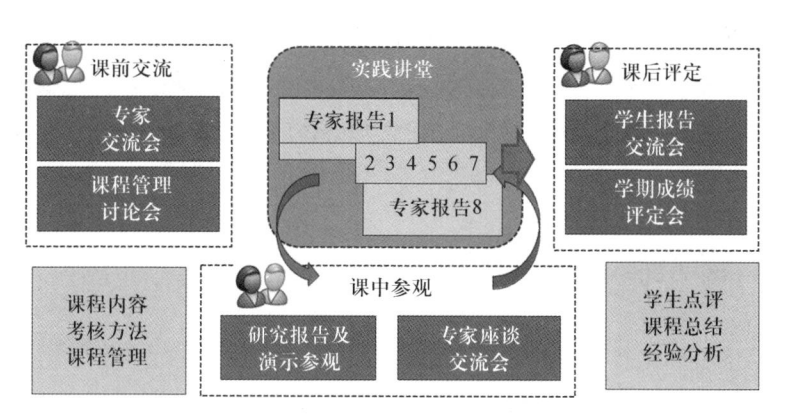

图5 前沿技术实践讲堂内外互动方式

## （三）条件保障

协同中心为联合培养研究生配备了国际领先的实验环境，包括网络设备、安全设备、计算存储设备和高端测试仪表等，构建了大型仿真实验场景，设备数量超过 2 000 台（套），专业实验机房面积超过 400 m²。其中，北航计算机学院拥有软件开发环境国家重点实验室、虚拟现实技术与系统国家重点实验室及北京市数字媒体重点实验室等省部级科研平台，为研究生提供了顶级实践平台。同时，应急中心也为网络计算与信息处理班的研究生提供了 120 m² 的专用工作室和工位，提供了真实大数据环境和网络信息安全实验环境。研究生论文选题面向学科前沿和紧迫实际需求，协同育人示范基地在研究方向、实验设备、数据环境、工作环境和导师指导方面全方位提供了一流的实践条件。

协同中心为研究生提供良好的生活条件，从生活补贴、奖学金、课余活动等多方面提升学生的获得感和归属感，为在校联合培养研究生提供优于普通研究生的助研金和专门的奖学金。除此之外，联合培养学生仍可按照学校相关规定和要求申请学院、学校奖学金。除在学校有丰富的文体活动外，应急中心也为网络计算与信息处理班学生组织了丰富的课余活动，如健步走，乒乓球、台球比赛，自行车骑行等（见图 6）。

图 6　协同中心研究生丰富的课余活动

## 三、管理模式与制度建设

应急中心和北航双方共同成立了管理委员会，建立了完善的学生资助体系和教师激励 / 退出机制；加强研究生培养的过程管理，共同制定研究生培养方案，共同参与研究生的招生、开题、科研实践和毕业答辩，确保培养过程的质量可控。双方开放资源共享，面向行业前沿，依托国家重大需求共同确立研究课题，共享科研成果。

## （一）组织架构

协同中心设立管理委员会，实行双主任制，下设中心办公室、学术委员会及教学委员会（如图7所示）。针对网络计算与信息处理班学生的培养和管理，应急中心和北航均聘任了专职的网络计算与信息处理班的班主任，监管并协调培养过程中的相关事宜，帮助学生解决科研、生活上的各种困难。

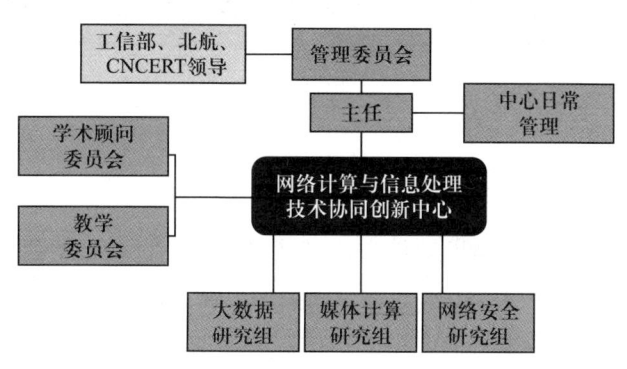

图 7 协同中心管理及组织框架

## （二）师生管理

北航在现有招生和培养机制基础上与应急中心共同完成研究生的招收、培养方案及培养计划制定、导师聘任、日常管理、科研实习和论文答辩等相关工作（图8为协同中心班开学典礼）。协同中心采用课程学习、实践教学和学位论文相结合的培养方式，实行双导师制，导师由双方单位共同选派。同时在应急中心建设研究生实践基地，北航计算机学院参与基地建设。

研究生实践期间以班为单位统一管理。北航和应急中心均聘任专职班主任，记录学生出勤情况。学生在实践期间回校查阅资料和参加学校、学院、实验室的学术活动等需报备应急中心班主任；学生在校期间前往应急中心参加实验和实践需报备北航班主任，双班主任通过例会沟通。班主任、应急中心负责人、北航计算机学院负责人共同建立了网络计算与信息处理研究生培养基地管理微信群，各方及时通报信息、交流想法，确保学生管理、教学、科研无盲区。

图 8　协同中心班开学典礼

### （三）制度建设与机制保障

协同中心持续优化制度建设与机制保障。在校企联合科研方面，北航与应急中心协同攻关，研究成果共享、知识产权共享。在学生资助与激励方面，联合培养研究生在校学习期间由应急中心发放联合培养学生助研金，每人每月 1 200 元，在应急中心实践期间增至 2 000 元，另有每月 880 元的伙食补贴。除此之外，学生仍可按照学校相关规定和要求申请奖学金。在导师评聘方面，协同中心结合学生培养质量、学生调查问卷等实行研究生导师动态进入和退出机制。

制度与机制加速了前沿理论与先进方法向核心技术与关键工具的转化，推动了协同中心业务系统升级，持续服务国家重大需求。同时，结合学生特点与培养进展，协同中心可以优先选拔和定制化培养符合发展目标需要的岗位候选人，提升梯队建设效率。

## 四、特色及示范性经验

### （一）卓越人才培养

在人才选拔方面，协同中心面向优势学科高校有针对性地强化招生宣传，招生规模逐步扩大，生源质量稳步提升。协同中心 2013 年开始招收硕士研究生，2014 年开始招收博士研究生。2019 年前，研究生招生数量少、生源变化大，尤其是博士研究生，在 2014 年至 2019 年间，博士研究生招生数量在 3 名/年至 15 名/年之间浮动。自协同育人示范基地 2019 年获批复以来，协同中心每年研究生招生数量稳定在 40 名，其中博士研究生 15 名、硕士研究生 25 名，2020—2022 年共招收研究生 120 名，其中博士生 45 名、硕士生 75 名。同时，生源质量不断优化，来自"双一流"高校学生占比逐年升高，学生数量占当年总入学学生数量的比重从 68.8% 提高至 72.7%。

在课程教学方面，针对国家在信息学科领域的长远规划和急迫需要，协同中心修订了相关的研究生培养方案，优化了主干课程群和课程衔接，把牢课程质量关。"网络信息处理前沿技术实践讲堂"是协同育人示范基地建设的特色课程，也是"全国工程专业学位研究生联合培养示范基地"的关键支撑课程。协同中心为该课程邀请了一批在应急中心承担国家互联网建设工作的高水平专家，组建了一支具有国家级重大工程和技术前沿领域丰富经验的师资队伍；汇聚了优质课程资源，融合了面向国家战略的高水平科研和教学平台。在教学方法上，协同中心通过"课前交流—课中参观—课后评定"的三阶段辅助活动，充分加强了"实践讲堂"的效果。经过持续建设，该课程在 2021 年获评北航校级实践讲堂。同时，协同育人示范基地还紧抓课程思政建设。"模式识别"是研究生教学的核心课程，聚焦我国在重要战略机遇时期人工智能顶尖人才培养的紧迫性，承载着夯实理论基础、拓展技术创新的关键任务。"模式识别"课程的教学团队始终牢记"为党育人、为国育才"，传承"空天报国"的红色基因，持续探索和创新课程思政建设的模式和方法，构建了"以厚植家国情怀为主线的价值塑造、以辩证唯物主义为重点的科学认知、以践行使命担当为引领的能力养成"的"三位一体"课程思政教学模式，将课程思政元素与专业知识有机融合，以案例形式嵌入教学，实现专业教育与思政教育耦合联动、同向同行。"模式识别"课程在 2022 年入选北京市课程思政示范课程。

在育人成效方面，协同中心始终面向国家重大需求，汇聚校企全方位资源，以实战实践为手段，推进从工程能力到"学术+工程能力"的转变，初步实现了人才培养成果的涌现。自协同育人示范基地设立以来，依托国家级/省部级等高水平项目平台，学生的科研能力得到大幅提升，很多学生成为核心理论创新与关键技术攻关的骨干，并持续在 CVPR、AAAI、IJCAI、ECCV、MM 等国际顶级学术会议及 IEEE/ACM 汇刊发表高水平研究成果，在一系列国际国内竞赛中斩获佳绩，包括2020年智荟杯浦发百度极客挑战赛Text-to-SQL算法赛道冠军、2022年ICRA国际机器人抓取比赛冠军、2022年基于多文档的知识对话国际比赛亚军、2022年中国图像图形学会FAT-AI开放场景人脸对抗伪装挑战赛亚军等（见图9）。2020年至今，协同中心已向华为、京东、腾讯、阿里巴巴、中科寒武纪、商汤科技等相关行业的企事业单位输送优秀人才50余名，受到就业单位的高度认可。

图9 学生的科研成果、竞赛获奖情况

## （二）实训平台升级

协同中心不断完善实训平台建设，力争创造全方位的顶尖实践条件。北航计算机学院的软件开发环境国家重点实验室、虚拟现实技术与系统国家重点实验室及北京市数字媒体重点实验室等一批国家级和省部级平台为协同育人示范基地提供了实践条件保障。在此基础上，协同育人示范基地持续扩充实验环境，包括网络设备、安全设备、计算设备、存储设备和高端测试仪表等大型仿真设备，设备数量已超过2 000台（套），专业实验机房面积已达到400 m$^2$。此外，应急中心为联合培养研究生专门提供了120 m$^2$的实验室及真实大数据环境和网络实验环境。

另外，协同育人示范基地突出实战牵引的能力培养，结合应急中心的业务特点，依托紧密的校企科研合作团队为研究生提供丰富的科研实践平台。研究生完成基础课程后可以参与实际科研项目或业务支撑工作，了解实战环境，从业务实践中提炼研究点进行攻关。目前，协同育人示范基地已经成功建设了一系列实战平台，其中，网络计算实践平台侧重网络空间大数据计算和面向互联网数据的信息处理，音视频分析平台侧重网络视频内容感知，不同平台的特色明显。

## （三）师资队伍建设

协同中心持续强化导师队伍建设，在双导师制的基础上，结合动态调整机制优化导师队伍组成，保证人才培养质量。协同中心出台导师的动态调整机制，一方面遴选优秀的青年人才扩充导师队伍，另一方面请由于年龄、研究方向改变等因素不再适合培养体系的导师退出，2022年新聘任博士研究生导师4名、硕士研究生导师6名。截至2022年底，协同育人示范基地共有导师43名，其中校内导师30名（包括博士研究生导师25名、硕士研究生导师30名），企业导师13名（包括博士研究生导师9名、硕士研究生导师13名）。

协同中心强调导师能力的提升。中心的导师持续获得国家相关基金的资助。依托协同育人示范基地建设任务，以校内导师为主体组建的多模态非结构化网络数据内容分析团队获批北航首批卓越创新团队，拟针对信息呈现形式更新频繁、开放环境对抗态势加剧、系统计算开销显著上升等网络数据内容分析的新挑战，全面提升网络数据内容分析业务系统的准确性、鲁棒性与高效性，为协同育人示范基地的师资建设提供了有力支撑。

## （四）科研协同攻关

紧密结合应急中心的多项重大业务需求，依托合作团队的科研优势，协同中心多次突破关键技术瓶颈，为应急中心的实际业务提供了有力支撑。

在网络空间信息获取方面，合作团队重点解决了信息实时检测效率低、网络行为多源融合难及内容质量判别可解释性弱等问题；聚焦网络空间多模态内容智能分析需求，建立了以异构数据融合、关系行为辨识和时变规律认知等为代表的"认知—辨识—关联"技术体系；提出的面向长时序数据编码模型突破了传统时序数据处理的长度建模边界，相关成果获人工智能领域顶级会议 AAAI 2021 最佳论文奖；研制的跨模态内容理解等成果取得并保持目前领域最高性能。

在网络视频内容感知方面，针对在数据规模海量增长的情况下"图像检索响应慢"、在数据内容场景庞杂的情况下"视频识别鲁棒性差"、在数据样本分布不均的情况下"目标检测泛化性弱"等问题,合作团队聚焦互联网环境下的视觉表征学习理论创新和技术突破,取得图像紧致表示与高效检索、复杂场景的鲁棒视频识别、准确的小样本特定目标检测等代表性成果;发现了图像判别信息统计特性和视网膜细胞分布的关联关系,提出感受野启发信息池化的图像表征方法,中国工程院《中国电子信息工程科技发展研究》蓝皮书将本成果作为中国深度学习的代表进展之一进行介绍。

在智能算法安全验证评估方面,针对"真实环境复杂"、"攻击威胁多样"和"评测手段匮乏"等问题,相关科研团队聚焦开放环境下智能算法对抗攻防与安全评测技术研究突破,已在智能算法安全验证评估方面取得了数十项代表性研究成果,牵头或参与制定了多项智能算法质量安全评测标准、安全白皮书,研制了国际领先的人工智能安全评测平台"重明"系统,现已应用于商汤科技 Adela 平台、支撑工信部科技部重点项目、受邀开源至 OpenI 启智社区。面向应急中心核心业务的智能系统在网络空间中可能存在的智能安全问题,相关科研团队拟从物理世界模型安全性评测、模型安全性机理理解、模型加固与防御等方面开展研究,突破动静结合的模型安全性评测体系、宏观微观融合的模型安全性机理分析、多空间协同的模型防御加固等系列关键技术,构建人工智能系统全生命周期安全评测系统,指导业务模型的鲁棒性评测和构建,从而保障应急中心核心业务的智能系统在网络空间中的良好运行。

## 五、典型案例

围绕国家重大战略和科教融合发展战略,协同中心积极推动教育教学改革,深化校企合作,全面提升人才培养质量,在科研方向和团队合作建设、人才培养、实践平台和课程建设方面形成多项可示范、推广的典型案例。

### (一)协同育人科研团队建设成果

建立合理的学术和人才培养梯队,协同中心以资深教授领衔、青年教师作为骨干,结合国家战略需求,带领本、硕、博学生开展有目标、有组织的科研活动。协同中心目前已构建网络计算、信息对抗、音视频分析、自然语言处理等团队，部分优秀团队的建设情况如下：

### 1. 网络计算和大数据协同实践团队

网络计算和大数据协同实践团队长期关注网络空间大数据的计算理论和面向互联网的数据处理，承担了国家"863计划"项目重大支撑计划和国内首个大数据"973计划"项目，建设了应急中心的网络信息分析系统。目前该系统在应急中心及31个省级分中心部署，已稳定运行5年，在支撑中心的日常业务开展中发挥了重要作用。在上述项目的支撑下，该团队于2016年和2018年两次荣获中国电子学会技术发明奖一等奖；培养的学生荣获应急中心优秀科研一等奖，且已留在北航任教。

### 2. 信息对抗协同实践团队

信息对抗协同实践团队将本、硕、博学生梯队纳入联合培养，通过实际科研项目的锻炼，提高其实战能力。该团队在信息安全竞赛等方面取得了优异的成绩，并在工业系统中发现多个新漏洞。该团队荣获CNCERT-百度AI挑战赛冠军、CNCERT-阿里攻防赛亚军、"柏鹭杯"大学生网络空间安全精英赛总决赛冠军、"网鼎杯"网络安全大赛半决赛高校组第1名、"护网杯"工业互联网安全大赛二等奖（工控项目第1名）、XCTF联赛全国总决赛第5名、信息安全铁人三项赛全国总决赛冠军、"鹏程杯"网络安全竞赛全国总决赛冠军、全国大学生信息安全竞赛特等奖和京津冀研究生网络与信息安全技术大赛一等奖等奖项（见图10）。

图10 信息对抗协同实践团队在国内外信息对抗赛中获奖

### 3. 音视频分析协同实践团队

音视频分析协同实践团队依托国家自然科学基金、国家重点研发计划等国家级项目，聚焦复杂网络中多模态媒体内容分析，完善了开放环境下视觉表征学习的理论框架，突破了小样本、弱监督等技术瓶颈；面向国家重大工程建设需求，研制了网络视频感知系统，显著提升了目标检测、文字定位识别等核心应用的性能。该团队的理论成果多次在 AAAI、IJCAI、ECCV 等人工智能顶级学术会议发表，获得 2016 年中国生物特征识别会议最佳论文奖。此外，该团队还获得了 2022 年国际机器人抓取与操作比赛冠军等荣誉。

## （二）人才培养成果

通过协同培养，依托平台优势，协同中心的学生在学习期间广泛接触当今网络计算与信息处理领域的研究热点，从实践中提炼理论与应用问题，在智能信息处理、大数据计算等方面形成了理论和技术积累，一批优秀的学生脱颖而出，在学术界或产业界均取得了良好的成果。部分具有代表性的学生如下：

2015 级联合培养全日制专业硕士学位研究生郭晶博同学，2016 年 3 月进入网络计算和信息处理研究生联合培养基地，参加特定人检测与识别的项目研究，以第一作者撰写的论文 Occlusion-robust Face Detection Using Shallow and Deep Proposal Based Faster R-CNN 被评为第 11 届中国生物特征识别大会的最佳论文，论文集由 Springer 出版。

2019 届联合培养全日制专业硕士学位研究生彭浩同学，曾在美国伊利诺伊大学作访问学者，在读时在 WWW、IJCAI、AAAI 等学术会议发表论文 10 余篇；获应急中心科研一等奖、省部级科技一等奖（排名第六），被评选为北航优秀毕业生，其毕业论文被推选参评北航优秀毕业论文，目前留在北航任教。

2017 届联合培养全日制专业硕士学位毕业研究生李焱余同学，在校期间刻苦学习，在研究生联合培养基地做科学研究期间，直接面向应用需求，开展有工程应用价值的研究工作，增强了系统能力和工程能力，解决了多项科研难题；2016 年申请专利两项，相关的成果已获得应用，由于在校期间表现突出，2017 年硕士毕业后进入应急中心工作。

## （三）课程建设成果

"网络信息处理前沿技术实践讲堂"课程是"全国工程专业学位研究生联合培养示范基地"的关键支撑课程。该课程由应急中心的指导教师组织教学，汇聚了一批高水平专家、优质的课程资源及实验训练环境和平台；以培养学生科研实践素养为目标，设置课程考核方式，要求学生对网络计算与信息处理专业领域进行调研并撰写调研报告、制作海报、现场答辩，提升了学生在大数据、信息处理、网络安全等方面的专业知识，锻炼了学生的科研素养。通过该课程建设，形成了具有国家级重大工程和技术前沿领域丰富经验的实践师资队伍。同时，该课程建设是"以创新平台和基地为依托的研究生能力提升培养"教学改革项目的重要内容，曾获 2017 年北京市教学成果一等奖。

# 航空发动机高级工程人才联合培养案例

## 一、培养概述

航空发动机是国家战略产品,北航和行业企业强强联合,紧密结合企业人才需求,围绕航空发动机的主要科学与技术问题,协同创新,共同承载企业研究课题,寓教于研,联合培养航空发动机高级工程人才;紧密结合国际学科前沿和国家战略需求,校企联合共建实践基地,通过产教融合、校企协同培养学生的创新能力和实践能力,提升学生的社会责任感、国家使命感和行业自豪感。

航空发动机高级工程人才联合培养面向航空发动机行业和产业的人才需求,充分发挥北航教育科研资源与企业的实体经济优势,统筹共建校内实训实践基地、校外企业实践基地、国际实训实践基地等,并将其作为校企联合培养人才的平台和重要支撑;结合航空发动机高端工程人才联合培养的实践育人体系全面提高学生的实践能力及创新能力,培养专业素质过硬、胸怀空天理想和家国情怀的红色卓越工程师。

## 二、联合培养举措

### (一)校企双导师制度

研究生培养实行双导师制,基于共同的科研项目,校内外导师从基础理论和工程实践两方面对学生给予指导。为打造实践实训师资,北航采取"走出去、请进来"的方式，积极开展校企师资交流活动：一方面，北航定期派出教师接受企业技术培训，帮助高校教师时刻站在航空行业的技术前沿，提高高校教师的实践指导水平；另一方面，北航设立兼职教授岗位，在培养学生创新意识、提高学生实践能力方面有突出贡献并符合相应条件的企业指导教师经过审查可担任企业导师。企业导师主要聘请行业内各大厂所具有丰富实践经验的研究员或高级工程师担任，企业导师队伍共有64人，其中高级研究员63人，高级工程师1人。同时，企业导师中有10人为总师级导师，有4人受聘为北航兼职博导。

### （二）科研条件建设

当前，北航在三类基地功能建设，校、企、国际团队建设，科研项目及平台发展，实践活动规章制度等方面均取得了优异成效。

#### 1. 基地建设

1）企业实践基地

北航能源与动力工程学院积极与中国航空发动机集团有限公司（简称中国航发）等企业人力资源部门联合工作，开拓校外实践基地，并按照"成熟一个、建设一个、落实一个"的原则，分批安排全院全日制工程硕士的校外实践活动，现已形成以中国航发控股公司下属研究院所、厂为主的多个企业实践基地（见图1）。

图1　企业实践基地揭牌

北航在航空发动机领域共建立企业实践基地9个，分为研究型实践基地、实践型实践基地：研究型实践基地以研究院所为主要承担单位，结合攻关在研项目及课题，主要目的是让学生了解航空发动机的研发过程；实践型实践基地以生产企业为主要承担单位，结合生产实践，主要目的是让学生整体体会航空发动机的制造过程，对主要生产设备有认识和了解。

2）校内实训实践基地

校内实训实践基地以校企联合研发项目的"实践教学"培养模式为基础，侧重自主试验，研究生在校内实训实践基地可以进行自主设计和自主操作，自主完成整个实践流程。

校内实训实践基地共建立了三大实验教学环节：基础型、研究型和创新型，寓教于研，同时实验结果又反哺科研。航空发动机创新实践基地设置了包括航空发动机拆装、设计加工、检验试车在内的三个综合实践模块。其中，航空发动机拆装模块包括多种经典型号发动机，以及10台微型涡喷发动机、1台涡桨发动机的拆装；设计加工模块设置了培养和提升学生自主创新能力的专业综合性实验课程，如由学生自行设计叶轮机自主实验用的教具、实验件，经过简单的加工和装配，最后通过实验测量检验学生的自行设计水平、加工和装配质量；检验试车模块中，学生可以直接进入试车台进行试车，检验发动机的装配效果及流量、压比、温度等总体性能，检验前面两个环节中创新实践的结果。图2为航空发动机整机试车、拆装现场（校内实践基地）。

基础型实验教学基地包含热工综合实验中心、流体与声学工程实验室、热动力工程实验室、发动机控制实验室及叶轮机原理实验室。研究型实验教学基地包含微小型发动机装配试验台、发动机高温构件疲劳蠕变试验台、结构动力特性设计与振动控制试验台、高温部件气膜冷却综合试验台、径流式叶轮机设计试验台及小型航空发动机整机试验台。创新型实验教学基地包含发动机控制系统建模与仿真试验台及液体燃料燃烧性能综合试验台。

面向国家重大战略需求，校企双方共同建立科研实训实践基地，开展协同创新；通过产学研合作新机制，形成人力资源、设备资源、成果资源的有机整合，强化工程背景的牵引作用，促进基础研究成果的转化，对我国先进航空发动机的研制起到引领和推动作用。北航与行业企业签订协议，通过校企协

**图 2　航空发动机整机试车、拆装现场（校内实践基地）**

同模式培养航空发动机人才。2022年，北航与中国航发合作，建立了航空发动机科普教育基地，使学生能够直观了解到大涵道比涡扇发动机采用的先进技术。

3）国际化基地

依托"航空推进理论与工程学科创新引智基地""绿色航空科学技术北京市国际合作基地"及北航"能源与环境国际中心"，实践基地在流体机械及工程、发动机结构与强度、气动噪声机理及先进控制、燃烧学基础理论、航空发动机低污染燃烧、微型涡喷发动机、旋转换热试验及理论、发动机数值仿真分析、航空发动机替代燃料、先进流场测试技术、发动机适航技术和可持续再生新能源技术等领域取得了丰硕的成果。

此外，基地努力推动航空工程领域工程硕士教育的国际交流，结合"111"国际合作项目，引进国际大型飞机、发动机公司的培训模块并聘请著名的业界人士来校授课。通过开设境外专家研究生讲座，使研究生极大地开拓了国际化视野，了解了本学科前沿工作和国外大型航空企业发展战略、人才需求。

**2. 校企联合研发团队**

依托校内实训实践基地，北航和中国航发联合共建了多个校企联合研发团队和多个实验平台，有效支持了研究生的实践活动。联合研发团队的研究领域涵盖了总体性能、适航、结构完整性和可靠性、控制与信息、复杂流动、声学的在读航空工程全日制专业硕士均以企业发布的技术难题为研究内容，团队充足的科研经费、良好的科研环境和交叉性学科平台，为工程类硕士培养创造了良好条件。团队的导师队伍分为发动机专业导师、跨学院交叉学科导师、企业导师及国际化导师，共计219人（见表1）。

表1　导师队伍建设

|  | 发动机专业导师 | 跨学院交叉学科导师 | 企业导师 | 国际化导师 |
| --- | --- | --- | --- | --- |
| 人　数 | 120 | 20 | 64 | 15 |
| 简　介 | 主要依靠能源动力学院现有的师资队伍，包含国内航空发动机领域的院士、国家级名师、国家级人才跨/新世纪优秀人才等，师资力量雄厚，名师荟萃 | 在北航材料科学与工程学院、电子信息科学与工程学院、自动化科学与工程学院、交通科学与工程学院、计算机科学与技术学院、机械工程及自动化学院、可靠性与系统工程学院等学院选取20名导师担任跨学院交叉学科导师 | 校外导师大多聘请行业内各大厂、所里具有丰富实践经验的研究员或高级工程师担任 | 积极与世界著名航空企业和研究机构开展合作，初步形成了具有高水平、高层次、高素质的管理新、重交叉、开放式的国际一流海外导师队伍。汇聚了2名美国工程院院士、2名英国皇家科学院院士、2名瑞典皇家科学院院士、1名俄罗斯两院院士以及牛津大学、剑桥大学、麦基尔大学、普渡大学教授等共15名各国学术骨干和短期专家组成的海外人才阵容 |

## 三、管理模式与制度建设

在专业实践期间，学生完全参与到企业科研和生产任务之中，并按企业职工要求对其进行管理。

为配合学生在企业顺利完成实践任务，北航制定了《北航专业学位研究生实践基地建设与管理办法》《北航专业学位研究生专业实践》《硕士研究生实践工作管理办法》《能源与动力工程学院研究生实践管理家校协议》等一系列管理规定。

## 四、特色及示范性经验

### （一）紧密合作，实现企业、学校专家资源共享

以实践基地为纽带，实现企业与学校专家资源共享。北航通过选派优秀教师去实践基地参与工作并到企业挂职锻炼，使教师团队了解我国航空发动机最新的工程进展，增强工程实践经验；在利用高校教师的理论知识提升企业员工水平的同时，也使高校教师的科研方向更有针对性。

另一方面，也有企业专家到高校和实践基地参与相关教学工作。行业内专家掌握我国航空发动机研发的最新动态和最新技术，有深厚的工程实践经验。专家们通过亲自到学校或实践基地传授经验或进行讲座性质的培训指导研究生，将最前沿的工程知识和经验传授给学生，使学生能够清晰了解航空发动机各领域技术的现状，为其适应未来工作岗位打下坚实基础。

校企联合的可持续稳定发展是建立在北航与中国航发全方位战略性合作伙伴关系基础上的。目前，双方已经在人才培养、产学研合作等诸多环节形成了统筹安排、合理分工、紧密合作的关系。

### （二）服务国家急需，创新全日制工程硕士的培养模式

北航从2011年开始建设具有国际影响力的航空发动机人才培养体系，建立了实践实训基地，通过科研项目合作、基地实践等校企联合培养的实践，孕育出新的全日制工程硕士培养模式。联合培养基地的成功示范作用，让我们有信心去推广和开展更多、更广泛的合作培养。在综合体制改革支持下，校企双方共同开办了两个航空工程专业硕士研究生实验班："航空发动机高级人才班""中法适航双学位班"，培养创新领军人才，为高校探索高端人才培养模式提供条件和源动力。

## （三）校内实践、企业实践、国际实践相结合

校企联合培养将融合校内实践、企业实践和国际实践，实现从"实验教学"到"实践教学"。实践环节各有特色，分工不同：校内实践侧重基础实验和增强学生的动手能力；企业实践侧重增强学生的生产实践能力，注重与企业真实生产环境对接；国际实践侧重增强学生的国际化视野以及国际交流的能力。实践教学的三个环节环环相扣，最终建立了具有国际化视野和培训能力的、面向企业和适应高校发展要求的国际化实践示范基地。实践基地设立的目标是既能与高校理论知识相呼应，提高学生对理论知识的理解程度，又能结合企业实际情况，反映企业最先进的工作方式。联合培养以实践教学为核心，将理论知识立体化，帮助学生增强学习效果；与企业密切配合，将实际工程问题具体化，激发学生的专业热情；与行业发展紧密结合，将国家需求可视化，引导学生树立职业理想，最终实现个人成长和国家需求相统一。

## 五、典型案例

北航始终把国家需求、行业使命贯穿于人才培养全过程，通过课程思政、生涯规划、校企导师指导，培养投身航空动力"中国心"事业的新时代红色工程师。

中国航发针对国家的发展需求，与北航共同设立了多个联合科研团队。国家重点型号支撑团队的研究生常驻一线场所，与 104 名企业导师一起开展技术攻关；在空天特色企业建立了 9 个学生实践基地，邀请企业航空发动机专家来校交流。在联合培养基地培养的研究生中，90% 以上的学生围绕航空发动机关键核心及前沿技术基础开展研究，解决了多项关键技术难题，共获省部级奖励 2 项。

基地共有 303 位研究生前往艰苦地区和基层就业，占就业研究生总数的 81.4%。每年约 74% 的硕士毕业生、83% 的博士毕业生入职中国航发等企业，在艰苦地区和基层的就业人数逐年稳步上升。

# 大型飞机培养案例

## 一、培养概况

作为新中国第一所航空航天高等学府，建校72年来，北航始终瞄准航空航天领域国家重大战略需求，参与了新中国成立至今几乎所有航空航天装备型号的研制，为国家航空航天事业发展做出了巨大贡献；在2018—2022年ARWU世界一流学科排名中，北航航空航天工程学科连续五年排名世界第一。2006年，国家大飞机专项设立，北航率先在国内成立了大飞机班，以为国家培养急需的大飞机设计团队后备人才为目标，成功建立了大飞机工程急需的突出学生创新实践能力的研究生培养模式。从2008年中国商用飞机有限责任公司（以下简称中国商飞）成立至今，大飞机班的人才培养模式和培养目标随着中国商飞的发展不断地改进和完善，国家对大飞机人才的需求从早期的研究与设计扩展到制造、运行、适航、管理等领域，为此，北航和中国商飞及时成立了校企联合研究生培养基地，对大飞机班原培养模式进行了系统深入的改革。

中国商飞与北航于2008年12月20日共同签署了《关于大型科技项目组织实施的框架合作协议》，建立了长期、全面的战略合作关系。为满足中国商飞对于大型客机研制人才的迫切需求，促进校企双方产、学、研的全面合作，加速培养大型客机高层次创新型人才，双方本着"优势互补、互利互惠、平等自愿、共赢发展"的原则，形成了我国大型客机技术与管理核心团队。

### （一）联合培养理念与目标

面向大型飞机企业对多层次、专业化、复合化人才的需求，大飞机班坚持"一个面向、两条途径、三个结合"的人才培养方针，即：面向大型飞机设计、制造、机载、运维产业的人才需求，充分发挥教育科研产业等方面的整体优势，实行开放办学；通过交叉学科综合培养、校企联合培养两条途径，培养学生的创新能力；通过产学研用结合、国际学科前沿与国家战略需求结合、基础科学知识与创新实践能力结合，培养学生的社会责任感、国家使命感和民族自豪感；延伸实验实践环节，培养具有扎实理论基础、广泛专业知识、丰富实践与开发能力、宽广国际化视野的学术精英和具有总师潜质的工程精英。图1所示为集成创新实践能力的复合型人才培养模式。

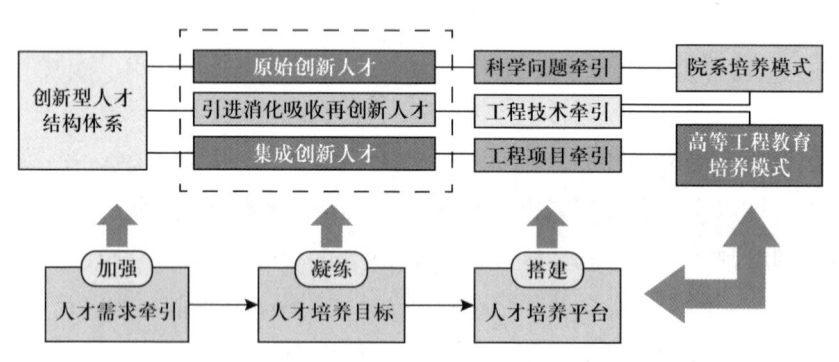

图1 集成创新实践能力的复合型人才培养模式

校企双方在研究生培养方面建立了适应于企业急需的、有别于院系的"三能力、四素质、二方案"工程创新实践培养模式（如图2所示）：瞄准国家级大型飞机工程中的科学技术问题，坚持现代高等工程教育理念，以培养具有科

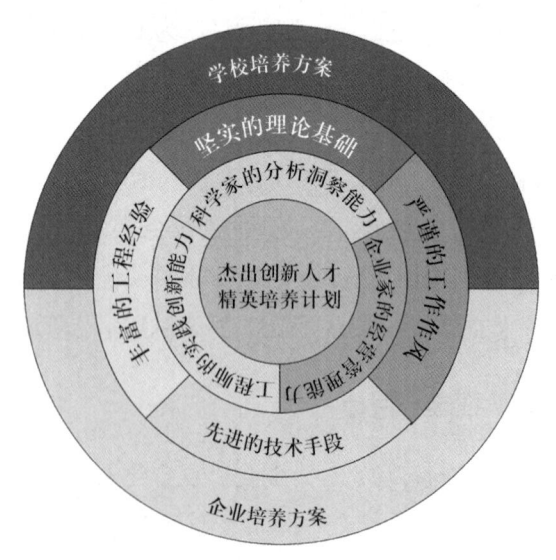

图2 校企联合培养方案（"三能力、四素质、二方案"模式）

学家的分析洞察能力（Why to do）、工程师的创新实践能力（How to do）、企业家的经营管理能力（What to do）的复合创新实践型人才为核心（"三能力"），培养过程强调科学与技术并重的教育模式、强调人才的工程实践和集成创新意识；重视培养学生高度的社会责任感、无穷的创新精神和严谨的治学态度，重视培养学生具有现代高技术人才所具备的"坚实的理论基础、丰富的工程经验、先进的技术手段、严谨的工作作风"这四方面的基本素质（"四素质"）；按照"三能力"和"四素质"的要求，依据教育部相关规定，建立了学校培养方案和企业培养方案的校企联合培养方案（"二方案"）。

### （二）培养规模

大飞机班每年招收30名研究生。学生为来自北航材料学院、电子工程学院、自动化学院、动力工程学院、航空学院、计算机学院、机械学院、宇航学院、仪器光电学院等单位的本科推免生。学生在研究生期间，实行统一管理、集中培训和团队实践。硕士生学位论文和有关教学环节由校内和校外双聘导师共同负责，学位论文答辩统一举行，答辩委员会由学校交叉分委会委员组成，毕业学员最终可获得毕业证、硕士学位证和高级工程培训结业证。

在订单式人才培训方面，针对企业需求，大飞机班每年为中国商飞的50名新入职员工进行订单式高级人才培训2~3个月。在培训过程中，大飞机班高度重视实践环节，选择首都机场、北京飞机维修公司、天津空客A320总装厂、中航第一飞机研究院、西飞公司、中航试飞院作为实践单位，涵盖了国内设计、制造、试飞、运行维护等民机企业；同时在模拟设计专项技术研究中，聘请国内资深设计专家进行指导，以150座级干线客机CJ818及300座级干线客机CJ828为设计目标开展方案论证与设计。

长期以来，大飞机班所坚持的教育理念、教学模式、教学效果得到了中国商飞等国内航空企业的认可和社会的关注，教学经费、办学经费和实践教学等方面也得到了中国商飞的大力支持和资助。

### （三）总体历程及进展

2006年，大型飞机重大专项专家组主任委员、时任北航校长的李未院士向时任国务院总理温家宝同志汇报时，提出北航将率先开展大型飞机高级人才培训计划，并于同年率先创办首届大型飞机高级培训班。从此，北航开始了长达 18 年的大型飞机高级人才培训计划。图 3 为北航大型飞机高级人才班专家指导组。2008 年中国商飞成立时，北航就与中国商飞联合创办了大型飞机高级人才班。长期以来，在顾诵芬、张彦仲、刘大响、陈懋章、曹春晓、王浚、李椿萱、吴兴世、崔德刚等多名院士和著名航空专家的大力支持和积极参与下，联合培养基地充分利用国家 CFD 实验室、航空器先进设计技术工信部重点实验室、航空气动声学工信部重点实验室、教育部流体力学重点实验室、无人机所等单位的雄厚师资和先进设施，根据大型飞机行业对领军人才和技术精英的需求，针对以学科为导向的传统研究生培养方式的缺陷，开展了强调人才培养的整体性、综合性和跨学科性的大型飞机高级人才培养模式的创新与实践。北航与中国商飞充分合作，双方联合管理大型飞机人才培训相关事宜，安排学员的教学、实践、模拟设计等各项工作，协调和聘请国内著名专家学者开设课程和讲座，建立了一套较为完善的大型飞机人才培养体系。北航通过校长基金先后为大飞机班拨款，用于购置计算机、图书、培训软件及教学设备，并在北航新主楼提供超过 800 m$^2$ 的大飞机班专属培训中心、教室、科研基地、办公室等公共设施，用于大飞机班的教学、科研、模拟设计、日常管理等工作；中国商飞为大飞机班提供了大量经费支持，同时为大飞机班的教学、实践和模拟设计提供了专家指导团队。这使得北航和中国商飞在大型飞机人才培养的过程中实现了优势资源的整合与共享，开创了校企双方互惠的新局面。

图 3 北航大型飞机高级人才班专家指导组

大飞机班始终瞄准中国商飞"一个面向、两条途径、三个结合"的人才培养方针，坚持以"科学与技术并重、多学科多技术综合、高度集成创新"为主体的人才培养新模式，为中国商飞的大飞机研发团队输送领导和领军人才。北航与中国商飞共同构建了大飞机班校企联合培养新模式，该模式得到国家的肯定，并相继被《中国军工》《科技日报》等媒体报道，均给予了高度的评价，具有相当的社会影响力。大飞机班于2009年获得"2008年北京市教育教学成果（高等教育）一等奖"（见图4），2014年获评"全国示范性工程专业学位研究生联合培养基地"（见图5），2020年获评"大型飞机协同育人基地"（见图6）。截至2023年，大飞机班累计为中国商飞培养超过600余名员工，大飞机班学员累计发表研究论文325篇，申请国家发明专利50余项，为ARJ21、C919、CR919等型号大飞机研制的人才队伍建设提供了重要的支撑。大飞机班的人才培养模式和培养目标均随着中国商飞的发展不断地改进和完善，国家

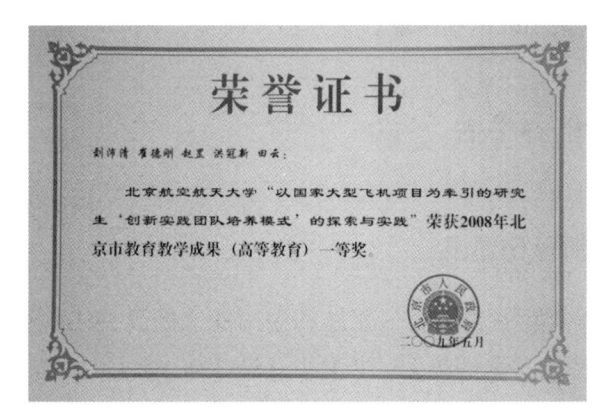

图4　2009年北航大飞机班的培养模式获得"2008年北京市教育教学成果（高等教育）一等奖"

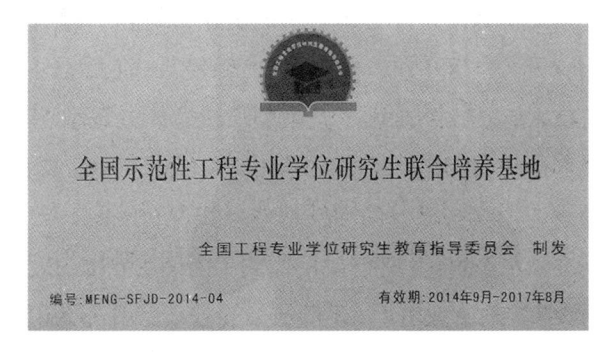

图5　2014年北航大飞机班获评"全国示范性工程专业学位研究生联合培养基地"

图 6　2020 年北航大飞机班获评"大型飞机协同育人基地"

对大飞机人才的需求从早期的研究与设计扩展到制造、运行、适航、管理等领域，为此北航和中国商飞及时成立了校企联合研究生培养基地，对大飞机班的培养方案进行了大胆改革和探索。

## 二、联合培养举措

### （一）双导师队伍建设

为了与工程实际紧密结合，北航和中国商飞的大型飞机协同育人基地特别聘请了 65 名国内著名的院士、专家、总设计师，其中 25 名来自北航相关学院；20 名来自中国商飞总部及其下属单位；20 名分别来自中航工业第一飞机设计研究院、中航工业科技委、中国航空研究院、中航工业试飞院、中航工业西安飞机工业（集团）有限责任公司、中航工业材料院、清华大学、西北工业大学、南京航空航天大学等单位。他们为学生讲授目前大型客机研制、生产和管理的国际前沿技术，让学生全面了解大型飞机总体、气动、结构、飞行控制等的设计流程及方法。为突出开放办学和团队实践的特点，聘请的培训教师团队中，北航教授约占 40%，设计所和校外专家约占 60%。

大型飞机协同育人基地在企业导师的聘用中明确了导师的理论教学及实践指导任务，要求各导师在理论教学、实践指导、企业实践等方面积极参与。在前沿讲座、专项技术培训、认识实践等教学过程中，聘用企业导师的比例约为 1/3。

## （二）实践项目

### 1. 实践条件

大飞机工程是一个复杂的系统工程。为了将学生培养成为具备大飞机设计、制造、运行管理等基本技能的高级技术骨干后备力量，为国家大型飞机项目源源不断地输送人才，北航通过调研和缜密考虑，针对教学安排和实践要求，联合大型飞机设计院、制造公司、试飞院等培养单位进行协同育人建设。

飞机设计实践基地：根据大飞机班的教学计划和实践计划，选择中国商飞、中航工业第一飞机设计研究院作为课程教学、实践认识、模拟设计等教学环节中的重要支撑单位。

飞机制造基地：选择中国商飞和中航工业西安飞机工业（集团）有限责任公司作为大飞机班下厂实践的重要基地，帮助学生了解飞机制造全过程（包括部装、总装），加强学生对飞机制造的认识。

### 2. 实践教学

实践项目包括技术培训、认识实践及模拟设计，具体如下。

①技术培训：聘请中国商飞及其他单位的专家、学者、总设计师按照专业对学生进行专项技术培训，包括CATIA（设计图软件），NASTRAN/PATRAN（结构、强度），FLUENT（气动）等国际化设计软件的使用，使学生的基本技能得到明显的提升。

②认识实践：安排学生前往中国商飞、中航工业第一设计研究院、中国飞行试验研究院、西安飞机工业（集团）等单位参观和下厂实践，并独立完成有关设计、生产、管理方面的实践报告。

③模拟设计：聘请中国商飞及其他单位的专家进行专业指导，将学生按照专业进行分组，通过制定大飞机的模拟设计训练，使学生的集成创新意识和实践能力得到有效增强。

通过多年的实践，以大型飞机工程为目标的培养方案收到了来自企业、学校及学员的好评。中国商飞各用人单位经过调研普遍反映的结果是"大飞机班学员知识面宽、动手能力强、专业协调效率高"。

## （三）条件保障

利用北航和中国商飞的优质资源，校企双方共同建立有效的协同育人示范基地，形成紧密和稳定的合作模式，实现北航和中国商飞合作共赢的效果。

**1. 校企优质资源**

大飞机班是北航时任校长李未院士响应时任总理温家宝关于大飞机工程人才的指示而开设的，旨在为我国大飞机工程项目核心团队的形成输送急需人才。大飞机班自建班起就以"工程、融合、提升、增强"为办学方针，围绕大飞机工程，将工程需求、理论教学、创新实践紧密结合，以培养学生的团队精神和创新实践能力为目标，充分发挥北航在硬件、软件方面的优质资源。

1）硬件资源

依托北航在航空航天领域的学科优势，充分利用国家 CFD 实验室、航空器先进设计技术工信部重点实验室、航空气动声学工信部重点实验室、教育部流体力学重点实验室、无人系统研究院等单位在航空航天领域雄厚的师资力量和实验条件。

2）软件资源

为了尽快形成适应于协同育人示范基地人才培养的知识库，大飞机班依托北航图书馆和下属各单位教师，收集了大量大型民用飞机设计、制造和运行等方面的资料，并购置了有关飞机设计的基本大型软件，同时聘请若干名国际著名的飞机专家为学生授课，充分利用北航的各种有利条件办学。图 7 所示为大飞机班的培养计划和课程体系。大飞机班开设的主要课程包括公共课程和科学素养课程、基础理论课程、专业理论课程以及专业技术课程，其中，前三部分课程由北航各院系教授承担；专业技术课程主要包括"大型客机总体概论""大型客机总体气动设计""大型客机结构强度设计""大型客机制造技术""大型客机机载设备与系统设计"等，教学任务由北航大飞机班教师团队和中国商飞专家共同承担。前沿讲座部分是按北航与中国商飞校企合作培训的要求制定的，邀请示范基地内外校企专家开设前沿和专项技术讲座。

大飞机班在企业导师聘请、实践、模拟设计指导等方面主要依托中国商飞的优质资源，并且培养的学生源源不断去中国商飞工作，激发了企业在人才培养方面的主动性。

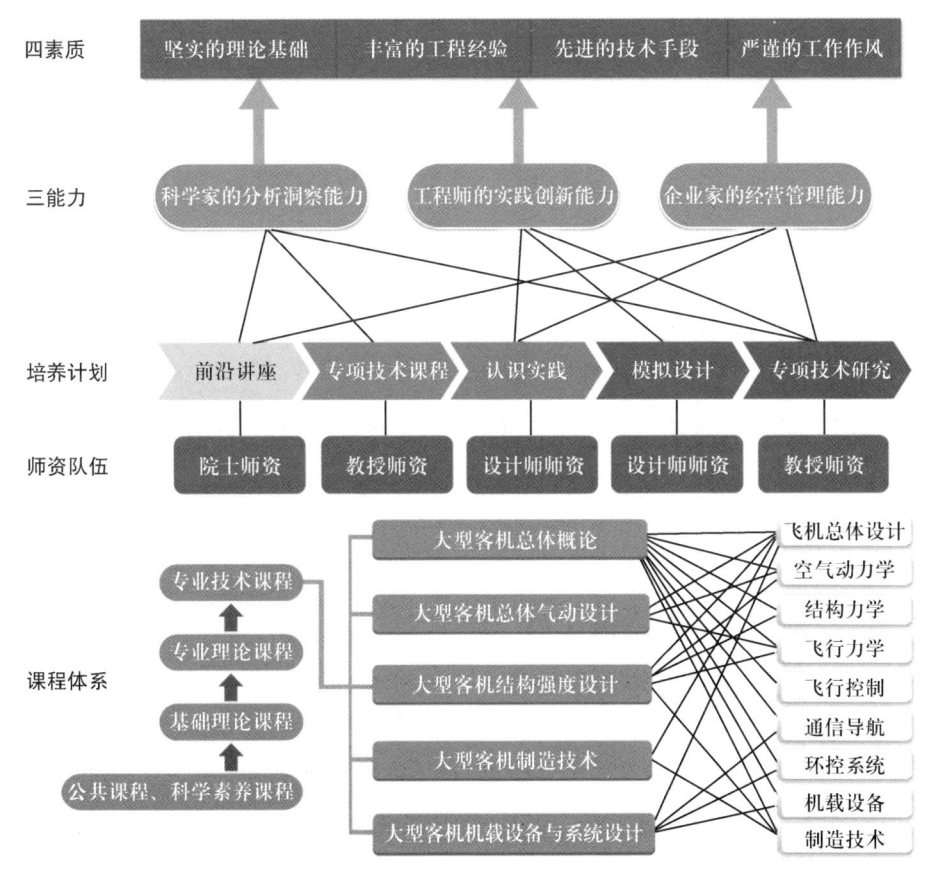

图 7 大飞机班的培养计划和课程体系

### 2. 校企联合实践基地

针对教学安排和实践要求，北航与中国商飞共同建立了联合实践基地，该实践基地承担学生的认识实践和模拟设计指导，对增强学生关于大型飞机的总体设计、系统集成、适航管理以及大飞机相关先进技术的认知起到了重要引导作用。同时，在中国商飞专家参与教学的过程中，学生通过实践活动对中国商飞有了更为清晰的认识，从而达到了非常好的企业宣传效果。

### 3. 科学研究

校企双方的研究团队针对大型飞机的科学技术难点，有效地开展科研和合作，特别是重点关注以下问题：

①多学科一体化设计基础问题。重点突破先进总体综合设计、气动增升减阻降噪、轻质长寿命结构强度等基础问题，实现飞行性能分析和仿真、虚拟设

计、气动设计、结构强度、多学科优化等关键技术的突破性进展，为提高飞机性能、降低研制成本、缩短研制周期提供支撑。

②机载系统集成验证基础问题。重点突破机电与飞控系统、模块化航电系统综合、智能检测与导航等基础问题，为解决民机机载设备适航取证与国产化难题提供支撑。

③高效加工制造基础问题。重点突破高精度数字化制造、高性能精确成形制造、数字化装配工艺与装备等基础问题，为提升我国大型飞机低成本、高效率、高质量的生产能力和竞争力提供支撑。

④全寿命运营维护基础问题。重点突破复杂环境模拟与综合鲁棒评估、智能运营与可靠性保障、空地协同与飞行试验等基础问题，为提升我国飞机适航取证、飞行验证以及运营维护的国际化水平与能力提供支撑。

## 三、管理模式与制度建设

### （一）组织架构

成立大飞机班管理办公室，办公室设在北航，由北航承担管理工作（见图8），由学术/学位委员会对大飞机班的学生进行学术和技术指导。管理办公室作为大飞机班运行的管理服务机构，为基地的日常运行、科研管理、人才培养、科研平台共享、校内外资源协调等具体工作提供服务和保障，直接面向北航各职能部处开展工作。

### （二）学术/学位指导

学术/学位指导委员会设主任1名、秘书长1名，委员由行业知名专家担任，原则上主要由航空领域的院士及权威学者、专家等组成，主要职责包括：

①发展咨询。负责大飞机班的学术决策，负责把握导师聘任和考评、导师审核，指导人才培养方案，推动国内外合作等。

②学术评议。评议理论教学、认识实践、模拟设计等具体人才培养活动的实施效果。

③学风维护。维护学风和学术道德建设工作。

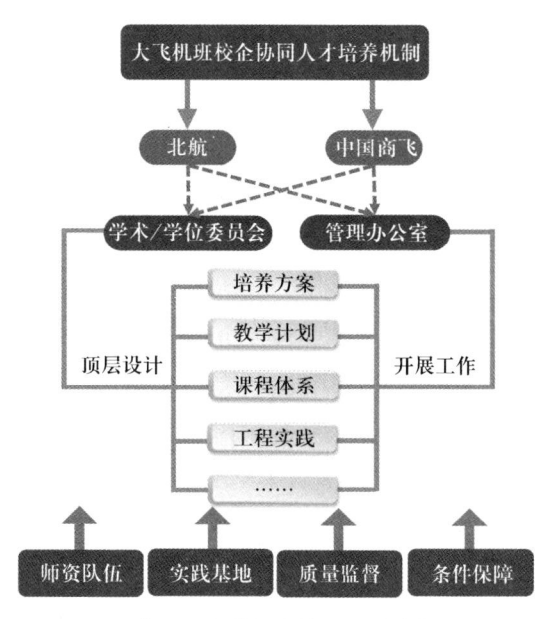

图 8  大飞机班的校企协同人才培养机制

## （三）激励制度

在协同育人基地的办学过程中，所有参与办班的教职员工，全部纳入北航研究生培养管理制度的奖励体系；中国商飞对基地办学过程提供大力支持，对所有参与教学和人才培养工作的专家给予相应的奖励。基地受聘成员及导师关系仍归属原单位，只有按时完成基地分配的工作任务，达到规定的质量标准后，方可在基地领取岗位津贴和绩效奖金。

基地成立由专家委员会成员、基地主任及有关人员联合组成的人才培养成果鉴定委员会，定期或不定期地对人才培养效果进行鉴定。对重大教学和人才成果进行奖励和激励，对教学成果的奖励按北航相关教学奖励政策执行。

## （四）资源共享机制

协同育人基地对北航和中国商飞双方单位的现有资源，特别是重点实验室、高校－企业联合实验室等研究平台进行了充分整合，建立了共享机制，集中优势科技资源并提供有偿使用，将双方单位的资源优势互补，进一步汇聚了国内外优势人才培养资源，全面实现人才培养资源共享。

## 四、特色及示范性经验

### （一）建立适应于大飞机工程的学科交叉融合课程体系

围绕大飞机班制定的培养模式和培养方案，在学院制课程体系基础上，构建了大飞机工程特色鲜明、学科交叉融合的课程体系，具体包括专业综合课程、基础理论课程、公共课程、科学素养课程。其中，前三部分由北航航空科学与工程学院、能源与动力工程学院等8个院系的一线教授团队授课；以"飞机总体设计""空气动力学""制造技术"等15门国家一流/精品课为基础，开设了"大型客机总体概论""大型客机总体气动设计""大型客机结构强度设计""大型客机制造技术""大型客机机载设备与系统设计"5门大飞机综合课程，由学校教授和企业专家共同授课。

### （二）建立企业全程深度参与的校企协同人才培养有效机制

在以大飞机班为中心的北航-中国商飞联合人才培养框架中，北航与中国商飞共同进行了深度参与和全程管理：双方共同协商制定了培养方案、教学计划、课程体系、工程实践、课程设计等培养环节；共同成立了校企联合的学术/学位委员会，对人才培养质量、考核评估、保障措施等方面进行全程管理；在师资方面，共同聘请企业著名专家和总设计师担任企业教师，占师资队伍总人数的40%；在工程实践方面，将中国商飞和中航工业主机场作为指定实践基地，承担工程实践培养环节。

### （三）育人成效突出

大飞机班充分利用北航和中国商飞的国家和省部级重点实验室的有利条件，实现了优势资源的整合与共享，形成了校企协同育人的研究生培养新格局，为高质量完成复合型研究生培养提供了重要保障。毕业的研究生中有85%去了航空主机厂所，大部分很快成长为单位的技术骨干，有的成为单位的中层领导。毕业生在中国商飞表现优秀，受到用人单位的高度好评，涌现出张大伟、李楠、林定发、董勤鹏、吴大卫等43位室主任和高级工程师等技术骨干，为

ARJ21、C919和CR929飞机型号的研发人才队伍建设提供了重要支撑。

## 五、典型案例

张大伟（1984年3月出生），2009年7月硕士毕业于第三届大飞机班，获得航空工程硕士学位；同年进入中国商飞上海飞机试飞院工作，岗位为试飞工程师。在ARJ21飞机型号研制过程中，他参与了北美自然结冰试飞、高原试飞、失速试飞、功能和可靠性试飞以及设计优化试飞等试飞任务。在C919大型客机型号研制过程中，他参与了首飞大纲编制、首飞风险评估以及试飞任务总体规划等任务；作为首飞随机的试飞工程师，完成两次首飞演练、两次滑行预试验、低速滑行和中速滑行等试验任务；完成C919大型客机系统理论培训、电传侧杆培训、机组资源管理等13项培训科目，所有培训均合格。

李楠（1983年4月出生），2008年7月硕士毕业于第二届大飞机班，获得人机环境工程硕士学位；同年进入中国商飞上海飞机设计研究院环控氧气系统设计研究部工作，担任通风系统专业负责人。李楠带领团队参与了与供应商的系统联合设计，编制了《C919环控系统设计方案》等多份重要技术文件，完成ECM的编写、校核数十份；完成大型客机14项关键技术之一的"大型客机座舱动态热载荷仿真计算平台"项目，并参与了"环控系统仿真""大型客机数字压调技术研究""座舱气流组织研究"等多项关键技术与外协课题的攻关。由于李楠在工作中表现突出，2011年2月被公司派往美国国家试飞员学院（NTPS）参加试飞工程师培训；2012年1月于加拿大庞巴迪公司完成最后的毕业设计，最终以综合平均成绩92分、并列第一名的成绩获得NTPS优秀毕业生称号，获得试飞工程硕士学位；2012年4月被调入民用飞机试飞中心；2012年12月被破格提拔为高级工程师，成为第一个具有高级技术职称的试飞工程师；2013年3—5月于美国堪萨斯大学参加适航工程师培训，并获得优秀学员称号；2013年9月，入选中国商飞第一批青年拔尖人才，获中国商飞"三八红旗手"称号，被评为上海飞机设计研究院优秀员工。目前，李楠担任民机试飞中心试飞工程部系统试飞技术研究室主任、试飞中心"试飞巾帼"团队队长。"试飞巾帼"团队荣获上海市巾帼文明岗称号，李楠被评为试飞中心优秀党务工作者。

# 飞行器空气动力学培养案例

## 一、培养概况

空气动力学一直扮演着"飞行器设计先行官"的重要角色。飞行器空气动力学涉及力学、航空宇航科学与技术等多学科，涵盖飞行器气动布局设计方法、高超声速飞行器气动力/热耦合、飞行器流动控制等一系列关键科学问题，是世界科技前沿，也是制约航空航天工业发展的重要因素。与此同时，飞行器空气动力学与国家安全密切相关，在先进飞行器研制中占据着不可替代的重要地位，是反映国家重大战略需求的学科。因此，飞行器空气动力学是世界范围内研究的焦点。飞行器空气动力学是实践性、应用性极强的工科专业，是亟须学做结合、学以致用的专业，更是在理论和实践的基础上容易产出突破性、原创性创新成果的专业，因此必须培养具有突出技术创新能力、善于解决复杂工程问题的卓越工程师队伍，支撑我国飞行器空气动力学事业的发展。

"飞行器空气动力学协同育人基地"（以下简称基地）由北航牵头，中国空气动力研究与发展中心（以下简称气动中心）、中国航空工业空气动力研究院（以下简称航空气动院）、中国航天空气动力技术研究院（以下简称航天气动院）参与建设，2020年1月被工信部认定为首批校企协同育人示范基地（见图1）。基地始终以服务国家重大需求为导向，以校企协同合作为基础，以培养信念坚定、品格优良、知识丰富、本领过硬的飞行器空气动力学卓越工程师为核心目标。基地按照国家对于"双一流"高校的建设定位和航空航天科研院所的发展宗旨，推动北航和飞行器空气动力学三大科研院所发挥各自优势：北航作为"双一流"建设高校，主要面向国际学术前沿和国家重大需求，开展成熟度1~4级的基础和应用基础研究；气动中心按照习近平总书记指示，主要面向航空航天国家战略需求，开展飞行器设计与空气动力学领域的应用基础与关键技术研究，技术成熟度主要在4~7级；航空气动院、航天气动院作为企业，主要面向重大工程，开展成熟度6~9级的工程研制。因此，北航与飞行器空气动力学三大科研院所共同组建协同育人基地，能够打通产学研链条，有力支撑我国飞行器空气动力学的校企联合人才培养，为"两个强国"建设提供强有力的人才支撑（见图2）。

图1 基地牌匾

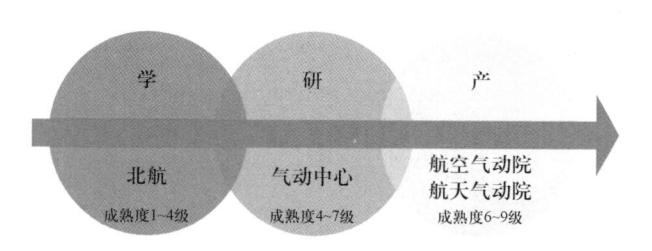

图2 各单位协同关系

## 二、联合培养举措

### （一）高度重视队伍建设

北航与飞行器空气动力学三大科研院所的校企联合培养经历了三个阶段、30余年的历程，组建了高水平的导师队伍，培养了大批信念坚定、品格优良、知识丰富、本领过硬的飞行器空气动力学卓越工程师。

第一阶段：因时而生（1989—1999 年）

北航是我国飞行器空气动力学的发源地。早在建校之初，陆士嘉先生就筹建成立了空气动力学教研室。1956 年，由陆士嘉牵头，北航创办了中国最早的空气动力学专业，开启了飞行器空气动力学专业的人才培养。

20 世纪 80 年代，随着计算机技术的蓬勃发展，计算流体力学成为飞行器空气动力学的重要发展方向。然而，受到美国对华采取军事、经济制裁和技术封锁的影响，国内高性能计算机的获取受到极大限制，严重制约了计算流体力学的发展，导致国内飞行器空气动力学发展遇到瓶颈。

为服务国家在飞行器空气动力学领域的重大战略需求，北航与气动中心的校企合作因时而生。1993 年，北航与气动中心密切接触，联合筹备成立计算流体力学领域的国家级重点实验室；1995 年，北航在校内建设国家计算流体力学实验室（以下简称实验室）；1997 年，实验室正式建成（其办公大楼见图 3），分别由北航两位院士担任实验室主任与学术委员会主任。实验室采用紧密协同创新的形式开展校企合作，以张涵信院士为首的气动中心研究人员集体入驻北航，与北航教师协同办公。

图 3 北航为实验室建设的独栋办公大楼

实验室以航空飞行器研发的空气动力学为背景开展基础及应用基础研究，致力于探索飞行器空气动力学的新理论、新概念、新方法、新模型。为解决飞行器空气动力学领域国家急需解决的问题，实验室建设了大型计算集群；开发了复杂流动数值模拟的 NND 格式，为飞行器复杂流动数值计算提供了有力支撑。双方依托实验室，在北航校内成立了协同育人基地，组建了由北航、气动中心院士领衔的高水平导师团队，培育了一大批飞行器空气动力学高素质人才。

第二阶段：因事而行（1999—2017年）

1999年5月，美国B-2轰炸机轰炸了中国驻南联盟大使馆。同年8月，江泽民同志在全国技术创新大会上提出"高度重视加强国防高技术的创新，尽快掌握维护国家主权和安全所需要的新的杀手锏"。因此，我国新型飞行器研究蓬勃开展，北航与气动中心的合作也因事而行。

北航与气动中心联合开展科学研究以来，持续有课题经费给予支持。2010年，北航院士团队承担了国家科技工程重大专项，开展了高超声速飞行器气动布局设计原理等方面的研究工作。2012年，该团队承担了国家"863计划"项目，开展了再入飞行器气动力及控制特性研究工作，为我国再入飞行器研制提供了重要支撑。2012年，气动中心团队承担了国家"973计划"项目，开展了大型航天器再入过程的跨流域数值模拟方法及分析等研究工作，为我国航天器再入预测提供了有力保障。

第三阶段：因势而新（2017年至今）

习近平总书记在党的十九大报告中提出"全面推进国防和军队现代化"，这对国防和军队现代化提出了新的战略安排，也对飞行器空气动力学事业发展提出了新的总体要求。在新时代、新形势下，北航在飞行器空气动力学领域开展的校企合作也因势而新。北航系统总结了与气动中心20余年的探索与实践，进一步制定了国家计算流体力学实验室新的发展规划，并提出要加强队伍建设、深化科研合作、推进人才培养。

在队伍建设方面，校企合作取得了突出成效，为飞行器空气动力学卓越工程师培养提供了坚实的人才队伍基础。2021年，1名气动中心研究员（兼职北航博导）当选中国科学院院士。2名航空航天院所总师被聘为北航兼职博导。2022年以来，北航教师获批国家杰青基金1项，入选国家级领军人才2人，入选中国科协青年托举工程1人。

在科研合作方面，气动中心多位院士、研究员等研究骨干常驻北航，与北航院士团队共同开展飞行器空气动力学专业技术攻关。近年来，北航与气动中心联合开展了国家重大科研项目。北航和气动中心发挥各自的学术影响力，合作创立了飞行器空气动力学领域学术期刊 Advances in Aerodynamics，该期刊已被 SCI 收录。

在人才培养方面，依托北航浓郁的学术氛围，校企双方共同推动空气动力学国家级精品课建设和精品教材编写，有力支撑了飞行器空气动力学卓越工程师培养。通过双导师制，共同探索博士研究生的培养模式。实验室成立以来，由李椿萱院士与张涵信院士牵头，北航与气动中心持续开展联合培养博士生工作。

更多联合培养的毕业生走上飞行器空气动力学相关工作岗位，成为单位的工作骨干。协同育人基地国家计算流体力学实验室的博士毕业生目前已在气动中心、航天一院、航空气动院的研发工作中担任要职。

## （二）稳步推进校企协同育人平台建设

北航常年组织青年教师赴气动中心、航空气动院、航天气动院等单位开展调研、交流和支部党建共建（见图4、图5）。在"不忘初心、牢记使命"主题教育中，北航航空学院空气动力学系教师党支部与气动中心低速空气动力研究所天平与机电技术研究室（气动中心低速所二室）党支部开展了支部共建活动；双方还签署了共建协议，结成共建党支部，拓展了校企合作新模式。2022年9月，北航航空学院组织20余名青年教师赴航空气动院座谈调研，双方一致同意在创新平台建设、前沿技术研究、联合人才培养等方面开展更深层次的校企合作；航空学院流体所教师党支部与航空气动院试验一部党支部举行了党支部"党建共建"结对协议签约。

气动中心是北航本科生和研究生的校外短期访学基地，北航与气动中心合作组织学生开展短期访学交流和生产实践（见图6），由校企协同制订计划、组织实施，共同探索短期访学交流和生产实践的本研复合新模式。在短期访学期间，学生通过参观气动中心的数十套亚、跨、超声速风洞、特种风洞、燃烧风洞等先进实验设备，拓展了工程实践的方式方法，加深了对于型号设计、知识应用的理解与认知；气动中心组织一线科研人员，开设了20余课时的学术报告，全面介绍飞行器空气动力学的研究方法、重点与难点，为学生答疑解惑，对学生的专业学习、职业发展起到了不可替代的参考与引导作用。短期访学交流和生产实践团队连续三年获得优秀生产实践队一等奖。

图 4　北航与气动中心、航天工程大学开展支部共建活动

图 5　北航组织教师参观航空气动院

图 6　北航组织学生赴气动中心开展短期访学交流

基地多次邀请校外的院所领导、科研人员、杰出校友到北航开展关于专项试验技术和生产技术的学术报告。报告内容丰富、深度适宜，与我国具体型号设计、校内学生所学理论知识结合紧密、应用性强，涵盖数值模拟、风洞设计与测量、高超声速与热防护、跨介质流动、吸气式推进高超声速飞行器设计等多个飞行器空气动力学技术难点与前沿热点。此外，基地还举办了学生和合作单位的领导、科研人员、杰出校友共同参与的座谈交流会，为学生创造了与一线职工亲密交流的机会，培养了学生的专业认同感，激发了学生对我国航空航天事业的热情。

### （三）积极探索博士生联合培养模式

基地组建校企联合培养导师队伍，建立"双导师"协同育人机制，紧盯科研生产一线的卡脖子、掉链子问题，并由此确定课题方向，开展博士生校企联合培养。截至2022年末，基地共拥有研究生导师48人，其中科研院所导师23人，占比47.9%。气动中心的多位院士、总师、知名学者均被聘为北航航空学院兼职博导，与北航教师共同办公，开展密切交流，协作育人。近年来，基地年均招收4名联合培养博士生，北航与气动中心建立了联合培养博士的长效机制。2022年，1名联合培养的研究生入选首批国家卓越工程师计划。

基地积极推动科研院所行业人才的知识更新，面向科研院所员工开展工程博士培养工作，为行业人才提供了学习深造、开阔眼界、了解学术前沿的有效途径。2020—2022年，基地培养工程博士10余人。依托北航博士后联合工作站，面向院所科研人员招收在职博士后，提供专业研究平台；多次组织北航校内教师与院所科研人员一起参加调研、学术报告和讨论交流会等活动，有针对性地帮助院所员工更新知识，掌握科技前沿动态，提高员工工作能力和院所创新能力。

### （四）深化人才培养模式改革，推动课程教学内容迭新

基地多次邀请行业大师入课堂，讲述学术前沿动态和产业发展需求；组建校企协同教学团队、推进课程建设，"计算流体力学""高超音速空气动力学基础"两门课程入选校级一流本科课程（见图7）。

图 7 校级一流本科课程"计算流体力学"的课堂

# 三、管理模式与制度建设

## （一）组织架构与运行方式

校企双方共同组建基地建设领导小组，进行基地总体规划。基地设管理委员会和学术委员会，管理委员会负责基地的日常运行管理，学术委员会负责对基地进行学术和技术指导。基地负责人对基地建设领导小组和管理委员会负责。管理委员会下设若干管理办公室，为基地具体工作提供服务和保障。

基地建设领导小组由基地各协同单位共同组成。领导小组设组长 2 名、副组长 2 名。领导小组对主管部门工信部和基地各协同单位负责，拥有人事任免权、财物终决权、重大事项审议决策权。

管理委员会由各协同单位推荐人选，并由基地建设领导小组决定其任免，向基地建设领导小组负责。管理委员会下设本研一体化短期访学办公室、研究生联合培养管理办公室、博士后联合工作站、客座人员管理办公室、科研合作管理办公室，各办公室和工作站向基地负责人负责。

学术委员会由各协同单位推荐人选，由基地负责人协商确定，并报基地建设领导小组备案。由基地建设领导小组决定学术委员会主任的任免。学术委员会向基地建设领导小组负责。

基地设北航校方负责人 1 名、院所方负责人 3 名，经基地建设领导小组任命。

### （二）资源共享机制

基地各协同单位发挥各自在基础研究和生产实际方面的优势，成立联合实验室和联合研究中心，联合承担重大科研项目，结合产业需求开展基础和应用研究。

校企双方构建校企协同育人平台，采用研究生联合培养、本研一体化短期访学、研究生专业实践等卓越工程师培养模式，加强研究生创新实践能力培养。

校企双方加强教职员工交流，通过在职博士后、挂职锻炼、培训交流等形式，推进校企人才双向交流研修。

### （三）评估机制

基地成立由学术委员会成员、基地负责人及有关人员联合组成的评估委员会，负责定期或不定期对基地人才培养、科研合作等情况进行评估，并向基地建设领导小组汇报；落实校企协作的跟踪检查与专项督导，接受校企上级指派的包括保密检查在内的各类监督与评定。

### （四）经费投入与管理制度

北航和科研院所依托基地，通过软硬件平台建设，为学生实践提供政策、条件和经费支持，提升本科生、研究生创新实践能力和青年教师工程实践能力，促进企业员工知识和技能更新。对相关经费严格按照国家相关法规和上级有关部门的财务规章制度，以及依托单位北航的相关管理办法进行管理。

基地建立国际交流、学术会议、特邀报告、奖助学金等内部管理制度。基地主任按照制度条例，通过科研经费支持基地师生开展国际交流、参加国内外学术会议，组织专家特邀报告，为基地研究生发放奖助学金。

### （五）知识产权保护制度

各协同单位通过协议方式，加强知识产权管理，明确科研成果和知识产权等的归属，实现开放共享、持续发展。

## 四、特色及示范性经验

基地始终围绕国家重大需求,瞄准国际学术前沿,以飞行器空气动力学人才与技术发展需求为背景培养卓越工程师、开展基础及应用基础研究,形成了一个核心目标、两种科研文化、三大合作平台、四支人才队伍、若干创新突破的五个特点,即"1+2+3+4+X"(见图8)。

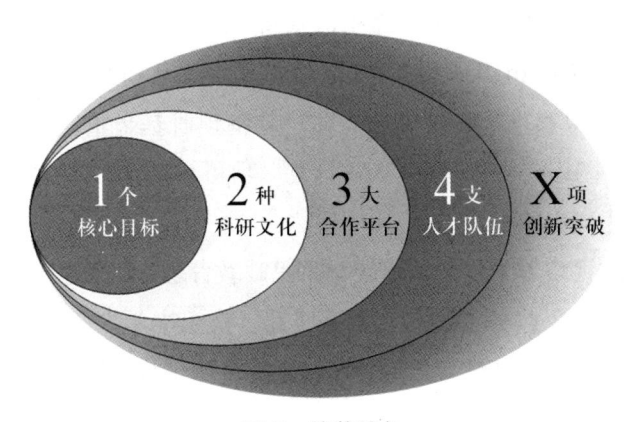

图 8 培养特色

### (一)围绕一个核心目标

基地始终以培养信念坚定、品格优良、知识丰富、本领过硬的飞行器空气动力学卓越工程师为目标,汇聚了一支产教融合的研究生导师队伍,为卓越工程师培养提供了坚实的人才队伍基础。截至2022年末,基地共有研究生导师48人,其中科研院所导师23人,占比47.9%。

近年来,基地师生年均发表高水平SCI论文50篇以上,培养了一大批高素质人才和拔尖创新人才,绝大部分学生毕业后进入国家航空航天系统企业或研究院工作,有些已成为国家重大战略项目的总师、副总师和研究骨干,为国家在航空航天领域的"两个强国"建设提供了强有力的人才支持。

### (二)融合两种科研文化

在飞行器空气动力学卓越工程师培养过程中,基地始终坚持融合两种优秀科研文化，即"探索国际学术前沿的浓郁学术氛围，与服务国家重大需求的强大使命担当"。

近年来基地积极选派人员参加高水平学术会议，了解学术前沿信息和最新成果；积极派遣青年教师作为访问学者赴境外相关机构或院校进行交流，先后安排了多名研究生前往美国、俄罗斯、法国、荷兰等国的世界一流大学开展访学。基地内定期举行学术讨论会，交流各自的研究方向和研究成果，会上讨论热烈，学术氛围浓郁。

基地始终坚持服务国家重大需求的宗旨，有着强大的使命担当。2020年至今，基地面向全国组织承担了40余项国家重大科研预研项目和大型设备建设项目，包括国家重大科技专项4项、装备预研基金重点项目3项、国家"973计划"项目10余项和国家"863计划"项目20余项，为国家航空航天事业的发展做出了突出贡献。

基地高度重视培养学生爱国情怀，将思政教育融于产教融合全流程；组织学生集中学习研讨，集体参加参观复兴之路、庆祝中华人民共和国成立70周年大型成就展等爱国主义教育活动，厚植学生爱国情怀，强化其使命担当。

### （三）汇聚三大合作平台

北航与气动中心共建了国家计算流体力学实验室，与航空气动院共建了院士工作站，与航天气动院共建了"航天气动热防护"联合实验室。依托该三大合作平台，深化校企合作，提升科技创新、技术开发和卓越工程师培养能力，推动北航和院所发挥各自优势，重点在战略规划、重大项目论证等方面开展多层次、多方面的合作，共同推动合作项目立项和成果应用，引领航空航天领域创新发展。

依托三大合作平台，北航与航天气动院共建了"航天飞行器气动热防护实验室"，并进一步获批中国航天科技集团重点实验室，北航为实验室的副主任单位；拟进一步申报国家级重点实验室。北航与航空气动院联合成立了先进数值模拟、飞行器气动设计、环境流体力学等3个联合研究中心，北航为研究中心的副主任单位；目前正在联合申报国家级科研平台。

## （四）培养四支人才队伍

本科生、研究生、青年教师和院所人才是基地着力培养的四支人才队伍。

在本科生培养方面，基地积极组织面向本科生的开放项目，带领本科生参观并开展课题研究，充分发挥基地支撑本科生人才培养的作用，实现科教融合，使科研资源不断有效地转化为优质的教学资源。

在研究生培养方面，基地深化人才培养模式改革，推行校内外导师联合指导的双导师制。北航与气动中心开展校所联合培养项目，共同建立了联合培养博士研究生的长效机制。此外，基地积极组织本研复合短期访学生产实习活动，引导学生深入科研生产一线，培养其工程实践能力。

在青年教师团队培养方面，基地在日常教学与科研活动中注重树立青年教师在专业发展中的主体意识和责任意识，组织科研人员交流合作，积极开展青年教师工程实践，为青年教师提供专业发展的环境支撑与外部保障，通过各种方式促进青年教师在专业知识、业务能力和个性方面的成长，使青年教师能够胜任教学、研究、社会服务和管理等各项工作。

在院所人才培养方面，基地注重行业员工的知识更新。北航面向院所员工招收工程硕士、工程博士研究生，为行业人才提供了学习深造、开阔眼界、了解学术前沿的有效途径。基地依托北航博士后联合工作站，面向院所科研人员招收在职博士后，提供专业研究平台。通过多次组织校内教师与院所科研人员参加调研、学术报告和讨论交流会等活动，有针对性地帮助院所员工更新知识，掌握科技前沿动态，提高员工的工作能力，提升院所的创新能力。

## （五）实现若干创新突破

北航与飞行器空气动力学领域三大科研院所开展了密切的科研合作，实现了若干创新突破。

北航与气动中心开展了科研联合攻关，共同承担了多项国家重大项目。

北航与航空气动院、航天一院等单位在 *Aerospace Science & Technology*、*International Journal of Heat and Mass Transfer*、*Heat Transfer Engineering*、《气动研究与试验》等期刊联合发表了多篇高水平学术论文（见图9）。

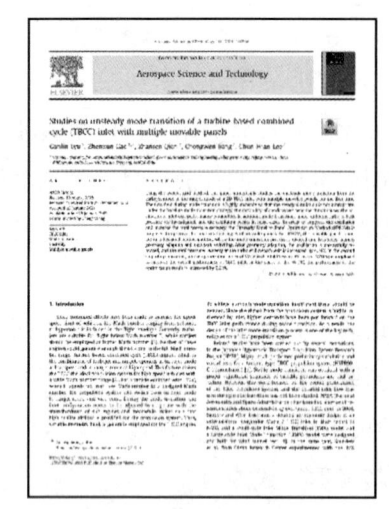

图 9　联合发表的部分高水平学术论文

北航牵头于 2022 年获"中国航空学会科学技术奖"一等奖 1 项（见图 10）、2020 年获"中国力学学会科学技术奖"二等奖 1 项（见图 11），2023 年与航空气动院联合获"辽宁省技术发明一等奖"。

在辐射引领方面，北航与航空气动院依托基地共同创办了高水平专业期刊《气动研究与试验》（见图 12）。该期刊于 2021 年 1 月正式出版，由北航李椿萱院士担任编委会主任、期刊主编，北航多位教授担任首届编委会委员。目前该期刊已经成为国家级科技期刊。

依托基地，北航还与其他科研院所协同搭建了院所青年人才的培养平台，

48

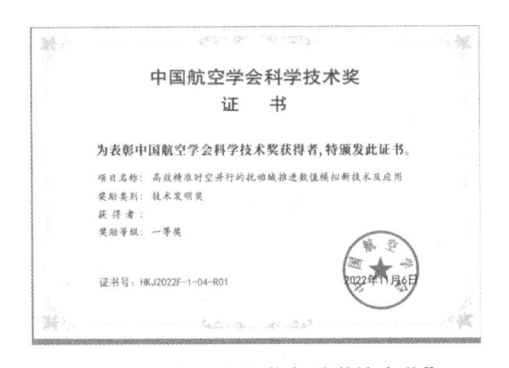

图 10 "中国航空学会科学技术奖"一等奖

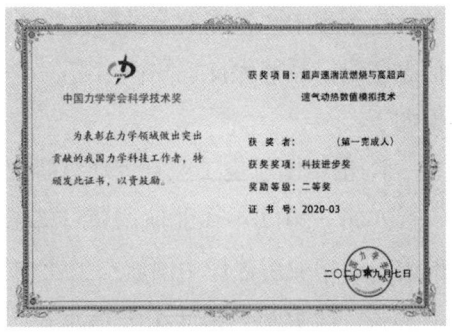

图 11 "中国力学学会科学技术奖"二等奖

图 12 《气动研究与实验》2022 年第 1 期封面

建立了培养在职博士的长效机制，与航天一院、航天四院等院所开展了博士生联合培养。

## 五、典型案例

### （一）协同育人

北航与飞行器空气动力学领域三大科研院所具有深厚的合作基础，在长期

49

的合作历程中，各方充分发挥优势资源，以国家重大需求为牵引，培养了一批信念坚定、品德优良、知识丰富、本领过硬的卓越工程师。协同育人的典型案例如下。

**1. 前中国航空工业空气动力研究院副院长**

2006—2012年在北航国家计算流体力学实验室学习的博士研究生师从北航院士；毕业后曾任中国航空工业空气动力研究院副院长，气动研究与试验一部部长、研究员。近年来先后承担了国家创新特区项目、工信部民机科研项目、航空工业集团公司创新基金重大项目、国家自然基金项目和航空科学基金项目等研究项目；主要从事计算流体力学和高速空气动力学研究。

他曾获辽宁省技术发明一等奖、辽宁省沈阳市五一劳动奖章、中国航空工业集团有限公司预研一等功、中航工业集团技术发明一等奖；获评中国航空工业集团有限公司基础技术研究院优秀党员；目前担任中国空气动力学会常务理事，计算空气动力学专委会副主任委员，低跨超专委会委员，航天三网发动机内流技术专委会委员，中国航空教育学会理事，中国航空学会青年工作委员会委员、国家合作工作委员会委员、超声速民机分会副主任，担任《气动研究与试验》执行主编，《气体物理》副主编，长期担任 Journal of Computational Physics、International Journal of Heat and Mass Transfer、Aerospace Science & Technology、Journal of Aircraft、Journal of Turbulence、Chinese Journal of Aeronautics 等国内外期刊的审稿专家。在 Journal of Computational Physics 等国内外期刊/会议上发表学术论文80余篇。

**2. 北航航空学院工会主席，国家级青年人才**

2005—2011年在北航国家计算流体力学实验室学习的博士研究生，师从北航院士；现任北航航空学院工会主席。主持国家自然科学基金面上项目2项、青年基金项目1项、国家重点项目1项、科技基金项目1项、重大专项课题1项、"863计划"项目4项、航空基金项目1项；作为第一作者或通讯作者发表SCI论文42篇；长期担任 AIAA Journal、Physics of Fluids 等 SCI 期刊的审稿人。

他于2022年入选国家级青年人才；2020年获"中国力学学会科学技术奖"二等奖（排名第一），2022年获"中国航空学会科学技术奖"一等奖（排名第二），2019年获"中国力学学会全国徐芝纶力学优秀教师奖"；现任第七届中国空气动力学会高超声速专业委员会委员、第九届航空学会气动专委会委员、北航－航空气动院联合研究中心主任、北航－航天气动院联合研究中心主任等职务。

### 3. 北航卓越百人博士后，中国科协青托

2014—2020 年在北航国家计算流体力学实验室学习的博士研究生，师从北航院士；现任北航航空学院副教授。

她以第一作者或通讯作者身份发表高水平 SCI 论文 10 篇，其中在数学物理领域排名第二的顶级期刊 *Computer Physics Communications* 上发表论文 4 篇，在 *AIAA Journal* 上发表论文 5 篇；授权国家发明专利 19 项，转化许可专利 3 项；登记软件著作权 2 项。2021 年获"中国航空学会首届优秀博士学位论文奖"和"中国航空学会科学技术奖"一等奖（排名第三）；2022 年入选"中国航空学会青年人才托举工程"，入选"中国科协青年人才托举工程"。

## （二）联合攻关

### 1. 航天飞行器气动热防护重点实验室

长期以来，航天气动院与北航在高超声速空气动力学、飞行器气动热防护等领域的科学研究、学科建设方面均保持密切合作。在北航与中国航天科技集团签署全面战略合作协议、就进一步加强合作达成共识的背景下，北航与航天气动院依托基地共建了"航天飞行器气动热防护实验室"（见图 13）。

图 13 "航天飞行器气动热防护实验室"牌匾

双方发挥各自优势，重点在科学研究、学术交流、人才培养等方面开展合作，加快创新资源整合，提前规划和布局与热防护技术相关的基础科学研究，促进热防护结构系统设计、仿真分析、材料制备、试验验证等技术的发展，共同推动合作项目立项和成果应用。在实验室布局气动热环境预示、气动热/力/结构耦合两大方向成立两个研究中心，支持北航与航天气动院的科研合作与学术交流。

2020年，该实验室获批中国航天科技集团重点实验室，并在北航挂牌，北航为副主任单位，该实验室拟进一步申报国家级重点实验室。未来，实验室将进一步深化气动热防护领域重大项目论证，推动北航与航天气动院科学研究能力的提升，支持北航航空宇航科学与技术及力学学科建设，引领我国热防护技术的创新发展。

**2. 李椿萱院士专家工作站**

长期以来，航空气动院与北航在空气动力学、飞行器气动设计等领域的科学研究、学科建设方面均保持密切合作。在北航与中国航空工业领导就进一步加强合作达成共识的背景下，航空气动院邀请北航李椿萱院士依托基地合作建设院士专家工作站。

工作站致力于为航空气动院和北航的发展规划、学科建设、科学研究、学术交流、人才培养提供智力支持，以增强航空气动院的科技创新能力，提升北航航空宇航科学与技术、力学两个"双一流"建设学科的水平，形成科学研究与学科建设相互促进、共同发展的良好互动关系。

工作站布局先进数值模拟、飞行器气动设计、环境流体力学三大方向，分别成立了3个研究中心（图14所示为"先进气动设计联合研究中心"）。双方依托院士专家工作站和联合研究中心开展产学研合作，申报国家级和省部级科研项目，并承担国家和地方的重要科研任务，以进一步整合科学研究、人才培养资源，提升双方的科学研究能力，有力支持北航航空宇航科学与技术、力学两个"双一流"学科建设。

**3. "2022年度中国航空学会科学技术奖"一等奖**

"高效精准时空并行的扰动域推进数值模拟新技术及应用"项目由北航牵头，与航天一院、航天四院联合完成。该项目在国家安全重大基础研究计划、国家自然基金、国家科技创新特区、装备预研等项目的支持下，历经多年系统

图 14　北航－航空气动院"先进气动设计联合研究中心"

研发，发明了高效精准时空并行的扰动域推进数值模拟新技术，开发了自主可控的 CFD 软件平台 DRUM，获"2022 年度中国航空学会科学技术奖"一等奖（见图 15）。

图 15　"2022 年度中国航空学会科学技术奖"一等奖颁奖现场

获奖项目针对高超声速飞行器数值模拟计算效率和求解精度中的突出问题，发明了扰动域推进计算方法，揭示了数值模拟求解过程中扰动传播的特征，提出了多类动态计算域的自适应推进算法、高效数据结构和计算框架，可在同等精度下显著提升计算效率、节省计算资源，使超声速流动典型问题的计算时间减少了 75% 以上；发明了扰动域推进复杂流动精准模拟技术，提出了强激波湍流模型修正方法、可压缩火焰面/进度变量模型、RANS/LES 动态域混合方法，解决了现有模型难以准确模拟强激波、湍流/化学反应相互作用、分离流动等复杂效应的技术难题；发明了扰动域推进多维耦合加速方法，提出了动态计算域与空间并行、多重网格、时间并行等高效技术的耦合方法，可突破现有技术的加速极限，有力支撑了飞行器精细化气动力/热预测与流动分析。

该项目获批国家发明专利 33 项，登记软件著作权 2 项；在数学物理、航空航天、流体力学等方面的国际顶级期刊发表 Q1 区 SCI 论文 20 篇；在国家 6 个重点型号项目中取得了 7 项成功应用。以刘大响院士为主任，向锦武院士、唐志共院士为副主任的中国航空学会成果鉴定委员会指出，本项目"主要技术指标国内领先、国际先进，其中扰动域推进计算方法属国际首创，达到国际领先水平，实现了高超声速数值模拟算法架构的重大技术突破"。

### （三）辐射引领

#### 1.《气动研究与试验》期刊

20 世纪 60 年代开始，《气动研究与实验》作为航空气动院的内部资料发行，1983 年起在辽宁省内公开发行，2020 年 10 月依托基地改版为由北航与航空气动院共同创办、在国内公开出版的季刊。该期刊由北航李椿萱院士担任编委会主任、期刊主编，潘翀教授、蒋崇文教授、高振勋教授等担任首届编委会委员。期刊征稿范围包括空气动力学及其相关领域的理论分析、数值模拟、地面试验和飞行试验等方面的前沿研究成果，特别是航空飞行器相关的气动技术新进展；栏目形式包括综述、简报、研究论文、专刊、编委推荐。

2023 年，经国家新闻出版署批复，《气动研究与实验》正式获得 CN 号：CN10-1887/V，成为国家级科技期刊，同时更名为《气动研究与试验》。

#### 2. 卓越工程师培养平台

依托基地，北航与航空航天院协同建立了在职培养博士的长效机制。2020 年开始面向航天科技、航天科工等院所开展博士生联合培养项目。已参与联合培养项目的人员包括：

（1）2020 年，北航联合航天一院，招收航天一院一部副主任。该生硕士毕业于北航，曾任 CZ-5 主任设计师，主要从事运载火箭及上面级总体设计、系统集成技术研究和抓总研制工作。

（2）2022年，北航联合航天一院，招收航天一院院级技术专家。该生硕士毕业于航天一院，现任火箭院科技委气水动专业组委员，负责多项重点项目的研究。

（3）2023年，北航联合航天四院，招收航天四院四部气动水动研究室副主任。该生硕士毕业于哈尔滨工业大学，担任多个国家重点型号气动主任设计师，获航天三江级科研奖励一项。

# 航天动力培养案例

## 一、培养概况

航天动力领域校企协同育人是由北航与中国航天科技集团合作实施的，旨在积极探索卓越工程师培养新路径，持续深化校企合作、大力推进产教联合，努力培养造就更多爱党报国、敬业奉献、具有突出技术创新能力、善于解决复杂工程问题的高素质工程技术人才。

1956年，在我国航天事业创建的同时，北航就在国内率先创建了火箭设计和火箭发动机教研室，由屠守锷、曹传钧担任教研室主任。1957年，北航航天学科的创始人之一、"两弹一星"功勋科学家屠守锷先生调入中国航天科技集团的前身国防部第五研究院工作，投身我国导弹与航天事业，在导弹研制过程中重大关键技术问题的解决，大型航天工程方案的决策、指挥及组织实施中发挥了重要作用，是中国导弹与航天技术的开拓者之一。中国工程院院士、神舟飞船第一任总设计师、北航宇航学院名誉院长戚发轫院士，是北航培养出来的第一届学生，毕业后分配到当时新成立的国防部第五研究院。在中国航天科技集团的前身国防部第五研究院建立之初，北航与中国航天科技集团即在实习实践、课程教学、科学研究等方面建立了广泛的合作关系，合作成果丰硕。

2012年，中国航天科技集团与北航签署了协同创新合作协议，双方瞄准国际空天技术发展前沿，紧扣国家航天科技发展战略，以解决国家重大需求为目标，以提升自主创新能力为方向，以交叉融合基础研究为突破，以技术创新与成果转化为途径，加快创新力量和资源的整合与重组，开展协同创新，实现知识创新与技术创新的充分结合。根据协议，双方共建"北航航天科技协同创新研究院"，以国家科技重大专项和重大工程为牵引，开展应用基础研究和交叉科学研究，联合承担国家科学研究和工程项目，共同规划建设科研基础设施，实施技术转移和成果产业化，培养科技和管理高端人才。协同创新研究院重点建设的5个实验室中的3个（真空羽流实验室、计算流体力学实验室、空天材料与服役实验室）都直接或间接与航天动力技术领域有关。自此，双方在基础前沿创新、关键技术攻关、基地平台建设、学术交流和人才共享等领域密切合作、相互支撑，形成了共赢发展的良好态势。

2019年，为全面贯彻落实创新驱动发展战略部署，加快推动航天强国和世界一流大学建设，在已有合作基础上，北航与中国航天科技集团友好协商，签署全面战略合作协议。根据协议，双方将本着"平等协商、优势互补、资源共享、务求实效"的原则，在已有的全面合作基础上，深化双方的战略协同，不断提升航天领域科技水平，共同打造国内领先、世界一流的创新型航天企业和扎根中国大地的世界一流大学。大力推进产学研用相结合，在科学研究和人才培养等领域深化双方战略协同，不断探索创新，为推动国家航天技术转型升级发展做出贡献。

在上述合作的基础上，为了发挥航天院所和高校的协同育人优势，北航与中国航天科技集团下属的多个航天动力领域研究院所在人才培养、科学研究、成果转化、知识产权等方面达成共识，签订合作协议。2013年12月30日，北航与中国运载火箭技术研究院（以下简称火箭院）签署战略合作框架协议，并组建了以"国防科技工业激光增材制造技术研究应用中心""空天飞行器结构强度联合中心"为代表的系列合作研究平台。双方合作的目的是充分发挥各自在科研、人才、信息等方面的资源优势，将火箭院的系统工程管理和系统集成优势与北航的基础研究和前沿探索优势结合，建立战略合作伙伴关系，构建长期、稳定、高效的合作机制，共同促进我国航天事业的发展。双方的合作内容主要包括：共建产学研合作研究平台；联合开展重大项目技术攻关；设置专项基金以推动长期合作；联合培养航天技术和管理人才等。双方建立起高层对话机制，根据需要，双方高层领导每年进行不定期沟通，协商双方建设发展和科研合作重大事项；建立起组织协调机制，火箭院技术发展部和北航科学技术研究院负责双方战略合作协议有关工作的组织实施；建立起技术交流机制，定期组织双方技术骨干进行技术交流，就航天相关技术发展等进行研究讨论，为青年人才成长创造条件。

2015年，北航和中国航天科技集团第六研究院（以下简称航天科技六院）

下属的西安航天动力研究所、北京航天动力研究所、上海空间推进研究所签署技术研究与人才培养战略合作协议。2016年，北航和航天科技六院签署全面战略合作协议。2022年7月，北航在浙江宁波成功承办第五届中国空天推进技术论坛。该论坛由中国航天科技集团科技委主办，以"深度融合，协同创新，推动中国空天事业高质量发展"为主题，通过北航和中国航天科技集团的成功合作，为促进航天技术融合、培养更全面的航天推进人才提供了新的动力。

北航与中国航天科技集团协同育人合作有力地促进了北航在航天动力领域的人才培养、科学研究和平台建设，使双方产学研结合更加紧密。校企双方合作构建了"课程融合、师资融合、项目融合、平台融合"的校企协同育人体系（见图1）。

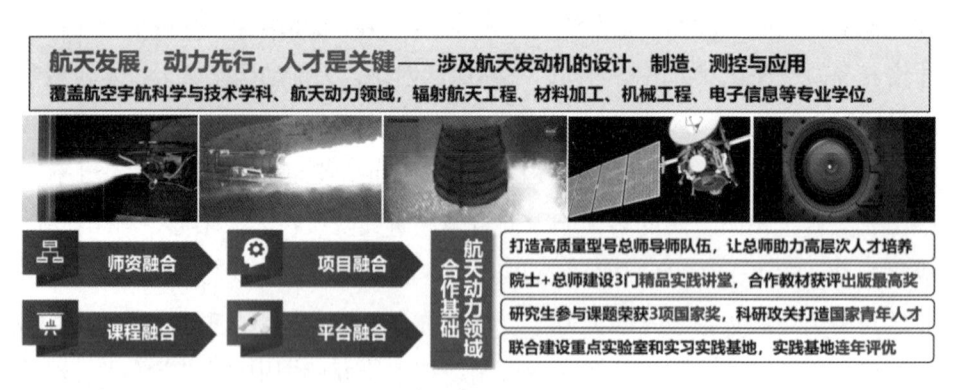

图1 协同育人体系与举措

## 二、联合培养举措

### （一）导师队伍

北航校内导师队伍以宇航学院为主要依托，并延伸到全校其他有关学院，如材料学院、机械工程与自动化学院、能源与动力工程学院、航空科学与工程学院、可靠性工程学院、航空发动机研究院。宇航学院现有教职工142人，其中院士1人、特聘教授3人、讲座教授2人、国家杰出青年基金获得者2人、国家级青年人才7人、北京市教学名师2人，专任教师中教授41人、副教授69人，专任教师中69人为博士生导师（兼职博士生导师6人）。同时，校企双方聘请中国航天科技集团下属各院所、企业的专家和工程技术人员与北航校内导师共同指导学生，构建多元化的师资队伍。

联合培养基地还聘请十多位中国航天科技集团的院士担任北航航天人才培养顾问，对高素质航天人才培养中的重要课题给予指导；聘请中国航天科技集团科技委主任、科技委副主任分别担任宇航学院学术委员会主任和副主任；聘请多名中国航天科技集团的专家为宇航学院兼职研究生导师。

为本科生指派责任心强、工程实践经验丰富的教授全程参与指导，为学生开设工程实践类讲座，并负责落实航天院所的资深工程技术人员作为副导师参与指导学生的企业实习和毕业设计，参与学生企业工程领导力的指导与培养。校内外导师合作共同把握研究生的研究课题、方向：校外导师从技术需求入手，带领学生进行技术难点攻关，最终将研究成果运用到航天产品中，从而产生实际的应用价值，为社会进步贡献力量；校内导师则在课程选择及论文的学术性、前沿性等方面进行引导；校内外导师定期沟通，优势互补，共同商议学生的培养问题。

## （二）培养模式

校企双方以航天发展需求为目标，以工程实际应用为导向，以实践能力培养为重点，以产教融合（课程融合、师资融合、项目融合、平台融合）为途径，将探索基础理论和应用知识相结合，建立了"产学研有机融合"的协同育人综合培养模式，强化对学生的实践能力、创新能力和工程领导力的培养。通过协同育人，北航航天动力工程领域的人才培养能力逐步增强，为国家的航空航天和国防事业培养了一大批优秀专业人才。自2022年起，为响应国家卓越工程师教育培养计划，培养造就一大批创新能力强、适应经济社会发展需要的各类型高质量工程技术人才，北航与中国航天科技集团携手探索航天动力领域培养新模式，力争培养一批面向工业界、面向世界、面向未来的新型航天动力人才，为我国建设创新型国家、实现工业化和现代化奠定坚实的人力资源优势。北航宇航学院申请的与航天动力关键领域工程硕士、博士校企协同培养有关的"卓越航天工程师产教融合培养模式的探索与实践"项目获得北航卓越工程师产教联合培养研究专项重点项目资助。航天动力关键领域专业学位研究生通过课程学习、专业实践、学位论文相结合的培养方式，依托联合培养基地开展实践课题研究。在校企联合培养过程中做到了"四共"（共同招生、共同培养、共同选题、共享成果）与"四通"（师资互通、课程打通、平台融通、政策畅通）。

### （三）实践条件

北航宇航学院航天动力领域相关的航空宇航科学与技术和控制科学与工程两个学科都为国家重点学科。根据教育部第四轮学科评估数据，北航航空宇航科学与技术学科被评为 A+，排名全国第一；控制科学与工程学科评估等级为 A。作为集中从事航天人才培养和航天科学研究的综合性很强的航天专业学院，宇航学院建有"航天动力"特色学科，现有"航天器设计优化与动态模拟技术"教育部重点实验室和"数字媒体"北京市重点实验室两个重点实验室；建有"航天飞行器与导弹技术实验室""航天制导导航与控制技术实验室""宇航推进实验室""图像处理与模式识别实验室"四个专业实验室，还承建了北航和中国航天科技集团的联合实验室——"真空羽流实验室""火箭发动机重复使用技术实验室"（北航重点实验室），以及"空天飞行器技术研究所"（北航重大项目跨学院研究所）。

宇航学院"类企业级"的航天动力技术创新中心面积超过 8 000 m$^2$，建成了多个完整的火箭发动机和电推进科研教学实验系统，拥有较好的硬件设施和科研条件。同时，宇航学院与中国航天科技集团各院所紧密合作，建有多个联合研究基地，包括：与航天科技六院 801 所共同建立的"空间推进技术联合研究中心"以及与北京航天动力研究所联合申请设立的"低温液体推进技术实验室"；通过中国航空科技集团评审，正在与航天科技六院西安 11 所、北京 11 所联合申报液体火箭发动机技术全国重点实验室。中国航天科技集团是我国航天工程型号研制的主力军，具有产品研制、设计、生产、试验等各个环节的一流实践条件。如航天科技四院是立足于固体火箭发动机研究、设计、生产和试验的固体火箭发动机专业研究院，拥有我国固体火箭发动机领域唯一的国家级重点实验室；航天科技六院是我国液体火箭发动机研制中心，是我国唯一的集运载火箭主动力系统、轨姿控动力系统及空间飞行器推进系统研究、设计、生产、试验为一体的专业研究院，被誉为航天液体动力"国家队"和"中国航天动力之乡"，拥有亚洲最大的液体火箭发动机试车台、亚洲最大的泵性能试验室、国内唯一的基础理论研究室、国内唯一的全箭动力系统试验台、国内唯一的液体推进剂研究中心、我国第一个低温技术研究中心等国家级科研基础设施。这些实验基地不仅为北航和中国航天科技集团联合开展高水平的科学研究奠定了基础，同时也为高水平的协同育人创造了条件（见图2）。

图2 实践条件与实践项目

## （四）实践项目

北航与中国航天科技集团下属各院所建立了多个互利共赢的校企合作实习实践基地建设，如2018年与航天科技四院西安航天动力技术研究所签署人才培养战略合作协议、建设社会实践基地合作协议，为本科生、研究生提供更多实习实践和了解实际工作的机会，如低年级本科生参观大型航天发动机试车试验、本科生进行专业生产实习、本科生和研究生进行学位论文联合培养实践等，让学生在真实的工程环境中进行"真刀真枪"的训练，帮助学生在实际工作中发现问题、解决问题，实现理论知识与实际需求的结合和统一，培养学生的实践、创新能力，推动实践基地的运行，达到高校与基地资源共享、互补、双赢，保证航天专业学生的培养质量。同时，北航通过"校企联合"创新模式，与航天科技一院、航天科技五院合作举办"北航航天科学与技术研究生国际论坛"，打造卓越的研究生学术实践培养体系。北航"航宇问天实践队"经过多年传承，通过走进火箭总装测试厂房、聆听专题讲座等活动，近距离接触了解大国重器，深入学习前沿科技知识，明确专业发展前景，树立远大报国志向，荣获"'青年服务国家'首都大中专学生暑期社会实践"优秀团队。在2019年举办的"首届全国高校航空航天类专业本科毕业设计大赛"中，北航与航天科技五院联合培养学生完成的"微小卫星用离子推力器"毕业设计获得特等奖第一名。有多位航天专业研究生通过在实践基地的学习荣获国家级及校级研究生优秀实习实践成果奖。

此外，宇航学院坚持科教深度融合，围绕航天重大科技攻关需求，积极打造国防重点项目间的纽带关系。通过与中国航天科技集团合作的联合攻关课题培养高素质研究生。宇航学院积极布局科研方向与科研团队建设，把校企联合攻关课题放在重要位置，学生全程参与课题的立项、攻关、结题，以研究成果的创新性作为研究生申请学位创新成果的标准。目前每年有50余项联合课题在研，80%以上的专业学位研究生参与其中，每年超过80名院所工程师直接参与指导研究生工作。学院组织制定了全国航天工程领域工程硕士专业学位标准，在四层次课程套餐中选取符合标准的课程模块，构建出满足行业单位不同需求的定制化培养方案。自1998年以来，宇航学院已为航天科技一院等单位累计培养航天工程硕士401人，毕业生中15人获评"做出突出贡献的工程硕士学位获得者"，获奖人数位居全国第一。宇航学院以面向行业高端人才招生的"高研班"为依托，校企深度联合，为总师们量身定制博士培养方案，在基础层补足理论短板，在实践和应用层解决关键技术难题，在前沿层将人工智能、大数据、量子科学等科技前沿与航天技术深度交叉融合，通过系统化的知识体系支撑前瞻视野和创新素养的全面提升。自2006年以来，已有41位航天系统的各级总师在宇航学院获得博士学位。

## （五）实践教学

以中国航天科技集团企业导师为主，北航宇航学院搭建了优秀的"校企示范教学团队"，开设"航天实践讲堂""氢氧火箭发动机工程设计""空间推进技术创新与实践"企业精品课程，以航天发展需求为目标，以工程实际应用为导向，以学生实践能力培养为重点，以产学结合为途径，探索基础理论和应用知识相结合的路径，将航天院所的需求贯穿学生培养的整个过程。企业导师全过程、全方位参与航天专业人才的培养，在课堂教学中面向实践，打造学以致用的教学模式。同时，北航校内教师到长征学院、神舟学院授课，也促进了校企人才双向交流研修机制的建立。研究生企业课程由聘请的航天院所主讲教师与宇航学院的领导、骨干老师共同负责，双方签署责任书，为讲师颁发特聘教授证书，已有包括5位院士、20多位总师在内的企业专家参与课程讲授。"航天实践讲堂"获评2019—2020学年北航精品实践讲堂建设项目。2018年，宇航学院利用与中国航天科技集团各院所的实践教学结果，完成了教育部学位与研究生教育发展中心设立的"航天工程专业硕士典型案例库建设"项目。宇航学院与航天科技一院、五院联合建设在线实践教学课程资源，"火箭发动机专业综合实验""飞行器空天交会运动虚拟仿真实验"课程获批国家级一流本科课程。从2012年开始，北航与中国航天科技集团各院所在博士生层级探索联合培养模式，即由航天院所提供招生指标、招生需求以及校外导师，并根据研究内容在北航校内指定相应的博导为校内导师。根据学校培养方案与研究方向，双方导师与学生共同制订培养计划。通过企业导师在航天院所的实践教学环节，把学术研究和实际工程实践背景结合在一起，使得博士论文课题具有一定的工程应用价值，也可以使学生提前进入工作岗位，尽早适应工作环境，有利于学生就业。如由北航和从事发射技术研究和特种发射平台研发的航天科技一院第十五研究所联合培养的一名博士毕业生，其在读期间的研究工作是研究所的核心研究方向，如此贴近实际的研究工作为其毕业后进入研究所工作和快速成长奠定了坚实的基础。2022年开始的航天动力领域工程硕士博士培养专项的16名全日制硕士生、7名全日制博士生以及8名企业在职员工，均在第一年基础课程学习完成后到航天科技有关动力院所开展专业实践，依托联合培养基地，在校企双导师的联合指导下开展与学位有关的课题研究。

## 三、管理模式与制度建设

### （一）管理及组织架构、运行方式

为扎实推进校企协同育人建设工作，保障示范基地有序、高效运行，发挥各自的优势资源，北航和中国航天科技集团加强组织架构设计，提升参与基地建设的主动性和积极性，强调"共建、共管、共享"，即对示范基地各组织机构从统筹规划、专家指导、日常保障等方面共同建设、共同管理、共享成果，从而建立校企协同育人示范基地的长效管理机制（见图3）。双方共同成立管理委员会，建立完善的学生资助体系和教师激励/退出机制，为全面提升研究生培养质量提供组织保障。为了加强研究生培养的过程管理，双方共同制定研究生培养方案，共同参与学生的招生、开题、科研实践和毕业答辩，确保培养过程的质量可控。双方开放资源共享，面向行业前沿，依托国家重大需求共同确立研究课题，共享科研成果。

| 1 共建 | 2 共管 | 3 共享 |
| --- | --- | --- |
| 1. 红色育人基地<br>2. 实习实践基地<br>3. 协同创新基地<br>4. 校企实践课程<br>5. 校企双师队伍 | 1. 领导小组——统筹规划、制定规章制度，全面指导建设，提供组织保障。<br>2. 专家指导组——指导制定联合培养方案、专业实践以及为校企协同培养航天人才提供咨询等。<br>3. 管理办公室——组织和开展日常管理。<br>4. 评估委员会——定期评估基地建设运行成效。 | 1. 企业实验条件齐备、工程型号多的优势助力高校航天人才培养。<br>2. 积极推荐基地培养的高素质优秀人才优先进入航天院所工作。<br>3. 高校教师为单位工程研制提供理论和技术支持。<br>4. 工程硕博士产出的研究成果归校企双方共享。 |

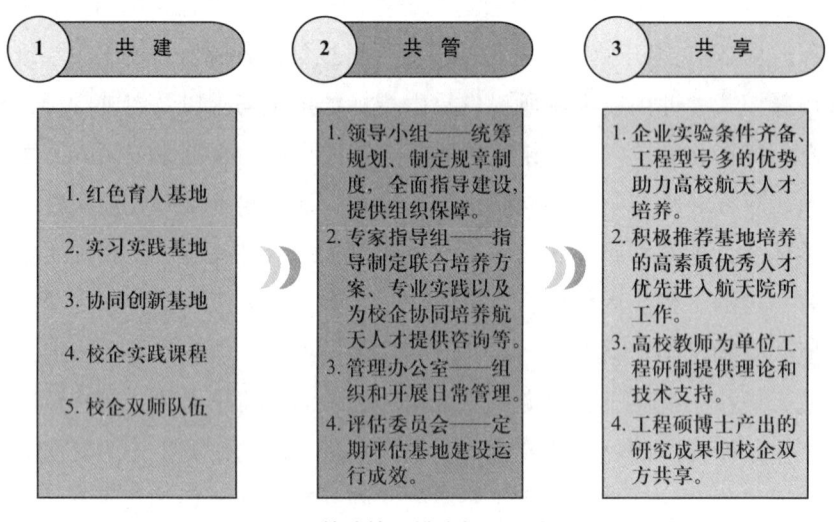

图3 基地管理模式与制度建设

1. "共建"

校企双方共同建设基层党组织，发挥"红色基地"特色，用习近平新时代中国特色社会主义思想引领师生投身航天强国建设；建设本科生和研究生实践基地，强化航天人才实践能力培养；建设航天动力领域协同创新基地，设立专项创新基金或者依托联合攻关课题，促进研究生和青年教师与院所联合开展科学研究、加强学术交流，有效推进产教融合。校企双方协同成立航天人才培养指导委员会，完善联合指导小组；在实践课程设置上充分体现科学与工程的融合，在专业学位研究生论文标准质量体系中侧重对实践创新能力的考察；推广研究生培养双导师制，聘请中国航天科技集团总师级技术骨干担任研究生合作导师，负责培养研究生的工程技术实践能力。

2. "共管"

建立行之有效的管理机制是保障校企合作协同育人长期稳定运行的关键。联合培养基地组织机构由领导小组、专家指导组和管理办公室组成。领导小组主要负责对航天人才联合培养基地进行统筹规划，制定本科生和研究生实习实践和联合培养、双方教职员工培训和挂职交流及日常管理和安全保障等方面的规章制度，全面指导基地建设，为提高人才培养质量提供组织保障等；专家指导组主要负责指导制定联合培养方案、专业实践，以及为校企协同培养航天人才提供咨询等；管理办公室负责组织和开展日常管理工作，如实践教学的组织、管理和考核。联合培养基地通过制定和完善规章制度，从组织机构、工作流程、导师队伍、培养方案、知识产权、质量保障等方面不断完善管理体系，如基地日常管理制度、基地仪器设备使用方法和条例、考勤和考核制度，并对校企协同育人基地建设和人才培养工作中成绩突出的导师在招生等方面予以支持和奖励。

3. "共享"

校企双方坚持资源共享，产学研并重。中国航天科技集团的实验条件齐备、工程多的优势能助力高校航天拔尖创新人才培养，如科研院所提供其工程研制的软硬件资源（设计案例、加工厂车间、试车平台等）来为学生提供实践实习的场地；北航积极推荐基地培养的高素质优秀人才优先进入航天院所工作；北航青年教师为单位工程研制提供理论和技术支持，以基地为依托的联合科学研究成果解决了航天新技术发展中的重大问题，推动了航天基础研究与工程应用的无缝连接；校企双方共享航天科技协同创新研究院等校企共建的协同创新平台资源。

## （二）经费投入

实践基地的建设经费由北航、中国航天科技集团共同支持。投入的经费主要用于实践基地的软硬件设备购置、专业学位研究生的奖助学金以及教育教学改革的项目研究。实践基地建设有完善的、覆盖面合理的专业学位研究生奖助体系，针对各类奖学金制定了相应的实施细则。此外，参与指导专业学位研究生的导师也根据学生在科研项目中的贡献等情况，给予其一定的科研助研报酬，并在学术交流、论文发表、资料和设备购买等方面给予经费支持。

## （三）学生选派

学生选派工作由宇航学院专业学位研究生培养工作小组按照实践基地的特点、分布和专业特色负责完成。在选派过程中，北航和宇航学院充分与中国航天科技集团所属的研究院所沟通协调，按学生专业和企业优势方向进行匹配，并实行校企双导师制，由校企双导师共同确定选派学生的具体人选和培养实施细则，充分发挥实践基地在专业学位研究生培养中的关键支撑作用。

## （四）激励机制

北航在本科生生产实习和专业硕士、工程博士培养等方面都建立了相应的评优和资助体系。比如生产实习队和带队老师都可以参加学校评优，针对专业硕士专门设有工程硕士研究生优秀实践成果奖（等同于学术硕士的优秀硕士论文奖）。优先推荐基地培养的高素质优秀人才进入航天院所工作。对于在航天动力关键领域相关专业获得学位后在依托院所就业的工程硕士博士，就业的院所会视情况将其在读年限算入工龄，并享受比非专项培养学生优先晋升职称的激励政策。宇航学院将联合培养的人才质量作为研究生导师绩效评价的重要指标和动态调整专项支持力度的重要依据：对于联合培养效果良好的导师和合作院所，将通过倾斜学校专项增量和调整现有存量对培养项目的研究生招生指标予以配套安排。

## （五）评估机制

由校企双方共同评定学生（包括本科生生产实习和研究生专业实践）的成绩。由北航领导和中国航天科技集团领导牵头成立评估委员会，对基地的运行情况进行定期评估，协商解决未尽事宜。

## （六）知识产权保护制度

对于校企协同育人形成的成果，合作双方应按照合作协议的规定明晰双方权责，明确论文、专利、成果等知识产权归属和分配以及保密条款，并进行知识产权保护。原则上校企双方联合培养的研究生产出的研究成果由校企双方共享。

## 四、特色及示范性经验

北航与中国航天科技集团合作的特色及示范性经验如图 4 所示。

**01 坚持以国家战略需求为导向**
- 通过与国家任务的结合，增加校企使命感，提高双方合作积极性。
- 校企双方共同服务国家重大战略需求，依托项目在实战中培养人才。

**02 完善校企协同育人的长效机制**
- 坚持"优势互补是前提、相互沟通是基础、成果共享是根本"的原则。
- 建立资金配套、利益分配、信息共享、成果转化等长效机制。

**03 坚持顶层策划和全面有序推进**
- 签订全面战略合作框架协议，高层定期走访交流。
- 校企合作拓展为包括搭建联合创析平台、推动成果转化应用、联合人才培养、建立信息共享机制等多方面的长期合作架构。

**04 建立全方位多层次的育人模式**
- 坚持系统整合、紧接需求、注重实践，"教师、学生和企业"三位一体全过程参与学生培养。
- 通过科研项目合作拓宽校企合作深度与广度，提升研究生和青年教师创新能力，推进实践育人全方位覆盖。

图 4 特色及示范性经验

### （一）坚持以国家战略需求为导向

北航–中国航天科技集团始终将合作内容与培养高素质航天人才、满足国家战略需求结合起来，以国家战略需求为纽带，把双方之间的契约关系上升为共同服务国家航天战略需求的关系，提高双方的聚合力。通过与国家任务的结合，增加企业和高校的使命感，提高合作的积极性。

### （二）完善校企协同育人的长效机制

北航和中国航天科技集团坚持"优势互补是前提、相互沟通是基础、成果共享是根本"的原则，积极完善校企协同育人相关制度，在资金配套、利益分配、信息共享、成果转化等方面建立了长效机制，使各方权责利明确，为从之前企业到大学单一就业招聘、校企之间单一项目的合作向将航天院所的需求贯穿航天人才培养的整个过程，建立整体化、长期化、战略化的协同育人合作的转变提供了保障，为航天事业源源不断地提供基础理论扎实、技术攻关能力强的航天人才。

### （三）坚持顶层策划和全面有序推进

北航与中国航天科技集团双方领导的顶层策划，使双方合作从"企业出题—高校攻关"的一次性短期合作，拓展为包括搭建联合创新平台、推动成果转化应用、联合人才培养、建立信息共享机制等多方面的长期合作，在横向上构建了一个完整的校企协同创新内容体系，为有序推进、深化协同育人奠定了坚实的基础。

### （四）建立全方位多层次的育人模式

坚持系统整合、紧接需求、注重实践，"教师、学生和企业"三位一体全过程参与航天专业学生的培养，通过社会实践、生产实习、学术报告、实践教学和科研实践等方式进行多层次的协同育人合作。同时，校企双方通过科研项目的合作，拓宽校企合作的深度与广度，提升了研究生和青年教师的创新能力，推进了实践育人全方位覆盖。

## 五、典型案例

### （一）基于高等工程教育理念的航天动力工程研究生校企协同育人实践类精品课程的建设与探索

从 2009 年开始，全日制专业学位研究生的培养就已经成为社会关注的问题。如何开创独立于传统的学术型研究生的全日制专业学位研究生教育模式，是亟待解决的问题。北航宇航学院基于高等工程教育理念，与中国航天科技集团下属的多个航天院所协同合作，对航天工程专业学位研究生的实践课程进行了探索，先后聘请 80 多位航天专家担任实践课程的主讲教师，开发了一批由企业教师主导的行业精品课程（见图 5），包括"航天工程实践讲堂""氢氧火箭发动机工程设计""空间推进技术创新与实践"，建设了一个优秀的"校企示范教学团队"，推动校企产学研合作，为高校提高全日制专业学位研究生的培养质量提供了一定的借鉴。主要启示包括如下几点。

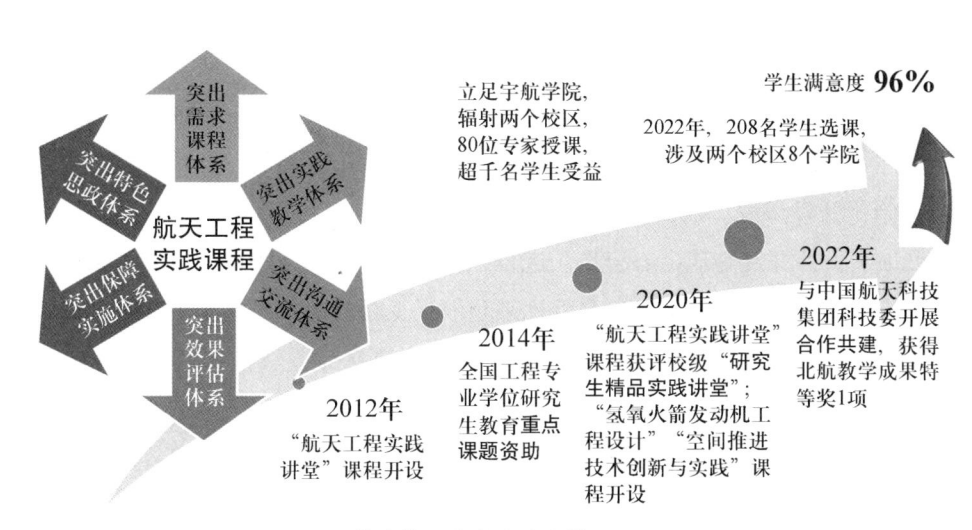

图 5 校企协同育人实践类精品课程建设

**1. 构建突出特色的思政体系**

行业内的院士、总师等作为授课专家结合型号设计和自身成长经历讲述"我的设计故事",对学生进行航天精神熏陶,实现全方位的课程思政教育,激发学生投身航天事业的情怀;通过经验分享,帮助研究生做好职业规划、提前打好就业基础。宇航学院邀请国内外有影响力的青年航天工程师校友讲述"航天青年说",提出新时代航天人的历史使命并分享奋斗感悟;在实践课程之外,还邀请航天前辈在思政学习日进行专题讲座,回顾中国航天事业发展的辉煌历程,表达对实现中国梦、航天梦的坚定信心。通过举办"中国梦,航天梦——航天情怀教育"专题、参观航空航天博物馆等活动,让学生了解中国航天发展与国防建设的曲折历程,增进对国防与航天事业的了解,讨论交流在建设航天强国过程中他们应当发挥的作用,明确在新时代其应肩负的航天重任;激发学生爱国奋斗、科技报国的情怀和决心,为发展先进航天推进技术注入强大的"红色动力"。

**2. 构建突出需求的课程体系**

2012 年,宇航学院通过改版培养方案,加大了专业学位研究生实验课的比重,同时新增了专门为该类学生开设的"航天工程实践讲堂"课程。该课程运行初期,由于聘请的专家较为分散,教学内容偏向于总体设计,课程设计缺乏整体性、连贯性,因此教学效果并不理想。2014 年,宇航学院对该课程进行改进,通过发放调查问卷、组织座谈会等方式收集学生需求,汇总、分析后得到学生在专业知识、航天领域发展趋势、在校学习生活、航天院所介绍等方面的共同需求；通过从中国航天科技集团科技委和长征学院聘请包括两院院士、"两弹一星"工程亲历者等在内的30余位航天工业部门专家，针对学生需求定制化开发课程。2022年，宇航学院进一步通过与中国航天科技集团科技委及航天人才开发交流中心合作，进行课程建设的总结与完善，补充了职业发展、实践参观等教学环节，以更好地满足航天工程对高水平卓越工程师人才培养的需求。在此基础上，针对航天动力关键领域对专业学位研究生培养的需求，宇航学院与航天科技六院北京11所、五院502所联合开设了"氢氧火箭发动机工程设计""空间推进技术创新与实践"两门由企业专家主讲的工程案例型实践课程。

### 3. 构建突出实践的教学体系

校企双方共建航天动力工程专业学位研究生联合培养基地，为航天领域各专业学位研究生提供实习实践的理想选择。联合培养基地自建立以来，运行平稳、有序，目前进入基地实习的学生人数占学院专业学位研究生总人数的1/3左右。基地依托航天工业部门丰富的专家资源，结合课程模块优选师资。在课程内容上，既考虑宇航学院的专业设置，又结合中国航天科技集团的工程实践范围；在课程形式上，既进行课堂教学，也引入案例研讨、航天博物馆及相关厂房现场教学、座谈讨论等多种形式；在课程时间上，按照不同专题，综合与分系统相结合，分步推进。课堂教学培养了学生工程设计的思路，并使学生深入了解航天系统与分系统设计及型号研发过程，增加自身工程性的背景知识。现场课则形式新颖，方式灵活，学生通过见到实物，加深了对航天各系统工程的印象。现场课让航天知识变得触手可及，深受学生欢迎。

### 4. 构建突出沟通的交流体系

校企双方领导高度重视实践课程建设，在每门实践课程的建设初期，都先后组织多次交流会与研讨会，相关领导、教学工作人员及授课的企业专家到场了解培养需求，探讨将工程师请上讲台的可行性方案，最终确定充分体现中国航天科技集团成果的专业课程。在授课过程中，多次召开培训交流会，发挥工程型号总师的优势，由总师为其他讲师传递授课经验。在课堂上，企业导师鼓励学生提问交流，"听我讲、有问题就问、到研制现场体验、线上永远的课题"成为企业导师喜欢的教学理念。在每次授课结束后，企业任课教师及时与对接授课的青年教授、课程助教、听课学生交流教学效果，并提出后续授课的改进措施。

### 5. 构建突出效果的评估体系

宇航学院从学生汲取知识的需求及前往航天单位就业的需求的角度出发，通过向学生发放问卷的方式，对教学内容、教学方式、课时安排等进行调查。学院领导、教学专家全程旁听授课过程。课程结束后进行学生满意度调查、课程作业、知识考试等评估步骤。企业教师的课程作业既包括对专业知识的考核，又包含对相关航天技术未来发展趋势的思考。从考核结果来看，学生对航天动力工程实践类课程的开设意义及效果给予了肯定；学生基本掌握了讲授内容，教学效果良好。

### 6. 构建突出保障的实施体系

"航天工程实践讲堂""氢氧火箭发动机工程设计""空间推进系统创新与实践"等航天动力工程实践类课程由聘请的航天院所主讲教师与宇航学院的领导、骨干教师共同负责，双方签署责任书，为授课讲师颁发特聘教授证书。由双方教学管理人员及青年教师组成的教学工作组具体负责企业专家的交通、食宿、教学运行等事宜，指定课程助教负责学生签到、收发作业等，保障课程平稳、有序、高效运行。问卷调查结果显示，学生对实践类课程的渴望程度非常高，且对课程的总体评价较好，在课程教学内容、教师团队配置以及对自身帮助程度方面的满意度较高。截至目前，累计接受授课的专业学位研究生共计 800 多人。

宇航学院每年都会对"航天工程实践讲堂""氢氧火箭发动机工程设计""空间推进系统创新与实践"三门企业课程进行学生反馈调研。以 2020 年为例，学院累计发放问卷 102 份，实际回收有效问卷 94 份。其中 96% 的学生认为课程内容与行业实际联系紧密，90% 的学生认为课程符合自己的学习兴趣，85% 以上的学生认为课程提高了自己的研究水平。从调查结果可以看出，学生对实践类课程的渴望程度非常高，对该类课程的总体评价较好，对课程教学内容、教师团队配置以及对自己帮助程度方面的满意度较高。同学们认为其从前辈们的专业指导中收获了很多，被老一辈航天人的严谨、情怀、精神所打动、所折服，对航天事业有了更多的感情。2020 年，"航天工程实践讲堂"课程获评北航精品实践讲堂，被北航选作卓越工程师产教融合实践课程建设的先进典型,并在北航官网以专栏形式介绍课程建设经验。

## (二)以综合项目为载体、校企协同培养航天人才模式的探索与实践

北航紧密结合当前和未来我国航天领域的发展需求,以培养航天领域领军和领导人才为目标,与中国航天科技集团在内的航天企业紧密开展产学研结合,培养高素质航天人才(见图6)。探空火箭研发是北航航天人才培养新模式的一个有益探索,学生们全程参与火箭设计、制作、试验、发射,理论与工程实践相结合,这是北航航空航天特色和工程技术优势在人才培养上的一种体现。早在1958年,北航就以火箭系师生为主研制并成功发射了亚洲第一枚近代探空火箭"北京二号",受到周恩来总理等党和国家领导人的高度好评。"北京二号"的成功凝聚了北航人空天报国的爱国情怀、敢为人先的卓越追求、勇攀高峰的创新精神、知行合一的实践品质。

- 北航系列探空火箭——大学生校园里做总师,将论文写上祖国的蓝天,企业导师参与指导

- 亚太空间合作组织大学生小卫星——北航牵头,八国协同,《2016中国的航天》白皮书,"学生自主、国际互促、校企合作"贯穿全过程

**图6 以综合项目为载体的校企协同育人模式**

2006年11月1日,在中国航天科技集团五院等院所的协作和支持下,由北航航天飞行器设计与工程、航天探测制导与控制技术和航天飞行器动力工程三个专业的14名2002级优秀本科生把毕业设计写上蓝天,在酒泉卫星发射中心成功发射了中国第一枚由大学本科生设计制作的探空火箭"北航一号",这也是酒泉卫星发射中心发射的第一枚由本科生研制的火箭飞行器以及第一枚由学生亲自操作发射的火箭飞行器。"北航一号"的成功发射,入选2006年度"国防科技工业十大新闻""航天科技集团十大新闻",获得第三届"航空航天

月桂奖"的"闪耀新星奖","北航一号"还参加了2006年珠海国际航展和第八届莫斯科国际航展,在莫斯科国际航展上俄罗斯总统普京亲临参观。14名参与火箭研制的本科生除两人留校工作外,其余都投身到航天事业中,将青春梦想献给了航天事业。2008年12月5日,在中国航天科技集团六院等院所的协作和支持下,由北航15名本科生、研究生参与设计、制作,历时两年完成的中国首枚采用固液发动机的探空火箭——"北航二号"在酒泉卫星发射中心成功发射和回收。15名参研学生后来全部进入航天院所工作。宇航学院20多名研究生,在北航有关单位和中国航天科技集团六院等相关院所的鼎力支持下,师生一心(历时三年)研制"北航三号"固液探空火箭,从设计、生产、装配到试验,一路披荆斩棘,克服重重困难,最终于2012年11月25日成功发射。这是我国首枚以过氧化氢固液火箭发动机为动力系统的探空火箭,验证了变推力固液火箭发动机新技术。主要参研学生全部进入航天院所工作。自1999年起,《麻省理工科技评论》杂志每年都会推出"35岁以下创新35人"榜单,旨在全球范围内评选出被认为最有才华、最具创新精神,以及最有可能改变世界的35位年轻技术创新者或企业家,"北航二号"探空火箭实践队队员、北航毕业生袁宇名列2019年中国区榜单。毕业后,袁宇先是进入航天科技六院11所工作,在履历上拓下了长征三号上面级氢氧发动机研制,长征五号芯二级氢氧发动机研制以及嫦娥工程、高分工程和北斗导航工程等国家级重大项目的参与印记。转战民营商业航天之后,袁宇又为自己的工作加入了更具市场化的部分,先后研发了蓝箭航天自主知识产权的液氧甲烷发动机的燃气发生器、推力室,创造了液体发动机推力室产品的研发、生产速度纪录,并先后进行了试车考核。如今,袁宇正在全力以赴研制蓝箭航天的"天鹊"百吨级液氧甲烷发动机,助推中国商业航天起飞。

2020年5月27日,在航天科技四院等院所的配套支持下,由北航宇航学院牵头开展的学生大型综合项目"北航四号"临近空间火箭动力飞行器一飞冲天,这标志着北航以综合项目为载体的航天"两领"人才培养体系再结硕果。此次飞行试验成功验证了长时间变推力固液火箭发动机技术和大空域、宽速域火箭动力飞行器总体设计、导航制导与飞行控制技术。长期以来,北航高度重视教学科研相结合的人才培养思路,统筹规划、积极探索以综合项目为载体的人才培养新模式。作为北航学生大型综合项目,"北航四号"从提出设想到成功飞行，先后有博士生 21 人、硕士生 49 人、优秀本科生 16 人参与到火箭的设计、研制和飞行试验中。依托该科技产品，"北航四号"学生团队完成的"天梭动力——中国固液火箭动力高空高速飞行器的开拓者和引领者"荣获第七届中国国际"互联网+"大学生创新创业大赛全国总决赛金奖。2021 年 10 月 15 日下午，国务院副总理孙春兰听取了北航"天梭动力"（"北航四号"）团队的汇报，对团队的科研成果给予了高度肯定。

除了探空火箭研制，北航还组织开展了学生小卫星研制。2021 年 10 月 14 日 18 时 51 分，由北航牵头研制的亚太空间合作组织大学生小卫星项目主星 APSCO-SSS-1 在我国山西太原卫星发射中心搭乘长征二号丁遥 53 运载火箭成功发射。其中，离轨装置电推进器完全由北航航天动力工程专业的学生团队自主设计研发，是国际上首个容性储电单台自中和电喷雾推力器的在轨应用。依托该项目，北航建设了 2 个系列、12 个专业实验和 3 门本科生课程，自主开发了可视化教学课件，编写出版了 10 余种配套的中英文教材和讲义等。APSCO-SSS-1 不仅是一颗技术试验卫星，而且是一颗面向教育教学的卫星，从任务规划到系统设计，从单机研制到总装总测，小卫星的每一个研制环节都给予学生最大的自主权，为学生提供了课程理论与工程实践相结合的教育平台。

"北航一号""北航二号""北航三号""北航四号"系列探空火箭和 APSCO-SSS-1 小卫星的先后研制和成功发射，这是对"北京二号"人才培养模式的传承和发扬，以培养学生的工程实践能力、创新能力和团队协作能力。北航通过不同专业间学生的合作，培养了学生的专业综合能力；通过理论和实际的结合，培养了学生的创新能力；通过产学研结合，培养了学生的工程实践能力，也培养了学生的航天精神，并在探索中形成了航天专业拔尖人才培养的新型模式。北航以"北航一号"等为载体的、通过综合项目探索培养航天专业优秀人才的新模式，得到了媒体和社会各界的广泛关注和高度好评，该成果获得 2009 年北京市教育教学成果一等奖。2009 年 5 月 6 日上午，时任国家副主席的习近平同志视察北航，参观了"北航一号"和"北航二号"，对北航通过产学研协同、综合项目探索人才培养的新模式给予了高度赞扬和肯定。此外，以"北航一号""北航二号""北航三号""北航四号"系列探空火箭和 APSCO-SSS-1 小卫星为代表的航天综合项目的案例教学，对航天综合项目的技术线和指挥线的确定、探空火箭从指标任务到真实产品的过程、产品分系统的划分和管理、产品不同阶段的划分及主要工作等进行了介绍。该项目制作的"北航系列探空火箭"视频案例，入选全国工程专业学位研究生教育指导委员会工程硕士专业学位建设案例库。

### （三）基于校企协同创新的真空羽流实验室的创建与发展

2012年10月22日，中国航天科技集团与北航签署协同创新合作协议。根据协议，双方共建"北航航天科技协同创新研究院"，以国家科技重大专项和重大工程为牵引，开展应用基础研究和交叉科学研究，联合承担国家科学研究和工程项目，共同规划建设科研基础设施，实现技术转移和成果产业化，培养科技和管理高端人才。真空羽流实验室是协同创新研究院重点建设的5个实验室之一。

推力器工作时，其喷流向外部真空环境膨胀形成的羽毛状流场被称为真空羽流。真空羽流会使航天器产生气动力、气动热和污染效应，导致航天器失控、过热受损和敏感元器件失效，这一现象被称为真空羽流效应。在历史上曾发生多起因真空羽流效应引发的航天事故。真空羽流是关系到航天器飞行安全、航天任务成败的重大关键问题，其研究水平决定着航天器的设计水平。为满足我国航天发展需求，在中国航天科技集团等单位的支持下，真空羽流实验室的蔡国飙教授团队发明了大型超高真空羽流效应实验系统。该实验系统复杂、难度大、创新性强、发明点突出，总体处于国际先进水平，核心指标——真空度动态保持能力居国际领先水平。真空羽流实验室通过与中国航天科技集团下属各个航天院所联合开展研究，解决了长期制约航天型号发展的真空羽流瓶颈，研究成果已成功应用于嫦娥三号月面着陆、神舟八号与天宫一号交会对接，以及嫦娥五号、空间站、运载火箭及上面级和通信、气象、高分、资源、海洋卫星等十多个重点型号的羽流效应评估与设计，为我国航天事业做出了重大贡献，研究成果"大型超高真空羽流效应实验系统"荣获2015年度国家技术发明二等奖。通过校企协同创新，获奖团队中的青年教师贺碧蛟、张建华、凌桂龙以及博士研究生王文龙、翁惠焱均快速成长。其中，贺碧蛟、张建华、凌桂龙、翁惠焱四位毕业后留校任教，均获评高级职称。王文龙毕业后进入航天科技五院工作，迅速成长为技术骨干，并获得"2022年度全国劳动模范"

荣誉称号。

### （四）培养成效

北航–中国航天科技集团航天动力协同育人基地为我国的航天工业领域培养输送了一批优秀人才。基地培养的专业学位研究生就业情况良好，深受社会和用人单位的欢迎，2018年以来就业率超过99%。学生就业去向以工业单位和学科相关企业为主。2018年以来，基地培养的专业学位研究生在相关系统就业比例超过70%。大部分专业学位研究生留在中国航天科技集团相关研究院所继续工作，较早毕业的研究生中涌现出一大批科技精英和治国栋梁，大部分都已经跻身于总师和管理的一线；年轻毕业生中也涌现出一批崭露头角的青年才俊，分布于各个航天研究院所，为祖国的航天事业默默地奉献自己的力量。这充分诠释了北航"培养服务国家需求和引领时代发展的未来领军领导人才"的人才培养目标。

实践基地人才培养的主要特色是航天行业就业率高，为航天领域输送了一系列人才；同时还培养了一批非全日制航天动力领域专业学位研究生，在航天动力领域承担着重要的任务，是该领域的领军领导人才。其中6名毕业生被评为第一届全国"做出突出贡献的工程硕士学位获得者"，7名毕业生被评为第二届全国"做出突出贡献的工程硕士学位获得者"，2名毕业生被评为第三届全国"做出突出贡献的工程硕士学位获得者"。在三届全国"做出突出贡献的工程硕士学位获得者"的评选中，北航获奖人数均为全国高校单领域第一，获奖的学生都已成长为行业的领军领导人才，为国家航天事业做出了重要贡献。

# 智能无人系统培养案例

## 一、培养概况

2009年自动驾驶、车路协同等技术在全球兴起之时，北航作为课题承担单位承担了该领域国内首批"863计划"项目研究，并于2011年创建车路协同与安全控制北京市重点实验室。2016年，人工智能标志性事件——AlphaGo战胜人类顶尖棋手，极大地催生了无人系统技术的迭代更新，新生互联网公司、新的业务模式如雨后春笋般诞生，无人系统领域对高层次创新人才需求持续旺盛。与此同时，车路协同与安全控制实验室也积极布局无人驾驶，并结合自身的特色方向，探索车路协同自动驾驶发展路线。

2017年，中国软件行业协会与北航、百度等国内高校、科研院所、企业单位联合组建了信息技术新工科产学研联盟。2018年，北航作为首批重要合作单位，支撑百度建立了Apollo汽车信息安全实验室（见图1）。

图1 Apollo汽车信息安全实验室责任专家授聘仪式

在 2019 年信息技术新工科产学研联盟年会期间，由百度、北航牵头，联合 13 所智能驾驶相关领域的优秀高校共同发起成立了智能驾驶协同育人工作委员会（以下简称工委会）。工委会秘书处设在北航，北航交通科学与工程学院作为工委会牵头筹建单位，负责工委会日常组织工作，协调工委会成员事宜。北航交通科学与工程学院与百度合作产出众多成果，如：合作编写了国内首套专业性强、系统全面的自动驾驶系列丛书，入选了"'十三五'国家重点图书出版规划"；双方合作创建了自动驾驶研究生专业（见图2），已培养专业学位人才百余人；百度近年为交通科学与工程学院学生提供了众多实习岗位，交通科学与工程学院的自动驾驶专业也有多名学生入职百度。

图 2　北航－百度 Apollo 自动驾驶研究生专业成立仪式

北航还与中国兵器工业集团及其所属单位（如：201 所、207 所等）长期保持着密切合作关系。2022 年，北航与中国兵器工业集团签署战略合作协议，进一步加强合作交流。截至 2022 年，北航毕业生入职中国兵器工业集团人数超过 200 人。

## 二、联合培养举措

近年来，校企双方共同主持国家级/省部级教改项目、重点研发计划/国家自然科学基金重点等国家级科研项目，出版国家级/省部级规划教材，获北京市高等教育教学成果奖一等奖、国家科技进步二等奖、省部级科技奖励一等奖等系列教学科研奖励。同时，校企双方共同培养了一批理论基础扎实、实践能力突出的创新拔尖人才，多名研究生在读期间在IEEE汇刊等发表高水平论文、获国际会议最佳论文奖；多名博士生获中国汽车工程学会、中国智能交通协会优秀博士论文奖，并作为骨干成员获国家科技进步奖。

在教师培养方面，协同育人团队坚持落实师德师风第一标准，建立"思想引领、榜样示范、底线约束"的教师思政工作体系，在职务（职称）晋升、导师遴选、岗位聘用、评优奖励等方面，切实将青年教师的思想政治素质和师德师风摆在教师评价首位；始终践行科教融通、团队协同的理念，组建了一支由交通、车辆、计算机和信息等多学科交叉融合的协同育人教师队伍，含中国工程院院士、国家级人才计划入选者、国家级青年人才计划入选者、教育部高等学校教学指导委员会分委员会委员、教育部科技委学部委员，入选科技部重点领域创新团队。

在学生培养方面，协同育人团队注重吸引本科生进入实验室参与科研活动，支持研究生开展课题研究和学术交流，推动研究成果向教学内容及时转化，校企双方建立了深度的合作关系，在开展科研创新的同时联合培养创新人才，多年的持续建设使人才培养成效显著。团队始终坚持为国育才的初心使命，落实立德树人的根本任务，德智体美劳五育并举；关注学生理想信念教育与价值引领，积极推动课程思政和交流学习，持续深化人才培养模式改革，不断将科研优势转化为人才培养优势，超过80%的毕业学生投身领域内知名单位就业，不断为国家和行业做出贡献；依托现有科研实验平台开展大学生科研实践和交通科技创新实践，开设"交通科技大赛实践训练"等实验课程和"智能车联网技术"等科研课堂。目前，进入团队实验室的本科生科技大赛参与率达100%，获奖率超过50%，本科生和研究生获世界智能驾驶挑战赛信息安全组冠军、无人平台立体跨域协同挑战赛技术体制创新一等奖、全国大学生交通运输科技大赛一等奖、北京市大学生交通科技大赛一等奖、"冯如杯"科技竞赛一等奖等科技竞赛奖励数百项。

纵观国内外人才培养举措，企业学习与实践训练均在人才培养过程中占有重要地位。因此，团队积极适应新时代背景，持续深化创新人才的教学体系与培养机制改革，以"智能无人系统"为特色方向，以"产教融合"为主线，以深化"创新拔尖、国际视野"的新时期北航"两领人才"培养模式，落实"德智体美劳"五育并举为牵引,创新打造定制化培养模式,建立"教学课堂、实践课堂、社会课堂"的课堂教学体系,以期形成具有"智能无人系统"特色的产教融合育人的新机制和新生态,切实解决以下重要问题:一是通过定制化"智能无人系统"人才培养模式实现因材施教,解决因培养模式固化、缺乏弹性学制、填鸭式授课导致师生动能不足的问题,以学生为中心重塑"两领人才"培养模式的育人服务体系;二是通过"三位一体"课堂体系促进"五育"并举,解决课堂形式单一、企业参与课堂建设的作用被弱化、课堂体系不健全的问题,形成学生"勤学悦学"和教师"乐教善教"的良性互动,并且增强产业需求在课堂建设中的导向作用;三是通过校企共建基地、合编教材、双师督导打造"智能无人系统"产教融合育人生态,解决学生创新、创业环境资源不全、工程实践缺乏学校和企业协同督导的问题,形成产教融合育人的长效机制(见图3)。

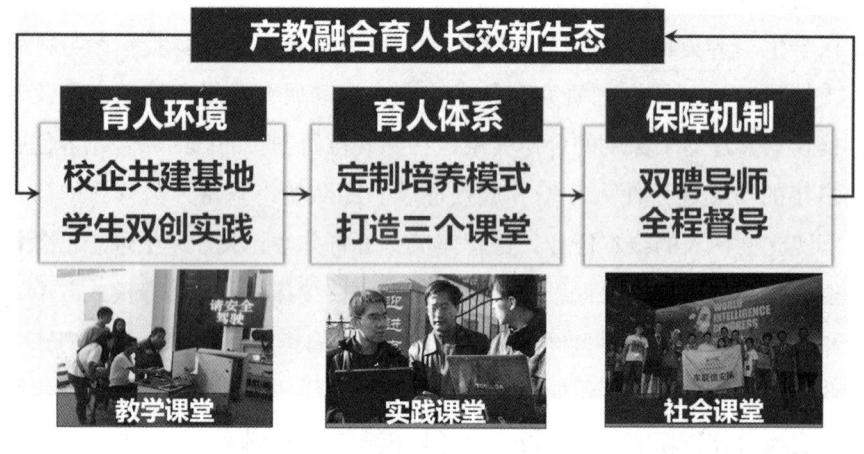

图3 产教融合协同育人生态建设

## (一)导师队伍

导师队伍由涵盖无人系统、自动驾驶、计算机及软件、通信工程、车辆工程、指挥控制、交通运输、人机交互等多学科方向120余人的教师、专业技术人才组成,其中,北航校内导师包含中国工程院院士、国家级人才计划入选者、国家级青年人才计划入选者、教育部高等学校教学指导委员会分委员会委员和教育部科技委学部委员等,校外导师包含企业高管、享受国务院政府特殊津贴专家、技能大师/技术能手等。合作各方秉持"优势互补、互利双赢"的原则，致力于联合打造高起点、高质量创新拔尖人才培养的"样板间"，做实产教融合人才培养共同体，形成智能无人系统领域研究生有组织联合培养的新范式。

### （二）培养模式

协同育人团队采用定制化培养模式（见图4），面向国家战略和产业发展需求，制订拔尖人才培养方案，打造可伸缩专业培养模块，学生可灵活组合、弹性选择不同模块以定制个人培养方案；教学场所不设限、"云上线下"相结合，构筑名师导论、国际引智、实践型、研讨型多元课程群，以满足师生个性化教与学的需求。如通过研讨课程、实践课程和科技竞赛牵引，建立"导师－研究生－本科生"金字塔式定制化协同育人模式，搭建云端实验室、线上基础知识题库和典型课题案例素材库，力争做到"零延迟反馈教学"。

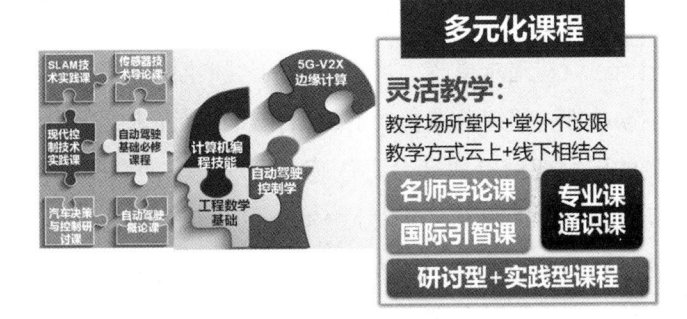

图4　定制化培养模式

### （三）实践育人

围绕实践条件、实践项目、实践教学方面，协同育人团队采取如下举措：

在产学研联合共建创新实践育人新生态方面，以服务国家重大战略需求为导向，以"产学研结对共建、共育经纬之才"为目标，依托校企协同育人示范基地，组建一支由交通、计算机和信息等多学科交叉融合的联合导师协同育人团队；结合"智能无人系统"的发展趋势，建立"个性化＋定制化"分类卓越创新人才培养模式，设置人才培养方向，学生可以根据自身特点与兴趣爱好自由选择研究方向，满足学生个性化培养需求；结合合作单位的优势资源，促进其与北航共同创办实习实践基地，依托重大科研项目进行导师组协同培养，全面提升研究生的学术创新和工程创新的综合能力。产学研联合，共同完善课程体系、共建课程教学标准化、共建校内校外互助培训基地等，推动产学研联合育人的人才培养模式的改革创新，支撑校企协同育人、协同创新和成果产业转化应用。

在引领产学研创新实践项目方面，通过打破主体边界和区域阻隔壁垒的方式，通过研究团队、示范基地、产业合作等主体的人力、物力、财力产生交互的依托载体，着力打造应用基础研究、核心技术攻关、产品开发产学研创新共同体，实现创新能力连成片，产业集群成链、抱团发展，推动领域发展向"集约型"转变；通过"产学研实验室+龙头企业+地方政府+用户"的方式，精准对接企业、地方及用户的所求所需，在创新科技、市场信息、政策法规、资金技术、产业技能等方面及时为需求方提供优质服务，带动企业、地方及用户因地制宜发展"智能无人系统"交通应用的新业态。

在营造创新科研环境方面，加强科研生态建设，营造良好氛围，提升使命担当，营造追求卓越、严肃活泼的科研氛围，坚持弘扬以爱国主义为底色的科学家精神，坚持营造扎实的科研作风和严谨求是的科学文化，不断提升科技人员的国家使命感和社会责任感，实现更多使命驱动的科研和更具超越性的创新；坚持以人为本，激发人才创新活力，优化评价机制，创新价值导向，以重大项目和前沿研究拓展发展空间，营造人才成长环境，为人才提供学术自由、宽松、多学科融合交叉和能够充分发挥创造性的学术环境，创新高水平人才汇聚机制和创新团队建设保障机制；优化服务管理水平，服务工作到位，管理工作有序，在人事、财务、设备、日常运行等方面，依照国家有关管理规定，制定完善的规章制度，确保服务到位、管理有序、决策有据；强化知识产权保护，规范学术道德，保护原始创新，建立知识产权成果保护制度，制定《科研道德规范》《项目成果和知识产权归属规定》等项目管理办法；坚持守正创新，坚守学术道德，践行学术规范，坚持培育严谨求是的科学文化。

在多维度推进学科建设方面，瞄准交通运输工程科学前沿和未来智能交通产业方向，结合交通强国重大战略需求，全面升级既有的研究生实习实践平台，将5G+、人工智能、大数据、物联网、云计算等科技前沿融入交通运输工程学科的创新人才培养中；瞄准"智能无人系统"产业领域，重点聚焦制约领域发展的关键共性难题滚动设立研究生微课题，建立以解决问题为导向，以青年教师、博士后、高年级研究生为主体的"揭榜挂帅"机制，鼓励校企协同育人示范基地一线科研力量组队进行微课题探索和攻关，从而激发学生自主探索兴趣和创新创造活力。

### （四）其他保障

协同育人示范基地围绕思想政治教育、安全管理教育、生活条件保障等方面采取如下举措：

在思想政治教育方面，坚持和加强党的领导，以习近平新时代中国特色社会主义思想为指导，深入贯彻党的二十大精神和全国交通运输工作会议精神，将党建工作与业务工作有机结合，每周固定时间组织研究人员认真学习领会习近平总书记关于科技创新和高等教育的指示精神；尊重科研人员以及科学研究规律，调动科研人员积极性，为推动科技创新发展注入源力，提供坚强的思想、政治保障；根据实际工作需要和组织关系隶属情况，成立党支部或临时党支部，配齐选强支部书记，充分发挥党支部在核心技术攻关中的战斗堡垒作用。

在安全管理教育方面，将安全管理作为校企协同育人示范基地运行管理的重要内容和必备条件，始终将安全运行纳入研究人员所有科研和教学过程，并在组织开展各项科研教学和国际交流合作中扎实推进安全建设工作。

在生活条件保障方面，重视平台建设与发展，负责落实条件保障、日常监督管理和年度考核工作，协调解决校企协同育人示范基地建设发展中的重大问题，并保障基地的基本运行经费。

## 三、管理模式与制度建设

### （一）整体架构

协同育人示范基地汇聚依托北航交通运输工程、车辆工程、人工智能、控制科学与工程、系统科学等优势学科的资源，各学科强强联合、优势互补、协同共建；通过深度整合高校、科研院所、企业的优势创新资源，实现科研与产业相互促进，形成校所结合、校企协同、产学研融合的溢出效应，打造科技创新和人才培养高地。

## （二）运行方式

校企双方在北航现有招生和培养机制的基础上，共同完成研究生的招收、培养方案及培养计划制定、导师聘任、日常管理、科研实习和论文答辩等相关工作。采用课程学习、实践教学和学位论文相结合的培养方式，实行双导师制，导师由双方单位共同选派，第一导师为北航校内导师，第二导师为在中国兵器工业集团、百度任职的领域专家。在中国兵器工业集团、百度建设研究生实习基地，北航交通科学与工程学院参与基地建设。

## （三）管理委员会

协同育人示范基地管理委员会是决策机构，由北航分管领导担任主任，由北航科研院、实验室处领导担任副主任，主要成员包括：工信部人事教育司、北航、中国兵器工业集团、百度等的相关领导。

管理委员会的主要职责是制定基地的发展规划和管理制度，审定基地重大事项，遴选基地主任和副主任，协调基地建设、运行所需条件，对基地主任工作进行监管，评估基地的发展，监督和审查基地的财务预决算，协调基地建设和运行过程中的有关事项，确保基地高效率地运行。

## （四）管理机制

### 1. 强化实体建设

协同育人示范基地建设统筹纳入依托单位北航"双一流"建设和中长期发展规划，在北航持续深化综合改革的背景下，基地作为北航的科技特区和人才特区进行建设和管理。基地实行基地主任负责下的 PI 制，建立产学研融通的管理机制，在部分政策方面体现一定的倾斜和保障支持，以保障和支撑基地的实体化运行和建设目标的实现。

### 2. 健全主任负责制

协同育人示范基地实行主任负责制，注重建立完善的民主决策机制。主任负责基地的建设发展和组织完成国家委托的协同育人及科研任务，全面负责人才培养、研究方向把控、科研任务组织实施、运行管理、经费和资源配置、指导教师和工作人员的聘任与考核等方面的工作，依据协同育人及科研任务进展和考核情况动态启停各分部工作；在民主讨论的基础上，制定基地的规章制度、编制年度工作计划、制定专项经费预算方案、审议大型仪器设备的配置计划等。

### （五）人员管理与激励机制

人才培养和团队建设是协同育人示范基地能够发展壮大的核心原因。基地通过建立有效的研发人员考评和奖励机制，激发科研人员的科研积极性；每年挑选优秀的研发人员参加相关技术培训和出国学习交流，增强科研人员的科研能力。基地通过科研成果转化效益获得的利润将按照多劳多得的原则，对有突出贡献的团队和个人进行合理的收入分配奖励；推荐优秀的个人参加有关优秀学术带头人、优秀青年或优秀企业管理人才的评选。基地制定了《校企协同育人示范基地人员聘用办法》，实行全员聘任制，坚持择优、流动的原则，分级聘任，分类管理，分类评价，营造鼓励创新、宽容失败的创新文化氛围，激励每一个员工积极工作、研究和创新。

### （六）科研任务组织

协同育人示范基地依托共建单位的优势，坚持进行"有组织的科研"，建立"任务驱动"的联合攻关机制，同时鼓励科研人员进行自由探索，支持多学科之间的交叉合作。

#### 1. 坚持进行"有组织的科研"

协同育人示范基地面向国家战略需求，组织多学科专家进行多轮次专题研讨，提炼出亟须解决的科学技术问题；围绕这些科学技术问题，确定发展方略并形成共识，凝练任务目标，以任务为驱动组织多学科交叉团队进行集中攻关，构建面向任务的联合攻关科研共同体；按承担的科研任务分配资源，激发科研人员的能力和活力，保障科研有序和良性开展。

#### 2. 高度重视与用户单位的对接

北航与百度 Apollo 联合成立自动驾驶研究生专业，多方协同合作，深入参与国家战略任务，服务国家战略。北航与中国兵器工业集团及其直属单位联合共建人才培养实践基地，服务融合型高水平创新人才培养。

3. 鼓励和支持青年教师进行自由探索

对于原创性基础研究，协同育人示范基地每年凝练基础性、前沿性的科研任务选题，择优支持研究人员进行某一方向持续性原创探索；扩大研究布局和科研选题自主权，探索"长周期"基础研究项目管理评价模式，择优布局定制化长效人才培养方案并给予一定支持；对于应用基础和核心技术研究，由相关负责人依据国家需求、方向布局和任务安排，组织多学科专家进行专题研讨，凝练科学问题和目标任务，实行"揭榜挂帅"和"赛马"的科研项目竞争性立项机制，由共建单位组成评价小组择优支持。

4. 推动多学科科研人员之间的交叉合作

对在行业和产业发展中具有重要作用的前瞻性关键技术点，协同育人示范基地秉承"鼓励创新、宽容失败"的原则，在自主课题中专门设置"重点课题"，鼓励和支持不同学科的科研人员自由组队进行攻关。

## 四、特色及示范性经验

协同育人示范基地以服务国家重大战略需求为导向，组建了一支由交通、计算机和信息等多学科交叉融合的协同育人教师团队，开展团队协同教学，新开设"自动驾驶车辆定位技术""车联网技术"等跨学科、跨专业新兴交叉课程，构建了由"交通信息交互与处理"等课程组成、满足研究生个性化培养、可灵活组合定制的新一代人才培养课程体系；结合交通产业"智能化、网联化和无人化"的发展趋势，建立了"个性化+定制化"的分类卓越创新人才培养模式，设置路车融合、智能车辆、交通信息和车路协同等研究方向，学生可以根据自身特点与兴趣爱好自由选择研究方向，满足其个性化的培养需求；面向新工科背景下交通汽车产业对创新实践人才的培养需求，深化"引企入教"改革，组建跨行业、跨领域的校内外专家指导团队，创办我国首个"自动驾驶"研究生专业，为每一名学生定制由1个专业导师、1个副导师、X个团队青年教师组成的"1+1+X"专属导师组，依托重大科研项目进行导师组协同培养。校企协同育人示范基地依据上述育人生态条件，培养了一批服务交通强国战略的卓越创新人才，获评行业学会/协会优秀博士论文、国家级/省部级奖署名、国际会议最佳论文奖等；培养了一批服务产业变革发展的实践创新人才，获国家级/省部级科技竞赛奖励百余项；培养了众多融合型创新人才，多名研究生毕业后投身于中国兵器、中国电科、中国商飞、中国船舶、航天科工等央企，扎根祖国大地，勇担青春使命，逐梦空天报国。

## 五、典型案例

### （一）布局建设智能无人系统科教融通创新平台

依托北航交通运输工程学科优势，充分结合中国兵器工业集团、百度等合作单位在无人系统、传动控制、光电遥感、智能交通方面的科研及人才优势资源，北航交通学院牵头建设了智能无人系统科教协同创新平台。该平台前期已经过多轮研讨论证，不仅是校企合作的重要组成部分，也是开展行业应用技术落地、聚集和培养行业创新型高端人才、开展科技交流的重要基地。依托该平台，协同育人示范基地正在打造 N 个智慧应用为建设示范课题，开展前沿性、引领性、颠覆性研究，打破技术壁垒，培育跨学科应用高端人才，构建"学训合一、产研一体"的新链路体系。该平台将充分发挥北航"车路协同+无人驾驶"的交通运输特色和学科优势，为"智能无人系统""车路云互联"的国家重点交叉学科人才和高水平教研队伍培养建设提供重要支撑，为全面提升学生参与重大科研活动与获奖的比例奠定坚实基础。

### （二）形成"学校+产业"联合育人的新生态

协同育人示范基地面向智能交通产业实践性强、实践能力要求高等特点，吸引产业龙头优势企业，校企共建了无人系统、5G 车路协同、北斗车联网等实训基地，以满足学生专业实习需求，提供了操作性实践教学和结合工程实际的动手实习培训条件；基地统筹融合教育和产业资源，加强学科、人才、科研与产业互动，打通了"学校+产业"联合的研究生实践能力培养新生态，由校内科研课堂与科技竞赛引导，校外企业项目实践、共建基地实训，形成了"课程学习、平台实践、企业实习实训"三维培养的立体化实践教学机制，从而支撑校企协同育人、协同创新和成果产业转化应用。

　　围绕智能无人系统技术攻关任务，协同育人示范基地组建了联合攻关团队（见图5），共同参加智能无人系统空地协同、无人集群等科目比赛，培养融合型高水平科技创新人才。攻关团队自主设计研制了由无人机和无人车等无人装备组成的跨域协同系统（见图6），该系统具备跨域多源异构传感器的协同感知、跨域协同轨迹规划与控制技术，能够实现跨域无人装备的智能协作。图7所示为智能无人系统数字孪生平台，图8所示为自动驾驶校企联合攻关团队。

图5　智能无人系统跨域协同联合攻关团队

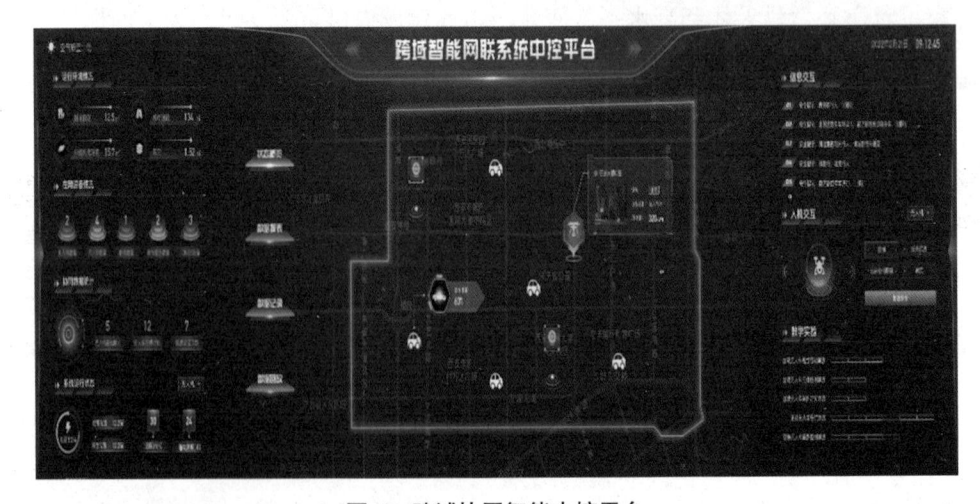

图6　跨域协同智能中控平台

图7 智能无人系统数字孪生平台

图8 自动驾驶校企联合攻关团队

## （三）卓越工程师类研究生培养成效显著

北航与百度联合筹办了"信息技术新工科产学研联盟"，成立了新工科汽车类专业建设专家委员会、智能驾驶协同育人工作委员会，创办了自动驾驶研究生专业，其课程设置着重体现工程知识和实际应用，突出专业实践类课程和工程实践类课程。2023年，该专业迎来第五届新生，所构建的产教融合培养体系得到国内多所高校关注，推动我国自动驾驶人才培养加速发展。此外，北航与百度联合探索的立足产教融合的自动驾驶专业人才培养体系，已在全国多所交通运输类专业高校推广应用，助力智能驾驶领域的学科建设与高层次拔尖人才培养。北航还与百度联合编著了国内首套专业性强、系统全面的自动驾驶系列丛书，该系列丛书是产教融合育人的重要成果，入选"'十三五'国家重点图书出版规划"，对我国自动驾驶专业的知识体系构建、课程设置、专业建设、人才培养和行业发展具有里程碑式的意义。中国科学网评价该成果"为培养中国自己的自动驾驶人才提供有力支持"，中国新闻网评价该成果"点亮自动驾驶教育的路"。

# 集成电路培养案例

## 一、培养概况

### （一）背　景

随着信息时代的高速发展，集成电路（尤其是芯片）已成为现代先进技术的高地。在当前国际竞争日益激烈的背景下，美国通过发布芯片法案等手段对我国集成电路领域实施了严厉的技术封锁，危害了我国信息产业的发展和国防安全。实现集成电路高水平科技自立自强已经成为我国的重大战略。集成电路既是国际学术前沿领域，也是半导体领域的核心方向，涉及电子科学与技术、计算机、人工智能、物理、材料等多个学科的交叉融合，同时也是一个和信息产业需求密切相关、工程实践特色突出的新兴学科。因此，我国亟须推动产教融合，发挥产学研人才培养优势，培养新时代的集成电路领域卓越工程师。

北航作为国内主要的新型磁存储芯片研发高校，分别与华为技术有限公司（简称华为）、中国航天科技集团有限公司第九研究院772所（简称772所）先后成立了集成电路领域的协同育人基地和校企联合实验室，并开展了多年的长期合作。基地始终围绕北航在磁存储芯片研发中的特色优势，以需求为牵引，紧密围绕校企协同育人的主旨，实施新时代卓越工程师培养规划，打通了"产学研"链条，有力支撑了我国集成电路存储器芯片市场的产教融合发展和人才培养战略。相关合作企业（院所）及支撑情况如下。

**1. 合作院所：中国航天科技集团有限公司第九研究院772所**

772所是由国务院等于1994年批准成立的专门从事宇航超大规模集成电路研制的工程研究所，是国内最大的宇航集成电路设计单位之一。作为我国宇航集成电路技术发展的引领者，772所首次提出并实现了以设计加固的方法在商用流片工艺上进行超大规模集成电路的抗辐射加固，走出了一条中国特色宇航集成电路抗辐射加固之路；构建了国际先进的宇航集成电路设计平台、国内首条可实现 2 500 pin 宇航级陶瓷外壳封装平台、国内领先的亿门级 30 Gbps 传输速率宇航超大规模集成电路测试及可靠性考核平台。在建设世界一流航天微电子强所新发展阶段，772 所始终贯彻"高质量、高效率、高效益"的新发展理念，统筹推进"跨越、攀登、拓展、扬帆、腾飞、英才"六大工程，构建"以心报国、以芯强国"的新发展格局，将自身打造成为航天微电子国家战略科技力量主力军、高水平自立自强排头兵、自主创新稳固压舱石、双循环互促发展领头羊、科技体制改革探索者、自主原始创新策源地。

2. 合作企业：华为技术有限公司

华为创立于 1987 年，是全球领先的信息与通信基础设施和智能终端供应商。截至 2024 年 6 月，华为约有 20.7 万名员工，业务遍及 170 多个国家和地区，服务全球 30 多亿人口。华为高度重视研究与创新，2021 年的研发人员约占公司总人数的 54.8%，研发费用支出约占公司全年收入的 22.4%，在全球共持有有效授权专利超过 11 万种。华为在集成电路领域已有 30 多年的探索：1991 年成立华为集成电路设计中心；2004 年成立海思半导体有限公司；2021 年，海思位列中国半导体企业 100 强，排名第一。华为拥有雄厚的集成电路研发实力，技术水平处于世界领先地位，以麒麟处理器为代表的芯片产品具有强大的国际竞争力。由于集成电路属于科技密集型产业，因此华为高度重视校企合作，并由此形成了一流的研究指导能力。

## （二）历程及发展

集成电路是当前信息产业的基石，是支撑经济社会发展和保障国家安全的战略性、基础性和先导性产业。无论是云计算、物联网、智能手机还是航空航天的发展都直接依赖于集成电路产业的进步。长期以来，我国的集成电路产业较依赖国外进口，已成为西方国家限制我国发展的核心技术，这在一定程度上危害了我国信息及国防安全，尤其是 2022 年美国芯片法案的提出进一步加剧了对我国集成电路行业发展的限制。在 2022 年 10 月 7 日美国出台的最新实体清单中，772 所进入清单之列。因此，集成电路成为近年来我国产业战略发展的重点。党的二十大报告强调"我国要进一步加快实现高水平科技自立自强，以国家战略需求为导向,积聚力量进行原创性引领性科技攻关,坚决打赢关键核心技术攻坚战"。要想发展集成电路芯片产业,打破西方国家对我国的技术封锁,人才培养是关键,培养具有国际领军视野、能实现工程技术研发和突破的卓越工程师更是成为重中之重。在此迫切需求下,北航于2018年实体化运行微电子学院(后更名为集成电路科学与工程学院),坚持"产学研用"协同育人的教学理念,与企业深度合作,加强人才培养实训能力。早在2014年学院实体化运行前,北航的科研团队就已经分别与华为和772所开展了集成电路存储芯片领域的科研合作和人才培养。2016年,北航与华为共同设立"北航-华为技术联合研究生指导"项目,进一步扩大人才培养的规模。2020年,北航与772所建立了联合实验室,加速集成电路人才培养。2021年,北航与华为成立了集成电路领军人才联合培养基地和集成电路联合实验室,开创产教融合人才培养的新局面。一年后,北航联合772所进行半导体领域的国家专项人才培养。面向集成电路的科研和工程需求,北航从实践的视角出发设置课程,同时结合企业的工程问题,多环节、全方位地开展集成电路方向的人才培养,并依托联合培养基地,承载北航其他相关专业研究生的实习实践。

整个合作建设分为三个主要阶段:以协同科研攻关为抓手的前期探索阶段、以人才联合培养基地和联合实验室为依托的持续建设阶段、以国家专项为支撑的全面战略发展阶段。

**1. 2018年以前,以协同科研攻关为抓手,开展人才培养合作的前期探索**

北航的集成电路相关专业历史悠久:1988年,北航成为国内最早针对本科和研究生开展EDA教育与实践的院校之一;2004年,建立了国家级集成电路人才培养基地;2015年,在此基础上获批国家首批筹备建设示范性微电子学院。围绕磁存储芯片技术,2014年起,北航分别与华为、772所开展了科研合作和人才培育。2016年至今,微电子学院每年选派10余名研究生去华为实习,长期联合培养并合作进行集成电路存储芯片的研发,推进校企协同创新和育人。

**2. 2018—2021年,以院校两级联合培养基地为依托,推动人才培养的持续发展**

2018年4月,北航微电子学院正式开始实体化运行,并于2020年10月在全国率先更名为集成电路科学与工程学院。2021年10月,北航成为全国首批 18 家获批"集成电路科学与工程"一级学科的单位之一，为进一步开展协同育人基地建设和合作奠定了基础。在此期间，北航分别和华为、772 所持续进行了更加广泛而深入的合作。

- 北航和华为合作开展了 20 余项集成电路方向的横向课题，并聘请多名华为技术专家为北航集成电路学院的兼职博导。2021 年 6 月 3 日上午，"北航－华为集成电路领军人才联合培养基地"揭牌暨启动仪式在北航第一馆举行，北航和华为的相关领导出席了启动仪式，并同步启动了北航和华为联合培养研究生的合作工作。
- 北航先后承担了多项 772 所的联合攻关课题，聘请多名航天院所总师、国家级人才担任北航集成电路学院的兼职博导。2020 年 10 月，北航与 772 所共建成立"新型存储器抗辐射加固技术"联合实验室，并展开了广泛的合作，指导多名博士研究生和青年教职工参与了北航－772 所的联合培养工作，培养了多名优秀的航天科研工作者和高校青年教师。

**3. 2021 年—未来，以国家专项为依托，逐步推动人才培养全面合作**

随着我国对集成电路核心技术的迫切需求，国家先后启动了多项人才培养的国家级专项，基地的联合培养方式逐渐进入新的阶段。

2021 年 8 月，依托国家级专项，北航开启了和华为校企协同育人的全面合作。2021 年 12 月，北航与华为海思北研分部签署集成电路联合创新中心合作协议，并为"北航－华为集成电路联合实验室"揭牌。北航积极进行协同育人方面的探索，与华为联合打造实践课程，由企业导师全程授课。并以"战略布局协同育人，培养具有全球胜任力的集成电路拔尖创新人才"为目标，获批北京市教学成果二等奖一项。

2022 年 10 月，面向国家集成电路的重大需求，北航与 772 所积极推动 2023 级国家级专项研究生的招生与培养工作，共招收 3 名博士研究生和 5 名硕士研究生，引领新时代卓越工程师的人才培养范式。北航与 772 所完成联合实践讲堂的开设和精品课程的建设，其中研究生课程"现代微纳电子学"入选 2022 年北京市研究生课程思政示范课。

自 2021 年开始，人才培养基地、联合创新中心以及联合实验室全面服务于"芯片强国"的建设需求，构建协同育人平台，深化卓越工程师的培养模式，打造服务建设世界重要人才中心和创新高地，为国家培养半导体领域尤其是集成电路学科的高水平人才。校企合作未来将着重围绕集成电路达成下列目标：①进一步优化协同育人平台和联合培养模式，发挥校企各自优势，培养新时代卓越工程师；②构建协同创新长效机制，促进科研成果转化；③健全组织管理和质量保障机制，保障和激励人才的不断涌现，为"芯片强国"建设提供强有力的人才支持。

### （三）建设理念和目标

校企双方围绕半导体领域尤其是集成电路科学与工程的基础理论研究、关键技术研发和基础设施平台建设需求，本着"开放灵活、优势互补、务实高效、合作共赢"的基本原则，共同开展卓越工程师人才培养、研究中心共建等方面合作。通过协同育人基地的建设，以服务国家重大需求为导向，以校企协同合作为基础，推动高层次人才培养的模式改革，完善以科学研究与实践创新为主导的导师负责制，推动产学研结合，不断增强专业学位研究生的创新能力，推动高校和企业（院所）发挥各自优势，构建新时代校企协同育人和卓越工程师培养的长效机制，为国家信息化和国防现代化建设培养更多的高素质专门人才和拔尖创新人才。

### （四）培养规模及成效

校企联合培养基地和联合实验室自创立以来围绕集成电路领域的基础理论研究、关键技术研发和基础设施平台建设需求，推动新时代产教结合培养卓越工程师的模式改革，不断增强专业学位研究生的创新能力，努力建设爱党爱国、敬业奉献、具有突出技术创新能力、善于解决复杂工程问题的工程师队伍，取得了一系列优秀的成果。

截至 2023 年 12 月，协同育人团队已经形成 60 人的北航与院所导师队伍。2020—2023 年，通过多轮次面试选拔（包括学院成绩初筛，企业组织面试等形式），培养了研究生 131 人、青年骨干教师 33 人，推动 25 位科研机构科研人员的知识更新，提供了 131 个实习岗位。协同育人团队始终以服务国家战略需求为出发点，以提升学生实践能力为根本任务，为我国重点领域的建设提供优秀的技术人才。已毕业的五届硕士研究生均受到了用人单位的高度认可。

北航围绕科学研究与工程实践培养卓越工程师，积极探索"科研＋工程实习实践"模式,开展联合实践讲堂和精品课程建设:北航分别与华为、772所联合开设了 3 门次的企业实践讲堂,如"集成电路安全"和"光通信及芯片封测专题"等课程;联合开设的研究生核心课"现代微纳电子学"成为 2022 年北京市研究生课程思政示范课。依托校企合作育人成效,协同育人团队获得北京市教学成果二等奖一项。

## 二、联合培养举措

### (一)双导师队伍建设

双导师队伍包括 45 名北航校内导师和 15 名企业导师。北航校内导师以北航集成电路科学与工程学院为主体,以基地建设和人才培养的实际需要为出发点,努力培养了具有创新理论知识和高端学术攻坚能力的高水平导师团队,其中,5 人入选国家级人才、15 人入选国家级青年人才、3 人入选中国科协"青年人才托举工程"、3 人入选北京市科技新星。企业导师共 15 人,大部分都是航天科技 772 所和华为公司的总师级高工。

### (二)校企合作

依托联合实验室和人才培养基地,校企联合开设了多门、多轮次的实践讲堂,充分锻炼了研究生的实践能力和思维能力。截至 2022 年 12 月,学院教师承担了 20 余项华为的横向科研课题,与华为共同申报国家级科研项目。华为与学院合作开设了两门研究生实践讲堂"集成电路安全"和"光通信及芯片封测专题"。学院与 772 所开展了"772 所高校计划"课题 1 项,联合发表国际会议论文 1 篇,申请发明专利 2 项,开展抗辐射加固技术研讨会 2 次,并联合培养多名博士研究生。2022 年,772 所与学院完成国家级专项中 4 名专业硕士和 2 名专业博士的招生与培养,并新开设一门研究生实践讲堂课程。

### (三)经费投入与条件保障

北航集成电路科学与工程学院在集成电路材料与器件、设计与工具、工艺与装备等方向上具有一定的研究特色和优势,将育人全过程与产业生态链嵌合，以国家集成电路产教融合联盟、工信部重点实验室、校企联合实验室为依托，重点开展专业学位研究生人才培养，积极推进专业学位研究生实习实践基地建设。现有办公及实验室总面积（含异地）超过 6 000 m$^2$，其中超净间面积超过 3 000 m$^2$。投入总经费超过 1.5 亿元，购置并建设包含 8 英寸自旋芯片后道中试线等各类微纳加工设备及电学、磁学及光学等综合测试平台，为北航集成电路学科建设以及工信部示范性基地建设提供了良好的硬件支撑条件。校企双方为研究生提供了短期访学的教学场所和专门的技术开发平台，合作开展实践教学活动，共同制订学生短期访学的计划和大纲，明确短期访学的目标、任务、考核标准等，共同组织实施。同时，双方选派经验丰富、业务素质好、责任心强、安全防范意识高的教师和技术人员全程管理、指导学生并互聘有关人员担任顾问，开展学术活动、讲学、技术指导和科研合作。

## 三、管理模式与制度建设

### （一）组织架构与运行方式

校企双方共同组建校企协同育人基地建设领导小组，对协同育人基地的建设及发展进行总体规划。协同育人基地设管理委员会和学术委员会，管理委员会负责协同育人基地的日常运行管理，学术委员会对协同育人基地进行学术和技术指导。协同育人基地负责人对协同育人基地建设领导小组和管理委员会负责。管理委员会下设若干管理办公室，为协同育人基地的具体工作提供服务和保障。协同育人基地组织架构如图 1 所示。

1. 建设领导小组

建设领导小组由基地协同单位领导组成。小组设组长和副组长各 3 名。小组对工信部主管部门和基地各协同单位负责，拥有人事任免权、财物终决权、重大事项审议决策权。建设领导小组的主要职责包括：沟通和协调各协同单位之间的行动，确保协同工作高效有序；推举产生小组组长、副组长；任免基地负责人；任免基地管理委员会、学术委员会的主任、委员；审议基地学术委员会提出的建议；讨论决定基地的发展战略和重大人事财务问题、重大科技问题。

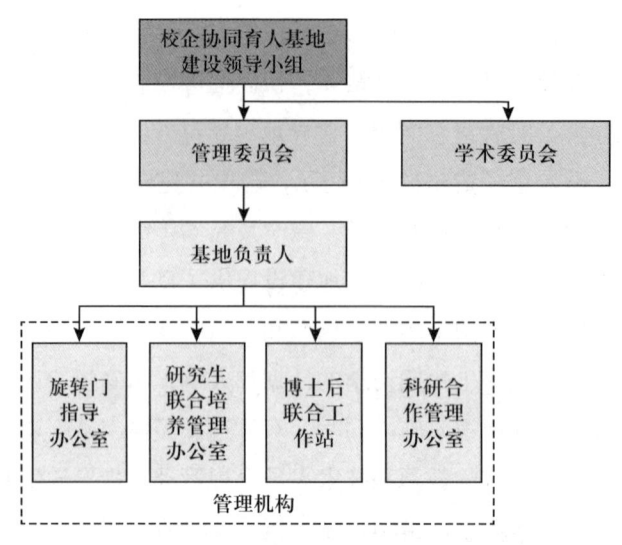

图 1　校企协同育人基地的组织架构和管理模式

### 2. 管理委员会

管理委员会由各协同单位推荐人选，并由建设领导小组决定其任免，对建设领导小组负责。管理委员会下设研究生联合培养管理办公室、博士后联合工作站、旋转门指导办公室、科研合作管理办公室，各办公室的工作对基地负责人负责。管理委员会的主要职责包括：执行建设领导小组决定，负责组织、管理、协调基地内部的重要工作；负责基地人事管理的有关事务，包括人员聘用、绩效考核等；负责基地人才培养的有关事务；负责基地学术性活动有关事务；负责基地知识产权申请与管理的有关事务；督促基地科研项目的实施和成果推广的组织与协调。

### 3. 学术委员会

学术委员会由各协同单位推荐人选，由基地负责人协商确定，并报建设领导小组备案。学术委员会主任由建设领导小组决定其任免。学术委员会的工作对建设领导小组负责。学术委员会的主要职责包括：

- 发展咨询。负责基地的学术决策，把握基地的发展方向；负责基地的任务设置、岗位设置、人员聘任和考评、自主创新项目审核；指导基地的人才培养，推动科研合作等。
- 学术评议。评议拟引进人才的学术水平，评议拟向国内外重要学术组织推荐任职的人选、拟向各类人才计划推荐的人选，评议教学、科研项目与成果奖励。
- 学风维护。负责学风维护和学术道德建设工作。
- 对涉及科学和技术问题的其它重要事项进行论证和咨询；听取相关工作报告，组织科技发展战略研讨。

4. 基地负责人及机构

基地设北航校方负责人1名、院所方负责人1名、企业方负责人1名，由建设领导小组任命。基地负责人履行以下职责：负责基地的日常工作；组织设立基地内部管理机构；执行管理委员会的决定；制定基地的内部管理制度，并按制度对基地职员进行任免和考核（应由建设领导小组决定任免和考核的人员除外）；组织实施基地发展规划、研究计划和建设领导小组决议；根据建设领导小组授权，签署有关文件；就重大事项和年度工作情况向管理委员会汇报；运行管理委员会授予的其他职权。

基地机构设置包括研究生联合培养管理办公室、博士后联合工作站、客座人员管理办公室、科研合作管理办公室，分工负责基地运行的具体工作。管理办公室根据基地的需要逐步建立，并由基地负责人领导。

## （二）资助体系

在职博士后人员、在读博士和硕士研究生的补助根据基地协同单位的有关政策按"就高"原则执行。基地为在读博士和硕士研究生开展实习实践、科技竞赛、学术交流等活动提供经费支持，并给予取得突出成果的在读研究生以奖励。

## （三）激励机制

对于聘用人员，基地根据相关政策提供办公用房和符合发展目标要求的科研配套条件。对取得重大成果的人员或团队进行奖励和激励；对科研产出的奖励，由成果归属单位按本单位相关科研奖励政策执行。聘用人员承担国家科研计划的，由项目依托单位按照相关政策，从间接费用中给予人员激励。

## （四）资源共享机制

各协同单位发挥各自在基础研究和生产实际方面的优势，成立联合实验室，联合承担重大科研项目，结合产业需求开展基础研究和应用研究。构建校企协同育人平台，采用研究生联合培养、研究生专业实习等人才培养模式，加强研究生的创新实践能力培养。加强教职员工交流，通过在职博士后、挂职锻炼、培训交流等形式，推进校企人才双向交流研修。

### （五）导师"旋转门"制度

由学术委员会审议决定，在促进学生交流的基础上，建立校企双向导师流通制度，即"旋转门"。积极鼓励企业中有丰富经验的产业人才、领军人才通过"旋转门"进入学院，参与教学、科研的指导，将实际产业问题和最新的工程技术思维引入课堂、引入实际科研。同时鼓励北航硕士生、博士生导师进入企业，参与产业研发的实际流程，深入到工程技术的最前沿，将最先进的学术研究方法和思维与实际工程问题相结合，从而赋予产业界人才以更前瞻的研发视角；让北航实验室的研究更加落地，更加贴近国家产业的重大需求。

### （六）评估机制

由学术委员会、基地负责人及有关人员联合组成评估委员会，负责定期或不定期对人才培养、科研合作等情况进行评估，并向建设领导小组汇报。基地定期邀请第三方评估机构对基地运行情况进行评估，并向建设领导小组汇报；落实校企协作的跟踪检查与专项督导，接受校企上级指派的包括保密检查在内的各类监督与评定。

### （七）知识产权保护制度

协同育人示范基地加强知识产权管理，基地内各单位通过协议方式，明确科研成果和知识产权等的归属，实现开放共享、持续发展。

## 四、特色及示范性经验

协同育人示范基地在培养新时代卓越工程师的过程中，凝练出如下特色：

（1）始终坚持以面向国家战略需求建设联合培养基地为初心，以解决集成电路领域关键技术难题为出发点，瞄准国际学术前沿，培养国家急需人才，努力为国家的集成电路产业发展和关键核心技术突破做出一流贡献。

（2）始终坚持校企双导师"旋转门"机制，建设高水平指导教师队伍和特色校企课程体系。以高水平指导教师队伍和特色平台为依托，实现科研攻关，力争学术突破。推动企业专家进课堂，实现产业技术与校园教学相结合，完善新时代卓越工程师知识框架和课程体系的建设，培养对国家和社会有用的技术型人才。

（3）始终坚持"产学研用"协同育人的教学理念，通过学校与企业深度合作加强人才培养实训能力。加强国际合作，提高学生全球胜任力及学科国际影响力，致力于培养出一批顶尖的集成电路领域卓越工程师。

## 五、典型案例

### （一）北航-772所协同攻关芯片技术，联合培养航天领域卓越工程师

2014年以来，北航与772所以科研协同攻关为抓手开展协同育人工作。以此为基础，北航与772所共建成立"新型存储器抗辐射加固技术"联合实验室，开展相关国家项目联合攻关。2022年，依托国家级专项，开始联合培养集成电路航天科技人才。

#### 1. 北航-772所校企合作协同育人

北航自2014年起与772所开展联合科研攻关，针对高可靠芯片技术开展合作研究，研究成果与育人成效取得了双方的一致认可。此后，双方的校企合作逐渐深化，至今已设立多项横向科研课题。同时，北航聘任772所专家担任兼职博导，进行授课。校企合作育人，使学生实现了从理论知识到实践应用的升华，逐步树立空天报国的情怀。

#### 2. 北航-772所联合人才培养成效

自2014年建立合作以来，双方联合培养研究生20余名，其中一人成为北航副教授，还有两位已经成长为772所的青年骨干。两位骨干从事新型存储器研发工作，获批"钱学森"青年创新基金立项1项，入选中国航天科技集团九院"聚才"计划，并由集团提名为中国科学技术协会2021年度未来女科学家计划候选人。双方还聚焦航空航天领域国家战略需求，结合北航集成电路科学

与工程学院在自旋存储领域的国际领先优势，开展前沿技术研究，加快促进前沿科技创新的成果转化，解决集成电路领域关键核心技术问题。

为进一步推动国家航天集成电路产业发展，加强产学研互动，结合"十四五"国家战略需求及双方未来发展目标和规划，北航与772所将继续深化协同育人，促进形成长期、稳定的合作关系。

## （二）北航－华为协同攻关集成电路关键技术，助力集成电路领域领军人才培养

2014年以来，北航与华为开展了广泛的科研项目合作、产教协同育人工作，取得了长足的成效。2021年6月，北航－华为集成电路领军人才培养基地成立，双方以培养高素质的应用型人才为目标，创新校企联合培养模式，解决瓶颈技术难题，全力支撑我国集成电路产业发展。2021年12月，北航－华为集成电路联合实验室成立，进一步加强了双方在关键技术联合攻关、产学研协同育人、校企资源高效共享等方面的合作。

### 1. 北航－华为校企合作研究

北航自2014年起与华为共同设立横向课题，针对自旋存储器技术开展合作研究，研究成果与育人成效获得双方一致认可。此后，双方的校企合作逐渐深化，至今已设立合作课题20余项，研究领域逐渐扩展至芯片可靠性、可重构计算等。30余名研究生在华为横向课题的支持下开展创新研究，通过横向课题的锻炼，学生们在理论研究与实践应用方面的能力均取得显著提升，逐步树立了"产学研用"一体化的意识。北航集成电路科学与工程学院将3项专利转让给华为，为华为在存储器领域加强自主知识产权创造和储备提供了支撑。

### 2. 北航－华为联合研究生指导项目

2016年，北航自旋电子课题组（现隶属于北航集成电路科学与工程学院）与华为开展协同育人合作，成立"北航－华为联合研究生指导项目"，将北航的集成电路学科优势与华为的芯片研发实力相结合，以专业实习的方式联合培养研究生，为集成电路产业输送高精尖人才。至今已有40余名研究生通过该项目在华为进行了半年以上的专业实习，其中7位研究生在毕业后直接入职华为继续从事研发工作。

# 智能空天系统培养案例

## 一、培养概况

智能空天系统协同育人由北航牵头，中国航天科工集团第二研究院北京电子工程总体研究所（以下简称二院二部）、航天云网科技发展有限责任公司（以下简称航天云网）、中国航空工业集团西安飞行自动控制研究所（以下简称618所）、中国航空工业集团第一飞机设计研究院（以下简称一飞院）联合参与人才培养（见图1）。

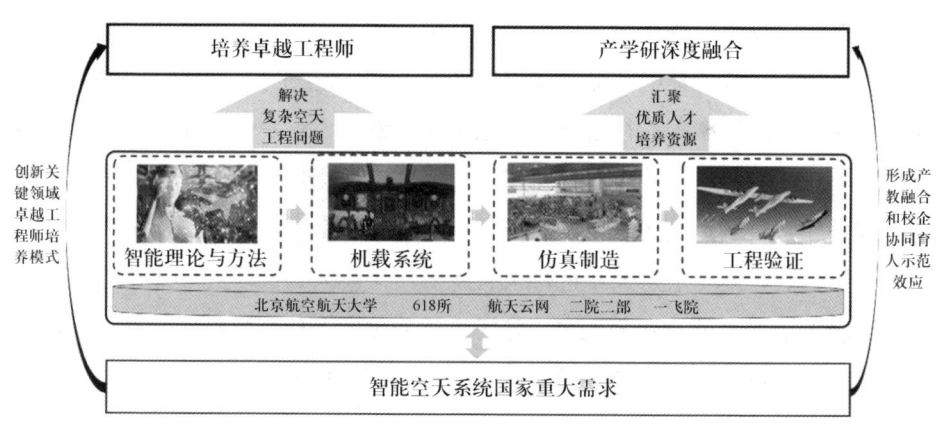

图1　智能空天学院协同育人参与单位人才协同培养关系

### （一）培养理念与目标

校企双方坚持以习近平新时代中国特色社会主义思想为指导，全面贯彻党的教育方针，紧扣立德树人根本任务，立足新发展阶段，完整、准确、全面贯彻新发展理念，服务构建新发展格局，以空天智能系统产业人才需求为导向、校企协同合作为基础、全面提高人才培养质量为目标，由北航空天飞行器智能控制领域特色牵引，推动618所、航天云网、二院二部、一飞院充分发挥行业内领先优势，形成智能空天系统协同长效育人机制，创新面向智能空天领域卓越工程师全链条培养模式，为我国航天强国和制造强国建设提供重要科研人才支撑。

### （二）培养规模与成效

校企双方瞄准智能空天技术前沿，力求打通智能控制理论、先进机载设备、智能制造、工程应用的产学研全链条和卓越工程师培养之路，为我国建设航天强国、制造强国提供有力支撑，在人才培养、教学建设、科研创新、竞赛获奖等多个方面取得了一系列成果。

#### 1. 人才培养

校企双方 2018—2023 年共培养青年教师 18 人，年均培养研究生近 50 人，90% 的毕业生前往航空航天单位工作，并成为单位内的优秀工程师。

#### 2. 教学建设

近 5 年，校企合作开设本科生和研究生课程 8 门，承担本科生、研究生教学量共 2 048 学时，其中北航工业互联网云制造试验平台、3D 打印设备、工业机械臂、虚拟现实等对社会开放和用于学生课程设计总计大于 800 小时，累计服务 2 000 余名本科生和研究生培养。北航与合作单位联合编写的《云制造》被用作"云制造与工业 4.0"课程的教材（见图 2），并被国内最大的云制造服务运营商——北京航天智造科技有限公司（航天云网产业部）用作培训教材，已培训技术人员 500 余人次；翻译出版的国际上仿真教学广泛使用的教材《体系建模与仿真：基础与实践》一书，作为所开设课程的重要参考书目。

#### 3. 科研创新

校企双方依托飞行器一体化控制全国重点实验室和复杂产品先进制造系统教育部工程研究中心长期开展科研合作，已获国家技术发明二等奖 1 项、国家科技进步奖二等奖 1 项、国家教学成果二等奖 1 项、省部级科技奖励 20 余项，设置了支撑机器人与智能制造两个新专业、国家战略学科 1 个。合著科技著作 10 余部，制定国家标准 5 项（已发布 3 项）、企业标准 3 项。相关技术成果已在十多个省市开展了示范应用服务，创造的直接经济效益超 5 亿元，社会效益显著。

图 2　云制造与工业互联网系列教材

#### 4. 竞赛获奖

联合培养的学生在全国级智能集群赛事中多次荣获佳绩，包括：2018 年"无人争锋"智能无人机集群系统挑战赛密集编队穿越竞速科目优胜奖、2019 年"畅联智胜"无人蜂群联合行动挑战赛冠军、2019 年"智胜空天"无人机挑战赛冠军、2020 年"如影随形"无人机空中精确对接技术挑战赛冠军、2021 年"无人争锋"智能无人机集群系统挑战赛极速穿越项目冠军等。

### （三）总体建设历程及进展

校企合作协同育人发展历程可分为四个阶段（见图 3）：初步建设阶段（2004—2009 年）、持续建设阶段（2010—2014 年）、全面发展阶段（2015—2019 年）、全面提升阶段（2020 年—至今）。

#### 1. 第一阶段：初步建设阶段（2004—2009 年）

2003—2009 年，李伯虎院士担任北航自动化科学与电气工程学院院长，在此期间，学院先后创建了系统仿真与智慧制造系，工业软件、工业互联网与智能制造研发团队，并在国际上率先提出"云制造"理念。2006 年，北航自动化科学与电气工程学院、机械工程及自动化学院、计算机学院和管理学院与

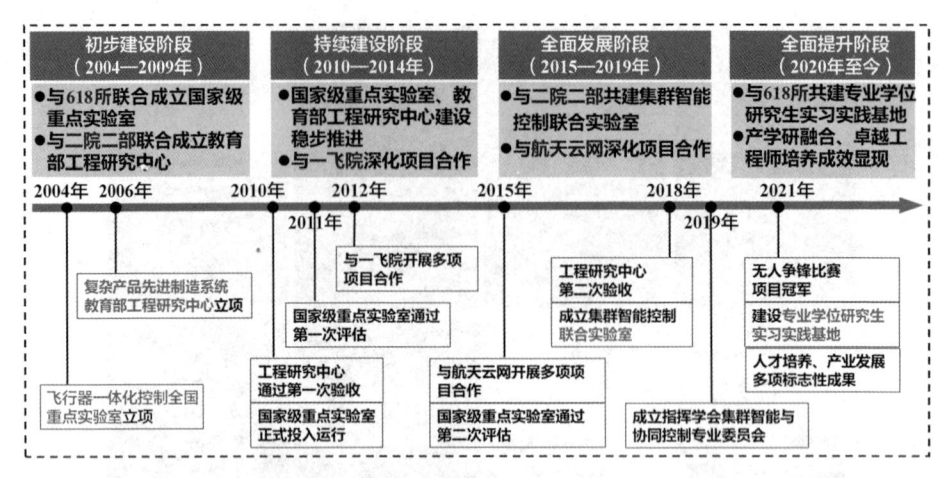

图3 协同育人发展历程

中国航天科工集团等联合共建的复杂产品先进制造系统教育部工程研究中心（见图4，以下简称工程研究中心）获教育部批准立项。工程研究中心经多次反复论证后确定了以复杂产品的总体、设计、制造、管理、建模与仿真及试验技术为卓越工程师培养的主要方向，以航空航天复杂产品（包括飞机、导弹、卫星、飞船和深空探测器等的设计、制造和试验等）为主要应用领域的复杂产品制造人才培养方案。

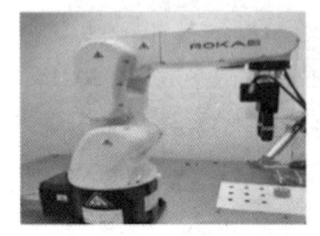

图4 复杂产品先进制造系统教育部工程研究中心

北航和618所共建的飞行器一体化控制全国重点实验室（见图5）于2004年立项。实验室以推动我国飞行器控制一体化技术自主创新研制能力达到国际先进水平为目标，围绕飞行器控制体制、飞行姿态控制技术、飞行器综合决策管理与控制、智能感知与控制一体化技术开展研究，积极承担国家相关重大课题，支撑与国家中长期发展战略规划相适应的先进飞行器控制一体化技术研究，为新一代飞行器先进控制系统提供人才培养方案以及工程难题攻关机制。

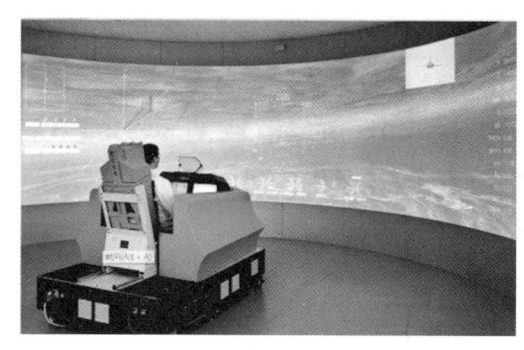

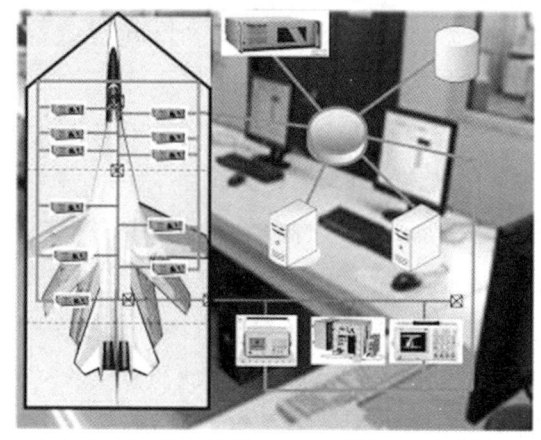

图 5　飞行器一体化控制全国重点实验室

### 2. 第二阶段：持续建设阶段（2010—2014 年）

工程研究中心发挥学校多学科优势，按照项目实施方案，进行系统全面的工程中心建设工作，在科学研究、人才培养、开放交流、国内外合作交流、产业化开发及成果应用等方面取得了良好的成绩，为我国复杂产品制造技术开发事业的发展做出了积极贡献。工程研究中心创建了工程化技术创新平台、产业化示范基地和工程化技术创新团队，建成 8 个研究所和 2 个工程部，包括：总体技术研究所、支撑平台技术研究所、设计技术研究所、制造过程管理与集成技术研究所、复杂产品制造企业管理技术研究所、企业质量管理技术研究所、试验与测试技术研究所、建模仿真技术研究所、航空工程部、航天工程部。工程研究中心通过与共建单位——二院二部、洪都等航空航天企业在科研、开发、产业化及人才培养等方面开展大量合作，取得了一大批重要的成果，形成了一支能够承接复杂产品先进制造技术研究、攻关、产业化、工程实施等重大研究或工程项目，掌握航空航天产品先进设计、制造、管理和试验技术的骨干研究团队。

飞行器一体化控制全国重点实验室于2010年8月通过建设验收并正式投入运行，2011年9月通过首次评估。在此阶段，北航与618所、一飞院共同承担了国家"973计划"项目等多项课题，在飞行器控制技术方面开展联合技术攻关与人才协同培养。

**3. 第三阶段：全面发展阶段（2015—2019年）**

经过资源整合，工程研究中心已建成一支包括90余名教师、400余名研究生以及来自企业的工程实施及产业化人员组成的航空航天复杂产品先进制造技术研究、攻关、工程实施和产业化队伍，其中包括院士1名，国家级人才3名，教育部新世纪优秀人才1名，教授40余名，副教授30余名，讲师20余名，博士后5名，研究生400余名；已获得国家技术发明二等奖2项、国家科技进步二等奖2项、省部级科技进步一等奖5项、省部级科技进步二等奖15项；成立国家二级学科1个（建模仿真理论与技术），国家战略学科1个（检测技术与自动装置学科）；新建国家级重点实验室1个（复杂产品智能制造系统技术国家重点实验室），省部级重点实验室1个（航天系统国家级仿真重点实验室）；发表SCI索引论文600余篇，EI索引及其他论文1 500余篇，合著科技著作20部，申报发明专利131项，获批软件著作权120余项，制定国家标准5项（已发布3项），制定行业、企业标准10余项；相关技术成果已在十多个省市开展了示范应用服务，新增产值超5亿元，产生了良好的经济效益和社会效益；主办了20余次国际会议，在国际上有较好的学术声誉；以工程研究中心的科研、开发、产业技术为依托，建成了航空航天制造技术示范平台。

2015年，飞行器一体化控制全国重点实验室通过了第二次评估。另一方面，北航于2017年与二院二部成立了"集群智能控制联合实验室"，依托联合实验室组建"空天神剑队"并参加了2018"无人争锋"首届智能无人机集群系统挑战赛，该队伍克服比赛现场复杂环境带来的通信链路间断的干扰，成为50余支参赛队中唯一完成无人机密集编队穿越竞速飞行的队伍，获得了唯一优胜奖（见图6）。

图 6  北航与二院二部成立联合实验室并获 2018 空军"无人争锋"比赛唯一优胜奖

### 4. 第四阶段：全面提升阶段（2020 年至今）

工程研究中心在校企共建深耕阶段，在制造系统总体及平台、复杂产品设计、制造过程管理与控制、质量管理与经营管理、复杂系统建模与仿真、复杂产品试验与测试等关键技术问题上取得突破，有力推进了工程化实施进展、产业技术进步与核心竞争力的提升，产生了良好的经济效益和社会效益；培养了一批复杂产品先进制造领域的工程技术人才；承担各类项目 200 余项，获得国家技术发明二等奖 1 项、国家科技进步二等奖 1 项、国家教学成果二等奖 1 项、省部级科技进步一等奖 5 项、省部级科技进步二等奖 15 项；支撑筹建新专业 3 个，国家战略学科 1 个；合著科技著作 10 部，制定国家标准 5 项（已发布 3 项），制定企业标准 3 项；相关技术成果已在十多个省市开展了示范应用服务，创造直接经济效益超 5 亿元，社会效益显著；主办各类学术会议 20 余次，在国内外具有较高的学术声誉。

2021 年，二院二部 - 北航"空天神剑队"参加第二届"无人争锋"比赛，使用固定翼无人机集群在 51 支队伍中获"极速穿越"科目总冠军。在此阶段，围绕飞行器集群智能与博弈制导控制，北航自动化科学与电气工程学院与二院二部联合成立了中国指挥与控制学会集群智能与协同控制专业委员会，作为执行秘书长协助组织召开了第五届全国集群智能与协同控制大会（见图 7），其中其会议论文由国际知名出版社 Springer 出版并提交 EI 检索，在学术界和产业界产生了广泛的影响力，较好地促进了集群智能与协同控制相关学术研究和产业应用与人才协同培养。

2021 年 11 月，在飞行器一体化控制全国重点实验室建设的基础上，北航与 618 所签订了专业学位研究生实习实践基地联合建设协议（见图 8）。

图 7 北航与二院二部联合成立专委会并承办全国集群智能与协同控制大会

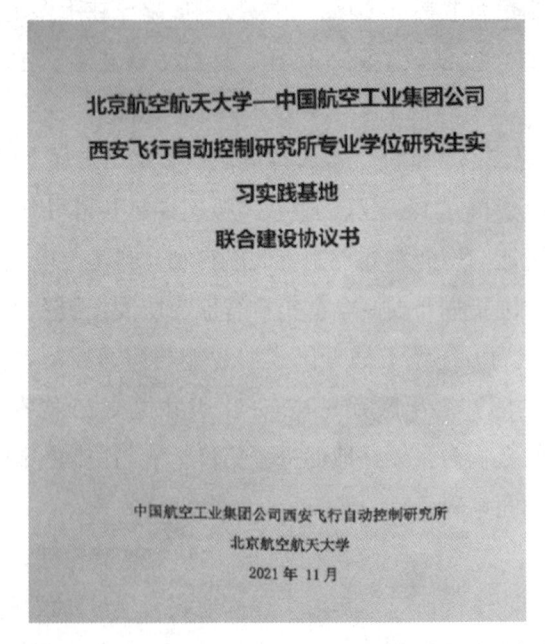

图 8 北航与 618 所签订专业学位研究生实习实践基地联合建设协议

## 二、联合培养举措

### （一）双导师队伍建设

工程研究中心拥有企业导师 17 名，北航导师 36 名。其中企业导师包括入选国家重大人才培养计划的人才、项目总设计师等；北航导师包括院士、国家高层次领军人才、国家级青年人才等。

### （二）实践项目

北航与 618 所共建的飞行器一体化控制全国重点实验室，经过 10 余年的发展建设，在人才培养、科研合作等方面均开展了长期工作。校企双方合作开展实践教学活动，共同制订短期访学计划和大纲，明确短期访学目标、任务、考核标准等，共同组织实施。同时，双方选派经验丰富、业务素质好、责任心强、安全防范意识高的教师和技术人员全程管理、指导学生并互聘有关人员担任顾问，开展学术活动、讲学、技术指导、科研合作。北航与二院二部共建了飞行器控制技术研究实体实验室，双方针对集群智能关键技术进行定期技术交流（见图9）。

图 9　学生在北航与二院二部共建的集群智能控制联合实验室开展项目实践

飞行器一体化控制全国重点实验室拥有飞行控制、导航、制导前沿探索性技术的研发、仿真、制造、试验环境。其典型环境包括：飞行器管理一体化技术开发验证环境，无人飞行器决策、管理与控制技术开发验证环境等，为联合培养学生提供现场参观教学、设备使用及开发培训等条件。实验室组织学生同合作单位的领导、科研人员、杰出校友共同参与座谈交流会，组织学生参加科研人员关于专项试验技术和生产技术的讲座报告，创造学生与一线职工亲密交流的机会，培养了学生的专业认同感，激发了学生们对我国航空航天事业的热情以及成为单位卓越工程师的愿望。图10、图11所示为实验室组织的丰富多彩的参观、实践交流活动。

图10　组织学生赴二院二部参观交流

图11　组织丰富多样的实践交流活动

## 三、组织架构与制度建设

### （一）组织架构

校企双方成立领导管理小组以及联合管理办公室，建立常态化的日常运行管理机制和合作研究机制；设立项目管理委员会和指导委员会，聘请空天智能系统相关专业资深专家担任指导委员会主任，管理委员会设主任 1 名、副主任 2 名；设立项目统筹管理、教学管理、实习派驻管理等小组，负责人员管理、资源配置、学生培养、实习派驻等工作，定期向指导委员会汇报，为项目提供经费支持。

### （二）制度建设

校企双方在北航现有招生和培养机制的基础上，共同完成联合培养研究生的招收、培养方案及培养计划制定、导师聘任、日常管理、科研实习和论文答辩等相关工作。对研究生采用课程学习、实践教学和学位论文相结合的培养方式。校内导师与校外企业导师构成"双导师联合培养模式"，校内导师是专业学位研究生教育培养的第一责任人，双导师共同参与研究生培养的全部关键环节。研究生培养课程主要包括学位理论课程、校企联合与实践课程、综合实验和专业实践课程等。在满足本类别工程硕士专业学位要求的思想政治理论课、基础及专业理论课、专业技术课、综合素养课的基础上，增设智能空天系统领域内的专业选修课程，匹配领域高层次人才需求。

## 四、特色经验

### （一）打造"传承红色基因、强化使命担当"的全过程协同育人理念

校企双方坚持以习近平新时代中国特色社会主义思想为指导，全面贯彻党的教育方针，紧扣立德树人的根本任务，立足新发展阶段，完整、准确、全面贯彻新发展理念，服务构建新发展格局；始终把服务国家作为最高追求，将思

政教育融入人才培养全过程，传承空天报国红色基因，构建红色品牌矩阵；以"传源精神"等文化品牌塑造青年老师、学生的价值观，拓展思政教育广度，释放人才自主创新潜力；以"党建促育人"等文化品牌弘扬国防建设奉献精神，挖掘思政教育深度，增强人才持续创新动力。北航与618所、航天云网、二院二部、一飞院等通过联合开展党建活动，强化人才使命担当，加深思政教育厚度，激发人才开拓创新活力。

### （二）构建智能空天系统全链条融通的协同育人体系

校企双方面向国家安全重大需求，为突破空天飞行器智能控制相关核心关键技术，促进产学研深入融合发展，共建人才联合培养基地；充分发挥各单位在智能空天技术领域的优势，构建全链条融通的协同育人创新体系，力求融合智能控制理论、先进机载设备、仿真制造、工程验证等技术环节的人才培养资源，培养有系统观念、技术过硬、创新能力强的高水平人才，为我国航天强国、制造强国的建设提供重要支撑。

### （三）组建"旋转门"式高水平协同育人指导教师队伍

校企双方深入挖掘各自的人才优势资源，积极推广"行业教师""企业导师"聘任制度，打造导师"旋转门"式互聘机制。北航导师队伍包括院士、国家高层次领军人才、国家级青年人才等；企业导师队伍包括入选国家重大人才培养计划的人才、项目总设计师以及长期工作在科研一线的中青年学者。校企双方的导师共同承担研究生项目研究、科研实践和论文写作的合作指导工作。

### （四）订单式培养智能空天技术领域高层次人才

校企双方围绕空天飞行器智能控制领域，结合企业发展、科研生产规模、技术研究领域变化等情况，共同商讨确定研究生培养方案、招生规模、合作培养模式和考核标准。为保证合作培养的人才质量，院所选派企业技术骨干、科研能手承担专业技术课程的教学任务；双方为学生的科研实践创造条件，以使合作培养的学生可以尽快适应科研实际需求。此外，企业选派中高层领导、中高级技术人员担任北航客座教授、专业带头人或兼职教师，参与人才培养全过程。双方定期联合开展技术交流和学术研讨，促进技术进步和科研成果的推广。

### （五）依托重大项目培养产学研结合的创新型人才

研究生的论文选题和实践面向国家重大需求，依托项目来源于双方合作承担的国家级科研项目、平台建设及推广工程项目等应用型工程项目，以实现学科前沿和应用需求的有机结合，鼓励学生在实践环节结合基础理论研究取得核心关键技术突破。

## 五、典型案例

云制造团队（见图12）长期关注云制造、工业互联网与复杂产品建模仿真相关的计算理论和面向工业互联网的数据应用，承担两期"云制造"国家863重大支撑计划、"HLA新型仿真软件"国家863重大支撑计划，与"制造业跨域异质数据智能治理技术研究""数据驱动的运输局中心智能管理技术与平台""复杂产品建模与仿真"等国家重点研发计划项目10余项，建设"INDICS工业互联网"平台；针对云制造和建模仿真领域，在国际上创造多个第一，如获批第一个云制造发明专利、开发了第一个云制造平台原型系统、制定了第一个云制造国家标准《云制造术语》（GB/T 29826—2013）、设计了第一个面向体系工程的新一代一体化智能化建模仿真语言等并形成了国家标准；合作培养的多名学生已留在企业工作，并成长为企业内的卓越工程师。

图 12　云制造团队

集群智能团队以多名国家级人才为学术带头人，多名学院青年教师为核心骨干，依托"飞行器一体化控制全国重点实验室"和"二院二部－北航集群智能控制联合实验室"，长期从事无人机集群系统分布式感知定位、决策规划、协同控制、协同制导及仿真评估和等效验证等工作；在该领域已经发表高质量SCI论文200余篇，并自主研发了基于无人机/无人车的集群系统分布式协同制导控制验证平台。团队长期依托与企业合作的科研项目，针对性地为学生设置科研课题和培养计划，培养学生以自适应时变编队控制算法为核心完成了2018年首届"无人争锋"智能无人机集群系统挑战赛密集编队穿越竞速任务并获得优胜奖。团队先后获2018年教育部技术发明一等奖、2020年中国指挥与控制学会科技进步一等奖、2021年中国发明协会一等奖等奖励。近年来，95%的毕业学生前往航天院所工作，并成长为单位内的卓越工程师，解决了相关重点项目的一系列关键技术难题。

# 智能计算培养案例

## 一、培养概况

智能计算领域协同育人由北航计算机学院和中国电子科技集团公司（下文简称"中电科"）智能科技研究院（下文简称"智能院"）共同开展联合培养。双方本着充分发挥北航与中电科的科研、人才、学科优势，聚焦国家在电子信息领域的重大决策部署，围绕计算机科学与技术、人工智能和软件工程等学科领域，创新合作机制、深化合作内涵、共同推进产教融合和产学研协同创新，为携手打造具有全球竞争力的世界一流企业和具有中国特色的世界一流大学做出贡献。

### （一）建设理念与目标

智能计算领域协同育人培养主要针对我国智能计算的共性基础支撑能力不足和基础人才培养薄弱的问题，通过校企联合共建智能计算技术及应用的创新平台，在科学研究、人才培养、社会服务三个层次上形成合力，推动高校和企业在智能计算技术方面联合开展领域核心关键问题攻关，联合参与国家战略科技力量建设，面向人工智能关键领域和智能计算方向，建设硕士和博士培养的项目制，进而支撑我国算力建设和人工智能战略。具体建设目标如下：

推动高校和企业在智能计算和新一代算力基础设施、智能感知与系统、大规模分布式智算系统等方面开展联合技术研究、系统研发与工程化建设；

共建"智能计算"专业研究生培养方向，共建课程体系，联合开展研究生培养，通过产学研合作，大力推动智能计算领域的技术和应用人才培养；

面向中电科内部高层次人才提供继续教育支持，充分发挥北航在航空、航天、信息、管理等学科的教育教学优势，为中电科定制化提供高层次人才在职博士教育和培训研修等项目；

面向社会开展师资培训、协同育人，提高国内教育质量，为算力融合、人工智能等国家战略技术及应用不断培养和储备具有良好发展潜质的高层次优秀专业人才。

### （二）培养规模及成效

自确立协同育人方案以来，校企双方已组建联合导师队伍37人，以国家重大科技专项或工程为依托，联合开展研究生培养，指导博士生、硕士生课题研究，培养学生的创新实践能力，并共同设立"智能计算"专业研究生培养方向；联合开展课程体系建设，建设智能计算在线课程平台，允许中电科各院所研究生旁听北航计算机学院研究生课程并承认学分，聘请企业导师主讲相关课程，开展社会课堂建设。2021—2023年合计招收联合培养硕/博士研究生50余人，通过进入共享技术平台实习参与解决企业瓶颈问题。

围绕算力及系统、人工智能等方面，为服务国家战略，双方联合开展了基础理论和关键技术研究、高层次人才培养和服务产业发展等方面的合作，取得了一系列的成效：

在科学研究方面，坚持解决算力融合和人工智能技术在我国产业发展中的瓶颈问题，瞄准国际前沿，突破关键理论方法，同时开展产学研合作，推动研究成果应用落地；重点针对智能计算（尤其是领域应用智能需求），结合理论、技术和系统方面的研究工作，研制分布式智能计算支撑技术与系统。通过合作项目和研发的支持，中电科智能院在大规模分布式机器学习的计算引擎与算法库、多元算力融合的支撑环境、面向多产品线算力融合以及国产软硬件协同与优化等方面均取得了突破，由此中电科的技术和产品服务能力得以提高。双方还以智能计算联合实验室等为依托，协同开展智能计算关键技术的突破，完善面向国产芯片和平台的模型库以及测试工作等，相关产品在中电科内部多个产品线上应用验证。

在服务社会方面，为推动中国智能计算行业的发展，促进中国智能计算人才的培养，夯实高校教育人才的储备，提高高校青年教师的人工智能业务水平和能力，双方在人才培养和课程体系建设的基础上，在教育部产学合作协同育人项目的支持下，联合推动自主开源智能计算平台的推广和教育，编著计算机系统、软件工程、人工智能相关内容的教材；联合开展新工科产学研联盟相关师资培训工作，为我国开展和普及智能计算教育，实现智能计算技术自主可控贡献力量。

### （三）总体建设历程及进展

近年来，随着算力的不断提升与发展以及人工智能技术的快速爆发应用，智能计算技术和系统呈现高度复杂化趋势并面临各种技术挑战，智能算力及其基础设施成为重要的战略资源。对智能算力的挖掘和应用将创造出巨大的商业和社会价值，并催生科学研究模式的变革，这对国家安全和经济发展具有基础性、全局性和长远性的意义，是国家的需求所在。围绕国家重大发展战略，以解决算力和人工智能理论与技术的技术问题为抓手，以服务国家智能计算经济产业发展为目标，北航与中电科智能院发挥互补优势，自2013年以来协同开展算力科学技术研究和工程应用，先后开展了云计算操作系统、国家高性能计算环境、分布式计算环境下的人工智能系统等方向的研发和项目合作（包括企业自设和联合申报），联合承担了10余项国家重要项目，如2021—2023年王蕴红教授、马帅教授等与中电科联合承担了3项国家自然科学基金重点项目，共同攻关解决企业面临的领域核心关键问题；重点针对智能算力及其系统的构建及高效应用需求，协同研究了面向云边端环境的智能计算理论、技术和系统，研制了一系列相关应用场景中的技术和系统，引领了我国智能计算理论和系统的研究，提升了中电科的技术和产品服务能力。在相关合作基础上，北航和中电科智能院逐渐形成了适于产学研结合的创新机制体制，培养了一系列高端复合型人才，建立了以机制、学科、科研、人才为支撑力的相互协调的良性生态环境，在智能计算领域形成技术研发能力、人才培养能力和社会服务能力相协调的可持续发展模式。

伴随算力技术的发展，以深度学习等为代表的人工智能技术及应用产生了显著的产业溢出效应，成为算力建设过程中推动多个领域的变革和跨越式发展的基础性技术。为响应国家在算力建设和人工智能发展战略中提出的"培育发展人工智能新兴产业"的要求，北航和中电科智能院在前期合作的基础上，进一步针对我国人工智能和算力基础设施的支撑能力不足以及人才匮乏等问题，于2018年着手建设北航-中电科智能计算协同育人培养，联合开展了"算力+"人工智能技术创新平台和人才培养平台的建设，服务国家"东数西算"和人工智能战略，并基于北航计算机学院和中电科智能院的相关平台，成立了智能计算联合实验室。

智能计算联合实验室按照"开放、流动、联合、竞争"的运行机制进行管理，积极向外开放，不断加强与相关高校及国内外研究机构的学术交流合作，实现智能计算技术及应用领域的国际性高水平专业人才培养；面向科学研究、人才培养、社会服务三个层次，开展联合科研课题研究，协同开展技术攻关，建设联合课程体系，创新双导师培养机制，联合开展新工科和项目制协同育人，服务国家人工智能战略。

## 二、联合培养举措

为全面提高人才培养质量，发挥双方各自特色和优势，北航和中电科智能院依托成立的智能计算联合实验室，共同制定了智能计算相关方向的硕士及博士研究生培养方案；由双方选派专业方向相关、学术造诣深、工程实践经验丰富的专家组建联合导师队伍；形成了以行业需求为导向，以中电科智能院为主要依托，面向航天一院创新院、航天二院706所、华为、商汤等其他企业和研究机构开放的培养模式；通过完善课程体系，开展校企联合研究和研究生实习等机制，提供丰富的实践平台和研究课题，培养学术能力强、具有丰富实践经验、信念坚定、品德优良的社会主义建设者和接班人。

### （一）导师队伍和培养模式

到目前为止，智能计算联合实验室共有联合导师37人，其中中电科智能院15人，北航计算机学院22人。北航方面的导师包括中科院院士，计算机学院院长，以及国家科技奖主要完成人、国家级人才等；中电科智能院选派的导师包括院长和副院长等研究院主要学术带头人、部分专业平台及相关技术领域的一线青年科技人才。

在培养模式上，双方充分发挥各自的优势，始终面向国家战略需求和产业发展需求，从三个方面开展高水平人才培养，实现双方人才和资源的共享、交流与提升。

**1. 校企双方联合建立课程体系、开展课程和实验教学**

在计算机科学与技术、软件工程一级学科方向，结合国家和行业需求，校企双方积极开展教学改革，采用研究型教学方法，注重以课程为承载、以基地为实践平台，全面培养学生的创新能力；双方合办智能计算专业方向，并围绕行业需求建立课程体系，在课程体系的设计中充分体现"重基础、强交叉、拓视野、推创新"的研究生培养理念，同时聘请企业中具有丰富科研和实践经验的导师进行联合授课和开展前沿讲座活动，提高研究生培养的授课质量。

**2. 强化双导师制、加强校企交流**

通过校企双方的科研合作，加强双方的学术交流和产学研落地，为学生开展实践提供企业平台，以重大科研和工程项目为依托，基于实际业务需求，不断优化实践模式；通过开展基础理论、前沿讲座以及工程实践，形成产教结合的实践体系，全面提升研究生的实践创新能力。

**3. 开展师资培训、加强产业人才升级**

在建立长效的研究生培养体系和机制的基础上，校企双方进一步拓展人才培养范围，促进中国智能计算人才的培养，夯实高校教育人才的储备，合作开展教材编著、实践平台建设、新工科培训等，为企业和社会相关人才提供全面的专业培训，培养人工智能领域专业高端人才，建设国内智能计算生态。在研究生培养过程中，双方牢牢把握思想政治教育和社会责任教育，联合培养学生统一按照北航要求入学，通过学习思政课程、宣传红色事迹，对学生进行思想政治教育、爱国主义教育和社会责任教育；开展和普及开源教育，引导学生积极参与开源工作，突破核心技术，掌握自主知识产权；积极开展党团学习活动，学生支部、教工支部严格落实"三会一课"学习，在思想上严把关、强化理论武装，将思想政治教育和社会责任教育有机结合；严格落实网络信息安全教育和保密教育，将国家安全方面的教育落到实处，使学生体验到社会责任感。

**（二）实践项目与实践教学**

校企双方建立了产学研联合育人的机制，通过开展国家重大课题的协同研发，为研究生创造参与前沿学术研究与工程实践锻炼的机会。智能计算联合实验室成立以来，先后有 70 余名研究生的研究课题来源于协同研发的校企课题，这充分体现了探索学科前沿和满足实际应用需求的培养，使学生真正在课题研究过程中提升自身能力。研究生在校企合作双方导师的指导下完成的"无人系统和移动机器人自适应可靠保障""无人机编队网络高效自适应路由""海上目标检测与识别""遥感图像高效处理和增强""特定场景异常行为发现""激光雷达自动标定方法"等研究生毕业论文成果在解决产业需求和关键技术突破方面做出了重要贡献。

在实践教学方面，按照《北航专业学位硕士研究生培养工作基本规定》，实践教学是对研究生进行科学研究或承担专门技术工作所进行的全面训练，是培养研究生凝练科学问题、发挥创新力、综合运用所学知识发现问题、分析问题和解决问题能力的主要环节。联合培养方案鼓励硕士研究生直接参与工程项目实践，完成必要的技术方案设计、软件开发、软件测试以及项目管理等工作，并在此基础上完成毕业论文工作。

核心专业课程和前沿选修课程的授课教师团队由北航教师和中电科的行业专家组成，课程包括研究生基础及学科理论核心课程"高等计算机体系结构""高等软件工程"以及研究生专业理论课程"高性能计算机体系结构和设计"等。课程设计中综合考虑了知识传授和动手实践，双方联合开设的课程都引入了课程实践环节。

### （三）条件保障

校企双方充分利用各自的优势资源，依托北航计算机学院和中电科智能院的全国重点实验室、北京市高精尖中心、国家战略创新中心等科研平台，以及双方联合建设的智能计算联合实验室，为研究生提供了顶级实践平台和优良学习环境。

双方为加强研究生课程教育，构建了相关课程实验平台，于 2018 年 9 月上线使用，已支持"高等计算机体系结构"和"高等软件工程"等多门专业课程，上百名智能计算相关专业学生已参与学习。

为加强培养学生的实践能力，双方建立实习生流动机制，中电科智能院为联合培养学生提供实习生专用工作室和工位，并提供云计算平台、高性能深度学习平台、真实大数据环境等，其中基于国产软硬件的智能计算平台有力地支撑了研究生开展前沿科研。同时，结合国际前沿和业务需求，中电科智能院为研究生的论文选题研究提供了一流的、必要的实验环境和科研指导。先后有50余名研究生在智能院相关部门开展实践工作，并有部分研究生毕业后入职中电科，实现了智能计算人才的全周期培养。

双方坚持以人为本，为研究生提供良好的生活条件。北航从生活补贴、奖学金、课余活动等多方面提升学生的幸福感和归属感，为北航在校联合培养研究生提供优于普通研究生的助研金和专门的奖学金。与此同时，联合培养学生仍可按照北航相关规定和要求申请学校和学院奖学金。中电科为以实习方式参与联合培养的研究生提供实习津贴，在企业奖学金评选等过程中对参与联合培养的学生给予优先考虑。中电科对参与中电科智能院实习的研究生提供丰富的课外活动支持，包括文体娱乐、参观学习、技术竞赛等多种形式的活动。

## 三、管理模式与制度建设

北航与中电科智能院的平台资源和智能计算联合实验室试行统一管理、分级负责、全面开放，实现科教融合。智能计算联合实验室依托中电科智能院，具有相对独立的人事权和财务权，为独立的预算单位，在资源分配上与智能院内事业部平行，在管理体制上实行主任负责制，智能院将其列入重点建设和发展的范畴。

实验室依托北航－智能院的协调机制确定联合导师队伍和研究生、实习生的培养计划，由智能院高校合作机制提供必要的资金支持，鼓励双方自筹经费支持联合人才培养。实验室的平台和数据资源依照相关保密协议向导师及学生队伍全面开放，知识产权除特殊约定外，归发明者所有，使用权双方共享。

### （一）管理及组织架构

智能计算联合实验室的组织架构包括主任、理事会、学术委员会、教学指导委员会、运行管理委员会，依托智能计算联合实验室实施科教协同。

主任：由北航计算机学院王蕴红院长担任主任，由中电科智能院徐珞院长、李晓辉副院长和北航计算机学院梁晓辉副院长担任副主任。主任总体负责实验室的科研创新、人才培养、学科建设和运行管理事务。

理事会、学术委员会、教学指导委员会：理事会作为智能计算联合实验室的最高决策机构，主要负责批准年度经费预算、重大活动计划以及制定未来的发展战略，由中电科智能院徐珞院长兼任理事会主任；学术委员会负责对科研创新进行指导，由北航计算机学院钱德沛院士担任学术委员会主任；教学指导委员会负责课程和教材建设、教学改革、教学质量监控和实践培养建设，由北航计算机学院梁晓辉副院长兼任教学指导委员会主任。

运行管理委员会：运行管理委员会下设四个运行管理办公室，分别负责科研管理、人才培养、知识产权、人力资源等工作。

### （二）师生管理和运行方式

校企双方在北航现有招生和培养机制的基础上，共同完成研究生培养方案及培养计划的制定、导师聘任、学生科研实习和论文答辩等相关工作。对研究生采用课程学习、实践教学和学位论文相结合的培养方式，实行学校和企业双导师制，导师由双方单位共同选派，第一导师为北航校内导师，第二导师为智能院智能计算领域的任职专家。在中电科智能院建设研究生实习基地，同时依托国家级智能计算创新创业基地，形成"科技 + 产业 + 资本 + 服务"的多元化智能计算创新创业人才培养模式。

### （三）制度建设和机制保障

#### 1. 资助体系及激励机制

北航与中电科智能院以及中国智能计算产业创新联盟等知名企业和组织合作，为研究生进入企业实习和工作提供机会；同时，课程安排灵活，研究生就读同时可以在企业实习工作，有利于促进其理论与实践结合，积累工作经验；研究生在实习期间由企业向其发放实习补贴；此外，结合地方研究院的政策，选择地方研究院学习的研究生就读期间可享受专项助学政策。

#### 2. 资源共享机制和知识产权保护机制

北航与中电科智能院联合开展校企深度合作，采用产学研协同育人的方式设立培养智能计算研究方向的硕士研究生创新项目，教学资源丰富，课程体系完备，双方采用校企联合的创新人才培养模式，由企业提供数据和实践支撑平台，服务学生课程教学与实践；在师资力量共享方面，由北航资深教授、中电科行业专家以及本领域相关技术专家组成强大的师资团队，专家们结合科研经历和自身行业经验，深入浅出地为学生讲述智能计算专业技术和行业案例。双方为学生提供国际领先的实验环境，包括网络设备、安全设备、计算存储设备和专业实验机房，根据协议，双方共同进行课题研究，研究成果和知识产权共享。

### 3. 评估机制

智能计算联合实验室的评估考核制度注重教师实际承担的教学任务、学生指导和学生评价反馈等基础标准，并注重彼此之间的差异性与关联性，同时制定了"竞争退出"的人员有序流转机制。考核形式主要分为年度考核和聘期考核，以聘期考核为主。中长期合同每 4 年进行一次聘期考核，其他合同按实际聘期进行聘期考核。建立考核评价结果与薪酬以及人员聘任直接挂钩的退出机制。聘期内考核评价结果为合格以上的受聘人员，可根据实际教学任务的需要继续聘用；不合格者解除聘任合同或直接终止聘用。

## 四、特色及示范性经验

智能计算联合实验室拥有较强的人才优势和科研积累，面向国家需求和产业瓶颈问题，在智能计算技术及应用领域积累了众多的科研技术成果，具有显著的专业技术特色和突出的产业技术优势，建立了高水平的创新团队，体现了高水平、专业化。联合培养依托北航计算机学院和中电科智能院相关科研和教学平台的人才和资金等支持，便于各方自筹共享资源；充分发挥各方产学研用等方面的优势和积极性，发展思路清晰，管理体制和运行机制规范，具备良好的协同与合作基础以及完备的交流体系。智能计算联合实验室聚集优质教学资源，基于双导师负责制，在数据及平台长期建设取得的深厚积累保障下，全面建设面向国家人才需求的培养体系。

通过几年的建设，共建双方总结并高度认同的最重要联合培养经验及特色包括：人员责任压实（专人负责管理），导师责任细化、量化；科教协同，联合实验室方向、项目、研究生论文方向、本科生课程设计和毕业设计方向同部署、同运行；规章制度建设和软环境建设至关重要；实习环境建设是联合培养的重要组成部分，落实专门的实习环境工位等硬件条件；思政教育要全覆盖。

## 五、典型案例

### （一）共同开展教材等教育资源建设与学科培训服务，深化产教融合

智能计算联合实验室积极贯彻落实《国务院办公厅关于深化高等学校创新创业教育改革的实施意见》和教育部《高等学校人工智能创新行动计划》，深化产教融合、产学合作以及协同育人工作，积极为教材建设和学科培训服务；联合开展计算机体系结构、软件工程、高性能计算以及人工智能等相关教材建设，由钱德沛院士牵头翻译并出版了研究生核心课参考教材《并行多核体系结构基础》，刘轶教授和栾钟治副教授分别编著的研究生核心课教材《并行程序设计》和《并行计算机体系结构教程》即将出版。同时，北航联合中电科、阿里巴巴、百度、商汤科技、国家超算天津中心、国家超算广州中心和国家超算无锡中心等企业推广多源融合计算平台，为我国开展和普及智能计算教育、实现智能计算技术自主可控贡献力量。

在教材建设的基础上，智能计算联合实验室面向全国开展了师资培训，先后在教育部、工信部、中国科协等上级单位的指导下，承担了由信息技术新工科产学研联盟人工智能协同育人工作委员会及教师培训工作委员会联合主办的新工科产学研联盟师资培训工作。2018年先后举办两期深度学习师资培训，其中第一期于2018年5月在北航举办，共培训74名高校教师；第二期于2018年8月在中国科学技术大学举办，共培训118名高校教师。校企合作加强了课程培训的内容，提升了教师的教学能力，实现了面向国家和产业需求的产教融合深化，向社会输出了优质课程资源，为国家相关产业储备了大量专业人才。

### （二）联合开展多层次人才培养，培育产业优秀人才

校企双方通过在科学研究、人才培养和社会服务等多个层次的全面合作，依托协同育人基地汇集、提供的优势资源，为在校研究生、企业人才、社会人才等提供了优质的教学资源、科研环境和导师指导；在课程学习、技术积累、实践能力、创新能力等方面全面培育优秀人才，培养了一批产业创新人才、专

业技术人才和青年教师人才。

青年教师杨海龙副教授及其所在团队的博士/硕士研究生孙庆骁、李明真、刘笑妍、廖建锦等，面向中电科基于国产芯片的软硬件系统构建需求，与中电科智能院与创新院开展了全方位的合作和人才培养，在面向国产芯片的编译优化和适配、面向自主AI芯片的算子库构建和模型训练优化、云边端结合的分布式机器学习方法与技术等方向取得了一系列研究成果，发表多篇高水平研究论文，为中电科在面向国产芯片的基础技术和产业布局方面提供了重要的支持。

师从钱德沛院士的博士研究生魏光，在攻读博士期间基于与中电科以及国家超级计算中心等企业的合作项目需求，开展面向国产计算系统性能分析方法和工具的研究和开发，其研究成果已应用于国产计算系统的软件生态构建。魏光博士毕业后加入中电科30所，继续为智能计算在网络安全相关领域的技术和产品研发做出贡献。

针对中电科在高层次人才继续教育和集团内部专业研究生培养的需求，校企双方通过将北航研究生导师团队双聘到中电科担任导师等方式，充分发挥北航在信息技术学科领域的教育教学优势，为中电科提供了高层次人才教育和培训，极大地提升了中电科青年技术骨干的整体素质和水平，为促进国家重要领域企业进入世界一流行列做出了应有贡献。

## （三）科研协同创新，解决产业技术瓶颈

北航和中电科智能院具有长期的战略合作，双方围绕国家重大发展战略，以解决智能计算理论与技术的基础问题为抓手，以服务国家相关产业发展为目标，发挥互补优势，依托协同育人基地开展科研协同创新，解决产业技术瓶颈。

双方自2013年以来协同开展算力科学技术研究和工程应用，先后开展了云计算操作系统、国家高性能计算环境、分布式计算环境下的人工智能、虚拟现实/数字孪生等方向的研发和项目合作，重点针对智能算力及其系统的构建及高效应用需求，协同研究了面向云边端环境的智能计算理论、技术和系统，研制了一系列相关应用场景中的技术和系统，引领了我国智能计算理论和系统的研究，相关技术和产品提升了中电科的技术和产品服务能力。

北航梁晓辉教授团队与中电科合作，针对天气现象和天气系统的三维建模与展示进行研发，在不同类型气象数据的基础之上对三维云系和大尺度气象场景绘制方法进行深入研究，在系统集成开发、气象数据采集等方面开展深度合作；通过多种途径积累了丰富的云观测图像数据（包括自然图像、卫星云图等），为后续研究工作提供了数据支撑。2017 年前后，梁晓辉教授团队进一步开展对动态的数据驱动积云建模的研究，在基于时序气象模拟数据的分析建模、大气辐射传输方程、大气温度衰减率模型方面开展了深入研究。基于项目合作，联合培养了一批硕、博士研究生，2013—2021 年，先后有 15 名研究生通过相关研究工作完成学位论文，这些成果有力支撑了企业在相关技术领域开展关键技术攻关和突破。

# 航天装备质量与可靠性工程培养案例

## 一、培养概况

北航与中国航天科工集团（以下简称航天科工）第二研究院201所（以下简称201所）长期在航天装备可靠性系统工程领域的学生培养和就业方面保持合作，在校企协同育人方面具有扎实的基础和丰富的经验。2019年，北航可靠性与系统工程学院与201所正式签署人才培养合作协议，成立了"北航–航天科工二院201所航天装备可靠性系统工程协同育人基地"，对校企联合培养、课程教材设计、校企导师育人、管理制度建设、支撑平台建设等方面进行实践探索，为培养航天装备可靠性系统工程领域卓越工程师贡献力量。

### （一）建设历程

20世纪80年代以来，北航与201所一直保持紧密的合作关系，双方在科学研究、工程应用、人才培养等方面都有长期的合作基础，北航可靠性与系统工程学院为201所输送了30余名可靠性系统工程专业人才，校企联合培养了以201所所长、环境可靠性研究室室主任为代表的专业技术骨干力量。

2018年12月，面对新时代航天装备对高素质可靠性系统工程人才的紧迫需求和北航大类培养改革的需求，北航与201所共同发起并成立质量与可靠性专业教育联盟，建立了实践教学平台，共同谋划、系统推动基于校企协同、通专融合的"1+X"模式质量与可靠性专业实践教学体系构建与实践。

2019年10月，北航可靠性与系统工程学院与201所正式签署人才培养合作协议，以学生实习实践课程建设为载体，进一步加强校企双方在本科生社会实践、生产实习、毕业设计和研究生专业实习方面的合作，开展校企协同培养可靠性系统工程专业人才。

2020年12月，北航与航天科工签署全面战略合作协议，系统推动校企双方在学生实习实践、师资员工培训、学生就业发展等方面协同育人合作，共同培养满足新时代高质量发展要求的可靠性系统工程专业领军、领导人才。

### （二）建设理念与目标

面向新时期国家工业升级转型与航天装备自主创新对可靠性系统工程专业人才的迫切需求，校企双方以培养服务国家战略需求的高素质卓越工程师为目标，以实践教学为重点，按照"源于实践，服务实践，高于实践"的实践教学目标和"实践真问题、真实践问题"的实践教学理念，系统开展校企协同育人，形成"本研贯通、校企互动"的卓越工程师培养方案，如图1所示。

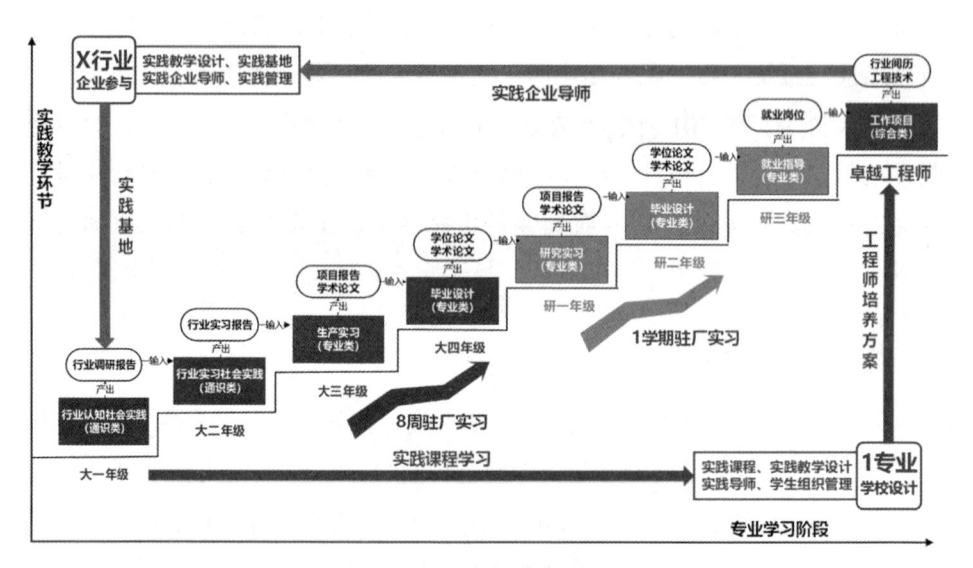

图1 "本研贯通、校企互动"的卓越工程师方案

"本研贯通、校企互动"的卓越工程师方案以厚植空天报国情怀、服务国家战略需求为出发点和目标，主要通过以下两步进行。一是建设本研贯通的实践教学体系，即学校加强实践课程设计。本科生以培养实践创新能力为重点，开展不少于8周的驻厂实习实践：大一开展行业认知社会实践，输出行业调研

报告；大二开展行业实习社会实践，输出行业实习报告；大三开展生产实习，输出项目报告和学术论文；大四开展本科生毕业设计，输出学位论文和学术论文。研究生以培养工程应用能力为重点，开展不少于 6 个月的驻厂实习实践：研一开展研究实习，输出项目报告和学术论文；研二开展研究生毕业设计，输出学位论文和学术论文；研三开展就业指导，引导学生开展职业规划，最终确定就业岗位。二是开发校企互动的协同育人机制，即建立学校设计、企业参与的"1+X"校企协同育人机制，通过校企导师聘任、实践基地建设、实践成果评价等环节，加强学校设计，让企业参与人才培养全过程，形成校企协同、共建共享的长效育人机制。

### （三）人才培养成效

校企双方充分发挥质量与可靠性专业"学科交叉、行业交叉"的特点，高效转化校企双方优势，形成了长期有效的校企协同育人机制，相关成果获评 2021 年北京市高等教育教学成果奖一等奖（见图 2）。

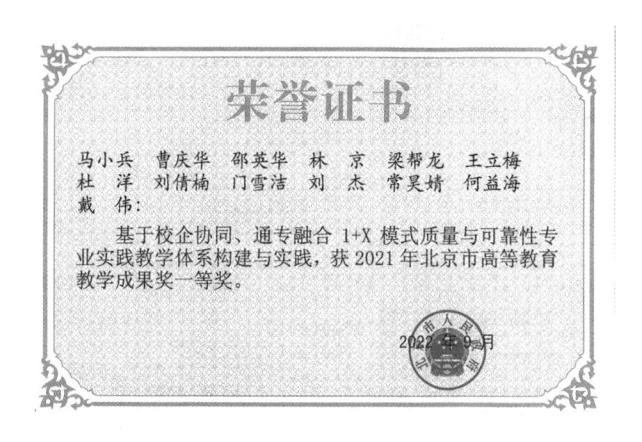

**图 2　校企协同育人机制相关成果获 2021 年北京市教育教学成果奖**

以实践教学为依托，校企双方每年合作 10 余项科研项目，提供 20 多个实践岗位，培养 20 余名研究生，学生平均每年发表高水平论文 20 余篇、申请专利 10 余项。校企协同联合培养了以 201 所所长、201 所环境可靠性研究室主任、201 所元器件可靠性事业部主任为代表的 10 余名可靠性专业研究生进入 201 所工作。

## 二、联合培养举措

### （一）校企导师队伍建设

校企双方以实践教学为依托进行导师队伍建设，聘任了 18 名北航教师、24 名企业导师。北航导师队伍有北航可靠性与系统工程学院院长、副院长等学者；企业导师团队有 201 所所长、环境与可靠性研究室主任等行业专家。校企双方共同成立了管理委员会，实现对实习学生的全过程"双师"指导。

### （二）校企协同卓越工程师培养模式

北航－航天科工二院 201 所航天装备可靠性系统工程协同育人基地提出了"1+X"模式的实践教学体系，校企协同培养卓越工程师（见图 3）。拓展育人主体，北航主导为"1"，企业参与为"X"，让企业参与人才培养全过程；深耕专业教学，专业理论为"1"，行业应用为"X"，让专业建设与行业发展有机互动；构建知识体系，通用质量特性为"1"，专用物理属性为"X"，让学生将"通用"专业知识赋能"专门"产品对象。

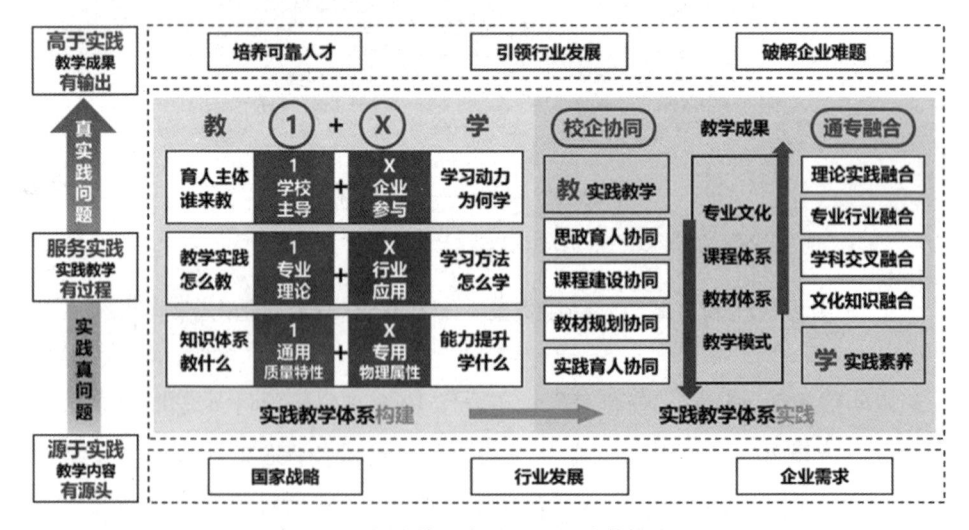

图 3　校企协同卓越工程师培养模式

## (三)本研贯通实践教学课程体系

协同育人基地对标国家卓越工程师培养要求,从本研贯通的教学思路、教学环节、教学课程、实践基地、学习目标和内容五个维度,系统设计"本研贯通、通专融合"的实践教学课程,实现有组织、规范化的实践教学(见图4)。

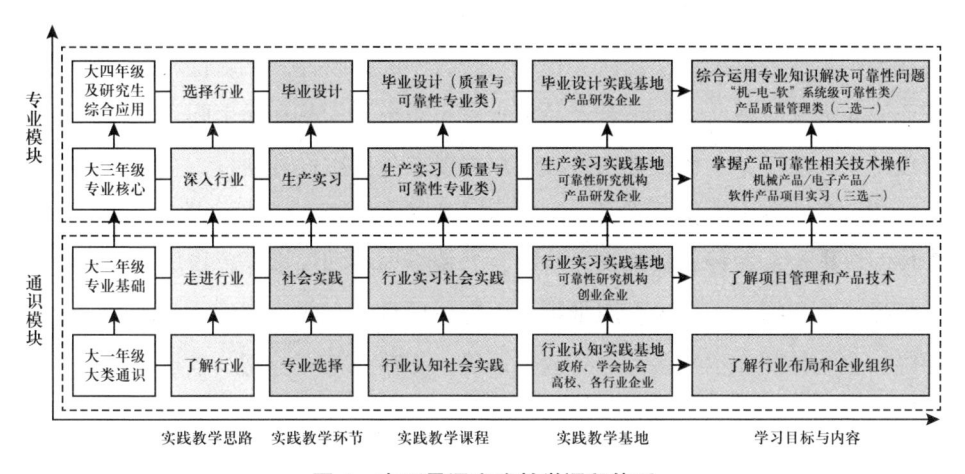

**图4 本研贯通实践教学课程体系**

大一以专业选择为引导,学生在政府、协会、高校等行业进行认知实践,通过"行业认知社会实践"课程让学生了解行业布局和企业组织;大二以社会实践为抓手,学生在可靠性研究机构、创业企业等行业进行实习实践,通过"行业实习社会实践"课程让学生走进行业,了解项目管理和企业技术;大三以生产实习为依托,学生在可靠性研究机构、产品研发企业等进行生产实习实践,通过"生产实习(质量与可靠性专业类)"课程让学生深入行业,掌握产品可靠性相关技术操作;大四及研究生阶段,以毕业设计为载体,学生在产品研发企业等进行毕业设计实践,通过"毕业设计(质量与可靠性专业类)"让学生能够综合运用专业知识解决可靠性问题,从而选择行业。

学生从大一到研究生,先通过通识模块了解行业和企业,后深入专业模块了解产品和技术,在实践中达到运用专业知识解决产品可靠性问题、提升"机–电–软"产品可靠性系统工程水平的实践课程学习目标,通过循序渐进的课程学习，引导学生响应"质量强国"国家战略，投身国防和国民经济发展一线，在实践中培养社会责任感和实干担当精神。

### （四）"五位一体"实践教学方法

协同育人基地以企业需求为牵引，以学校设计为核心，以学生自主为动力，以双师指导为保障，以多元评价为导向，创新采用"五位一体"的教学方法开展实践教学（见图5），让学校、企业、学生全方位互动参与，建设由校企双导师组成的稳定教学团队，提升实践教学的高阶性、创新性和挑战度。在企业发布需求阶段，企业结合产品特点发布需求，学校和学生配合完成；在学校设计项目阶段，学校根据实践教学培养要求分层次设计项目，企业和学生配合优化；学生在自主立项阶段，学生与企业充分发挥自主性，实现双向选择，学校配合组织；在校企双师指导阶段，学校指导教师提供课程指导，企业指导教师提供项目指导，学生在双师指导下完成项目；在成果多元评价阶段，学校导师、企业导师、学生多元进行成果评价，不断总结完善实践教学，实现持续改进。

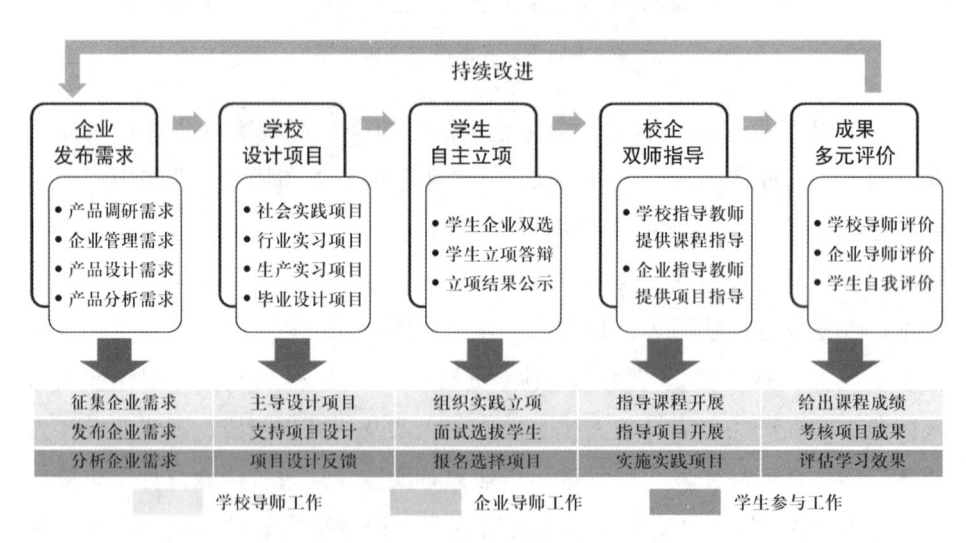

图5 "五位一体"实践教学方法

### （五）其他保障

协同育人基地通过丰富多彩的主题活动加强交流与合作：党支部开展红

色"1+1"等活动，以党建促进师生与企业的交流；校企联合举办主题活动，共办中国航天日、可靠性系统工程文化节、工程师进校园等活动，凝聚共建合力。

协同育人基地设立专项经费，为指导实习的校企导师、参加实习的学生提供完善的经费保障；设立企业奖学金，激励学生参与实践实习。

## 三、管理模式与制度建设

为保障基地培养有序、高效运行，北航和201所发挥各自的资源优势，提升双方参与培养建设的主动性和积极性，为全面提升卓越工程师培养质量提供组织保障，共同成立了管理委员会，建立了完善的学生资助体系和教师激励/退出机制；双方共同制定了培养方案，加强学生培养的过程管理，共同参与学生的招生、开题、科研实践和毕业答辩，确保培养过程的质量可控。校企双方开放资源共享，面向行业前沿，依托国家重大需求共同确立研究课题，双方共享科研成果。

### （一）管理及组织架构

校企双方成立人才培养合作委员会和专家咨询委员会，下设校企合作办公室来具体负责本科生实践教学和研究生专业实习等校企协同育人项目的开展。专家咨询委员会聘任国家级人才担任主任。人才培养合作委员会主任由北航可靠性与系统工程学院院长和201所所长担任。

### （二）运行方式

校企合作办公室每年初召开一次会议，制订年度工作计划；每年末通过质量与可靠性专业教育联盟年会对校企合作成果进行总结表彰和推广应用；在学期中，以课题组为单位进行实践教学指导，学校与企业进行过程监督。

### （三）资助体系及激励机制

#### 1. 建立学生资助与激励机制

校企双方联合培养的研究生在校学习期间由学校发放联合培养学生助研

金，每人每月 1 200 元，在中心实习期间由 201 所发放实习补贴，每人每月 1 200 元。与此同时，学生仍可按照学校相关规定和要求申请奖学金。

2. 建立导师激励机制

结合学生培养质量、学生满意度调查问卷结果等实行校企导师动态进入和退出机制，对双导师合作不紧密和研究生培养质量不高的导师执行退出机制。每年评选校企优秀导师，在质量与可靠性专业教育联盟年会上进行表彰，并给予一定的奖励。

### （四）学生管理制度

学生实习期间以班为单位统一管理。201 所和北航可靠性与系统工程学院分别专门聘任了专职的班主任，对学生每日出勤情况进行记录，实习期间学生回校查阅资料、参加实验室和学院或学校的学术活动等均需报备 201 所班主任，学生在校期间外出到 201 所可靠性系统工程中心参加实验或实践需报备北航可靠性与系统工程学院班主任。在管理过程中，双班主任会进行定期沟通。

### （五）资源共享机制和相关知识产权保护制度

校企双方为学生提供一流的实验实习环境，依托北航可靠性与环境工程技术国防科技重点实验室和 201 所可靠性系统工程中心平台，为学生实习实践提供充分的保障。根据共同签订的协议，双方共同进行课题研究，共享研究成果，共享共同成果的知识产权。

联合培养将每一项建设内容落到实处，通过凝聚可靠性专业文化共识、全面建设实践课程体系和专业教材体系、开拓"1+X"实践教学模式，强化了学生的实践创新能力，为培养可靠性系统工程专业卓越工程师提供了有力支撑。

## 四、特色及示范性经验

在多年合作的基础上，经过三年重点建设，北航－航天科工二院航天装备可靠性系统工程协同育人基地培养形成了以下特色和经验。

## （一）育人理念创新：在实践中凝聚"为民精神"的文化共识，激发学生成才内生新动力

传承和发展了"为民精神"：基地以"为民精神"的感召力凝聚行业企业可靠性领军人才，在文化传承中传授知识，在知识传授中传承文化；将"空天报国"的北航精神融入"质量强国"的国家战略，并贯穿人才培养全过程，引导学生在服务国家战略需求中实现个人成才，形成厚植情怀的文化底蕴（见图6）。

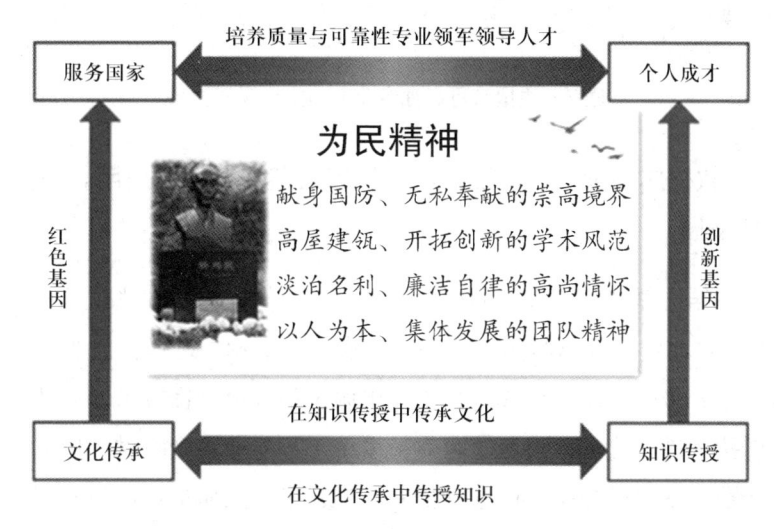

图6 文化传承与知识传授相结合的育人理念

## （二）课程体系创新：在实践中进行"机-电-软"学科交叉，引领课程体系新建设

运用系统工程方法，取材于可靠性工程实践，校企协同保证产品质量的可靠性学科专业与支持产品设计的传统学科专业交叉融合，形成复杂系统级产品故障预防、诊断、治愈的通用质量特性知识结构与产品"机-电-软"专用物理属性交叉融合的课程体系（见图7）；培养学生形成解决复杂系统级产品可靠性系统工程问题的工程专业综合能力，形成科教融通的独特优势。

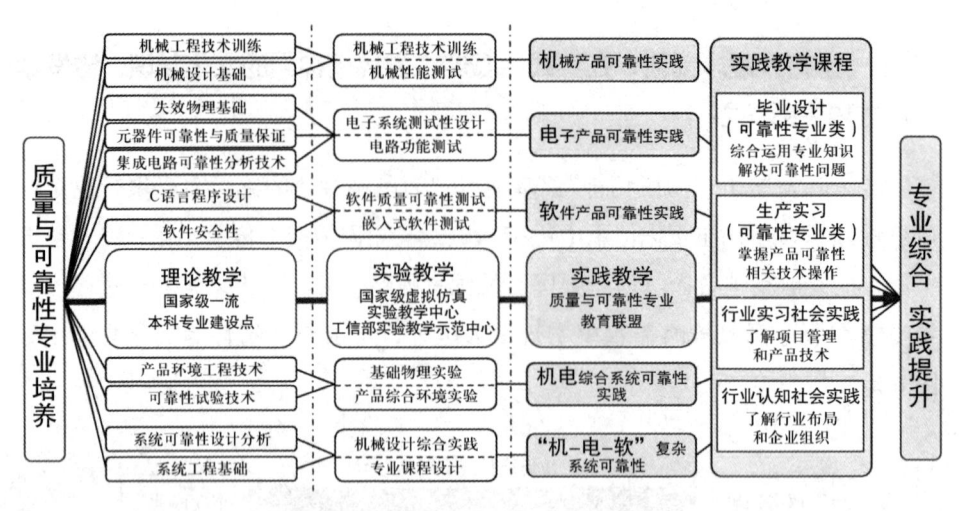

图7 质量与可靠性专业方向实践课程体系

## （三）教材体系创新：在实践中密切专业建设与行业应用，开拓专业教材体系新发展

通过总结可靠性工程技术的成熟经验，校企协同出版专业技术丛书及教材（见图8），在北航主导出版国内第一套可靠性技术丛书之后，出版了可靠性系统工程丛书；吸收借鉴国外先进技术，出版了国外可靠性技术译著丛书；将科研优势转化为教学优势，出版了可靠性系统工程专业系列教材，形成了学校出理论、行业出案例的校企协同互动机制，创建了通用质量特性与专用物理属性有机融合的知识体系，形成了通专融合的突出特色。

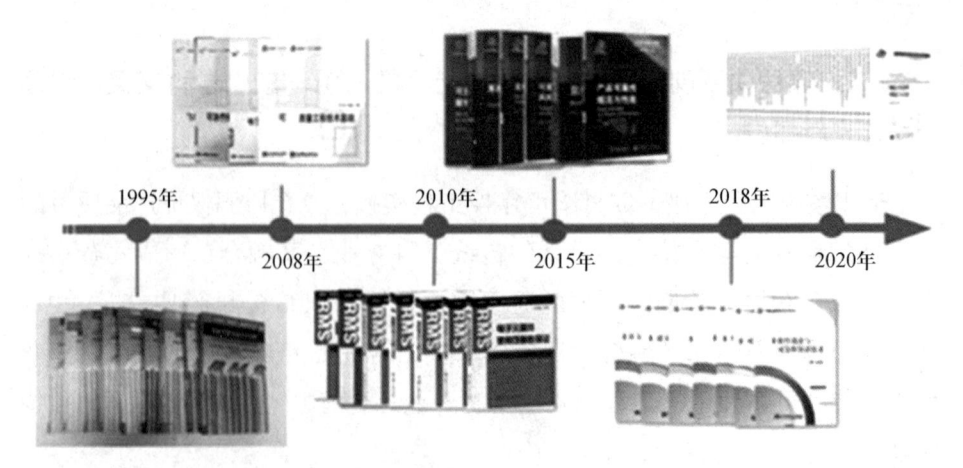

图8 校企协同丛书/教材体系发展历程

## （四）教学模式创新：在实践中促进专业理论与工程技术融合，创建专业实践教学新模式

"1+X"模式实践教学充分发挥教师、专家、校友、学生的能动作用与教育圈、科研圈、工程圈、国际圈的资源优势，以校企协同、共建共享为运行机制，以质量与可靠性专业教育联盟年会和"可靠性+"校企合作论坛为组织形式，以开放专业理论课程、发布工程实践资源、组织学术技术交流为建设内容，建设实习实践基地与联盟资源共享平台（见图9），形成了校企协同的长效机制。

图9 质量与可靠性专业教育联盟实践教学平台

## 五、典型案例

### （一）校企合作平台建设

为了更好地转化校企合作双方优势，北航可靠性与系统工程学院从校企合作需求出发，以互利共赢为原则，以人才培养为载体，以培养建设为抓手，总结校企协同育人成果，于 2018 年牵头发起国内外专业领域唯一的质量与可靠性专业教育联盟，201 所作为首批核心联盟成员参与联盟建设。

联盟是由国内外各领域从事质量与可靠性人才培养、科学研究、工程应用、产品研发、管理服务、技术服务、创业投资的相关单位、机构和个人等自愿组成的开放式社会团体。联盟成员通过校企合作与产教结合，在质量与可靠性专业人才实习实践、科研创新、就业招聘、职业发展等方面开展重点合作交流。联盟现有 3 家高校、12 家生产实习基地、25 家社会实践基地单位成员，以及来自 60 多家企事业单位、社会团体的 120 多名个人成员。

以质量与可靠性专业人才培养为合作载体，联盟将学生就业发展与行业需求紧密联系，通过年度联盟大会（见图 10）、校企合作论坛、校企协同育人重点项目，开发专业相关高校、各行业企业资源，组织搭建了"开放互通，协作共享"的实践教学资源平台。

### （二）实践课题设计转化

校企双方合作建设北航科研课堂和社会课堂，聘任校企导师，让本科生和研究生参与一线可靠性系统工程工作，以实践课题的形式开展校企联合培养。

已经具备专业知识和基础研究技能的研究生通过深入企业生产一线，了解企业中某一产品设计、研制、试验等过程中可靠性相关专业知识的应用情况，发现企业实际研究问题，并在 201 所工程师的指导下，凝练形成实践项目课题；在学校导师和企业导师的共同指导下，完成项目课题，将所学专业的理论知识运用到实践过程中，形成一系列学生科研成果，为解决产品质量与可靠性问题贡献智慧和力量（见表 1）。

2018年
校企合作协同育人

2019年
深化校企协同，建设实践"金课"

2020年
深化实践教学，协同科技创新

2021年
建设社会课堂，深化协同创新

2022年
产教融合，校企协同，自主培养新时代卓越工程师

图 10　2018—2022 年质量与可靠性专业教育联盟大会

表 1　部分实践课题成果展示

| 单　位 | 年　份 | 实践课题成果 | 学生姓名 |
| --- | --- | --- | --- |
| 航天科工防御技术研究试验中心 | 2018 | 利用电动振动台开展振动试验的常见异常及处理方法分析 | 李佳 |
| | 2018 | 空间站可靠性分析 | 潘俊林 |
| | 2018 | 导弹可靠性试验 | 阿尔斯·阿迪列提 |
| | 2019 | 关键电子元器件 DPA 分析 | 何明瑞 |
| | 2019 | 低温环境对电子元器件影响分析 | 段峄宇 |
| | 2019 | 导弹关键设备振动试验 | 裘睿智 |
| | 2019 | 微电子元器件可靠性试验 | 马依然 |

## （三）党支部共建协同育人

为深入学习贯彻党的二十大精神，认真领会习近平总书记关于党中央"制

造强国"和"创新驱动"发展战略的重要论述，深刻总结可靠性事业为制造业发展提供的关键助力，北航可靠性与系统工程学院学生党支部积极响应北京市委教育工委的号召，与201所环境与可靠性事业部党支部开展了红色"1+1"党支部联合共建活动（见图11）。两个党支部在党的二十大召开前后，围绕可靠性专业理论技术、党建领域经验等分享多个主题，开展了形式多样的学习、宣讲和实践活动，引导党员从党的二十大的最新理论成果中丰富积累、强化理想信念、践行求是精神，为实现中华民族伟大复兴的中国梦贡献力量。双方主要从以下三点进行党支部共建协同育人。

图11 党支部共建红色"1+1"活动剪影

①通过车间参观学习将党员学习和业务有机结合起来，做到"科研实践一张皮"。两个党支部成员参观了201所的试验车间，了解了院所的发展历史、主要业务。

②通过开展可靠性领域座谈交流与技术指导，交流可靠性领域的关键技术问题，讨论研究院一线职工在生产实际中遇到的可靠性领域问题。

③进行党支部党建领域经验交流，从研究院一线支部和学生支部的角度分享党建工作经验，在共建的形式和内容上继续深入挖掘，推进产研结合。

## （四）校企协同人才培养典型案例

在"1+X"模式校企协同育人框架下，北航可靠性与系统工程学院的学生在读期间赴201所开展社会实践、行业实习、生产实习、毕业设计、研究实习、学位论文、就业指导等活动，毕业后进入201所工作，积极担任企业导师指导新学生开展实践学习，形成了良好的卓越工程师全周期培养模式，为校企协同卓越工程师培养贡献了智慧和方案；在此期间涌现了一大批优秀学生，部分具有代表性的学生如下：

2010届全日制硕士学位毕业生张同学，在研究生学习阶段，利用校企合作平台积极开展环境与可靠性试验方向学习实践，毕业后直接进入201所从事航天装备一线环境与可靠性试验工作，为多个装备可靠性研究做出了重大贡献，成为航天装备质量与可靠性骨干；2019年起正式担任企业导师，与北航共建实习基地，指导后来的学弟学妹开展实习实践，探索校企协同育人新模式，成为校企协同育人的积极实践者和推动者。

2015届本科生、2018届全日制硕士学位毕业生胡同学，在本科期间就对航天事业充满了向往，全过程参与了社会实践、行业实习、生产实习和毕业设计的实践教学；基于对航天装备可靠性的深入了解，在保送研究生后，毅然选择了环境与可靠性试验方向，期间积极参加与201所合作的实习实践，发表高水平论文8篇，毕业后进入201所工作，已成为航天装备环境与可靠性试验方面的技术骨干。

# 光纤陀螺工程化培养案例

## 一、培养概况

### （一）建设理念和目标

北航在以往工程硕士和博士的培养基础上，积极探索校企深入融合机制，深入剖析新时代卓越工程师和传统工程类研究生培养要求的差异性，以多年来联合培养工程硕士和博士的大量数据和典型案例，凝练"光学工程"学科在卓越工程师方面的培养特点，巩固和发展"以光纤陀螺为代表的具有航空航天特色的前沿光电技术"；完善和创新"校企产教融合机制下的卓越工程师联合培养"模式，并积极完善设施，为未来卓越工程师的培养提供支撑，争取成为培养光学工程领域卓越工程师的摇篮；坚持突出特色、打造精品，争取建成国家级校企协同育人示范基地，带动国家光电领域技术发展，助力中国航空产业再上新台阶；将协同育人深入融入到共同承担项目、研发产品、技术攻关中，在"真事"中育"真人"，继续探索紧密和稳定的"产学研"合作模式，校企合作、优势互补，共同培养新工科人才，将学生培养成为具备光、机、电、算等多学科领域基本技能，同时具备科研攻关综合素养的高级技术人才。

### （二）培养规模

按照高校和企业联合培养机制运转工作，北航每年培养光学工程学科专业硕士和工程博士30余名，为国家军工单位、高等院校和重要企业输送大批优秀高级人才，部分毕业生已经成长为各单位一线科技骨干或管理核心，涌现出一批奋战在一线的优秀人才。此外，北航依托校企协同机制，打造了一系列精品课程与规划教材，与企业联合申报国家级重大科研项目，培养出优秀的科技攻关及创新团队；不断探索以"科学与技术并重、多学科多技术综合、高度集成创新"为主体的人才培养模式，全方位支撑培养的育人理念，取得了企业订单式培养、"产学研"一体化等示范性经验。

### （三）总体建设进程及进展

北航与中航捷锐（北京）光电技术有限公司（以下简称中航捷锐）协同进行研究生的联合培养。双方瞄准国防领域重大需求，围绕光纤陀螺、光电传感、天体敏感器等传统优势方向，专注于航空航天技术领域的专业研究生培养；在研究生培养过程中，以满足武器装备研制和生产中急需解决的工程问题为牵引，以培养学生正确世界观、人生观、价值观和爱国敬业的优秀品格为目标，建立既反映科学技术的集成性又具有明显工程属性的综合培养体系。

中航捷锐是在原有的天华捷锐光电技术有限公司的基础上，于2010年由中国航空工业集团西安飞行自动控制研究所（下文简称中航618所）、中国航空科技工业股份有限公司（以下简称中航科工）和北航共同出资重组成立。中航捷锐在北航多年光纤陀螺技术积淀的基础上，建立了我国第一条完整的光纤陀螺生产线和组织生产管理体系，拥有先进的光纤陀螺生产和测试设备；依托北航在国内光纤陀螺领域的顶尖技术与一流人才，结合中国航空工业集团平台先进军工产品工程化生产管理经验和资本资源优势以及中航618所在航空惯导和飞控领域的行业优势，聚集了一大批由大学本科、硕士、博士及具有高级技术职称的中青年专家组成的技术队伍；涉及光纤陀螺光路、电路、光学测试、结构设计、惯性技术、核心器件与测试等多个技术领域，技术实力雄厚，并拥有一大批技术精湛的高级专业技能人才，承担了我国光纤陀螺的研制生产任务，是目前国内高精度光纤陀螺产量最大的生产单位和重要的光纤陀螺研制批产中心之一。同时，中航捷锐也将技术深入推广到民用领域，研制出多款民用光纤系统产品并首次应用到中国民用飞机惯导系统、煤炭科工的地下开采系统等，填补了国内相关技术的空白。

北航和中航捷锐为响应协同发展的需求，针对传统以学科为导向的研究生培养缺陷，开展了强调工程特色、提升综合能力的硕、博士研究生人才培养改革。校企双方为研究生的联合培养配备了高水平双导师队伍，一方面依托北航仪器科学、光学工程以及航空航天等学科优势，充分利用北航的各种有利条件进行办学，围绕新一代光学陀螺开展研究，聘请国内光纤陀螺和惯性导航领域的专家定期为学生开设讲座、进行授课；另一方面充分利用企业的优质人力资源和行业资源，聘请企业导师为研究生讲授工业部门如何解决科研生产中的工程技术问题。校企双方为学生全面开放完备的科研和试验条件，依托北京密云和陕西西安两个科研生产基地完备的光学惯性传感研制和测试平台，为学生实践学习提供"真环境"，解决实际科研生产中的"真问题"，大大提高了学生的实践动手能力，增加了学生在解决问题的过程中所获得的荣誉感和自豪感。校企双方在办学过程中，还为学生提供充足的生活和科研保障，采取针对性、创新型的教学内容与方式，充分利用北航和相关企业的专家库为教学和实习提供指导，并且配合人才培养计划，组织专家成立技术评估委员会，对学生的开题、论文撰写、答辩等重要培养环节进行全面的跟踪、监督，提出意见和改进措施。

校企双方联合成立理事会，以共建、共管的方式负责师生管理、制度建设和相应的机制保障，其他单位经过理事会的同意可以成为成员单位。理事会下设技术指导委员会、运行管理委员会和监察审计委员会。在师生管理方面，对学生进行思想政治教育、安全教育、保密教育，以提高学生的综合素质；在制度建设方面，设置了激励机制、协同攻关机制、资源共享机制和评估机制，以保证研究生联合培养机制正确、高效运转；在机制保障方面，通过一系列规章制度来保障学生的培训条件，规范学生在实习期间的培训流程，从而保证充分的培训条件和较高的培训质量。

## 二、联合培养举措

### （一）配备高水平双导师队伍

导师队伍建设的关键点有两个，其一是以学位论文指导和理论课程教学为主要使命的北航校内导师队伍建设，其二是指导学生工程实践和参与教学工作的企业导师队伍建设。详细的校企导师队伍建设情况如下。

1. 校内导师队伍建设

北航光纤陀螺团队由国家级领军人才、国家级青年人才等一群富有创新精神与合作精神的国家级人才和青年人才组成,荣获科技部"先进惯性仪表与系统技术–光纤陀螺及应用技术"重点领域创新团队称号。该团队近五年主持了国家"973计划"、国家"863计划"、重大仪器专项等国家级重点科研项目50余项,围绕新一代空天防御、远程精确打击、高分辨率对地观测、载人航天、深空探测等一系列国家重大需求,在高性能光纤陀螺及系统基础理论、关键技术、核心工艺及装备等方面开展自主创新的研究工作,解决了大量基础和工程技术难题,取得了一系列具有国际先进水平的研究成果,推动了我国惯性技术的跨越式发展。

2. 企业导师队伍建设

企业导师队伍建设水平关系到学生在企业实践活动的质量,因此必须认真扎实做好本项工作。为此,北航与相关企业人力资源部门组成工作小组,根据受聘企业导师的专业和工作背景为其有针对性地输送学生,对聘用的企业导师除要求其与北航校内导师联合指导研究生学位论文外,还要求其适当参与实践教学、企业实习等教学工作。

中航捷锐是国家高新技术企业和中关村高新技术企业,拥有一批由博士、硕士及具有高级技术职称的中青年专家组成的研发队伍,有研发人员50余人,均具有双985硕士及以上学历,其中研究员7人,高级工程师20余人,涵盖光、机、电、算等多个专业。同时,中航捷锐还拥有一批技术精湛的高级专业技能人才,涉及惯性技术、光学、电子、精密机械、自动控制和测试等多个技术领域。

同时,研究生的联合培养也将在现有导师队伍的基础上,依托北航、中航捷锐的长期战略合作伙伴,如航天科工四院红峰控制公司,二院706所,航天科技五院502所、八院803所,中船707所、453厂等单位,根据实际需要聘请企业专家从不同领域、不同角度为学生讲授光学陀螺研制、生产和管理的国际前沿技术,使学生对惯性导航领域有更全面的了解。

(二)提供完备的科研条件

校企联合培养依托北京密云和陕西西安两个科研生产基地,生产基地总面积超过 8 000 m², 具备光学器件测试筛选、光纤绕环、光路装配、电路装配、陀螺总装、调试、测试和环境试验等较为完整的光纤陀螺研制生产设备（如图 1 所示），可提供光纤陀螺整机实验的实习条件，设备总价值 9 700 多万元。光纤陀螺研制生产设备主要包括：

电路装配和测试设备：含表贴电路光学检测与维修系统、高精度电源、锁相放大器、频谱分析仪、高精度示波器以及信号发生器等。

光学装配和测试设备：含保偏光纤熔接机、光纤端面研磨抛光机、高精度光谱仪、光功率计、偏振串音测试设备等。

环境模拟及可靠性测试设备：含振动台、速率位置转台、带温箱的速率位置转台、高低温试验箱、温湿试验箱等。

图 1 光纤陀螺研制生产设备

## （三）提供充足的生活和科研保障

研究生的专业实习实践活动得到中航捷锐的大力支持，稳定保障了实习研究生必要的生活保障条件和科研设施。中航捷锐为学生提供了干净整洁的宿舍和食堂（如图 2 所示），保障了学生在实习和培训过程中的生活条件，还为学生提供了必要的奖、助学金。在科研设施方面，校企双方在办学过程中紧密联合，使学生可以利用校企双方的高标准实验室、高精度实验设备与仪器，满足其科研与工程任务中的基础设施需求。此外，每年由企业专家评估实践活动的科目与质量，具体给出支持条件和必要的经费。

图2 研究生实习的生活和科研条件

## （四）采取针对性、创新型的教学内容与方式

校企双方以高精度光纤陀螺的研发项目为牵引，建立了特色鲜明的教学方案；借鉴美国等发达国家高等工程教育的先进经验，通过团队式教学与科研一体化创新育人，实现产教紧密融合、教学科研与人才培养有效衔接和良性互动；双轮驱动，在培养学生具备扎实理论基础、创新能力、宽广知识面、工程素养、工程实践经验的基础上，注重培养学生的学科交叉融合思维，提升其解决复杂工程问题的能力；同时为响应国家对卓越工程师的培养需求，积极开展光纤陀螺领域方向的卓越工程师培养模式探索。

对于理论课程的设置，针对光纤陀螺所涉及的主要专业要求，在设计、制造、管理等方面选取包括北航仪器科学与光电工程学院、电子工程学院、自动化学院等学院开设的相关专业必修课程作为惯性导航专业的必修课程与选修课程。学生根据校企导师的要求，制订修课计划，同时在企业导师的指导下，学习所学课程知识在光学陀螺中的应用，使相关学科知识与科研工程实践得到真正的交叉与融合。

在教学科研条件方面，实施开放式和创新实践的办学方针，努力促进学生知识、能力、思维和素质的全面协调发展。从提升学生认知水平、培养学生动手实践能力、增强学生集成创新意识等方面入手，主要开展如下相关实践教育活动：

①专项技术培训：集合工程项目的关键技术，利用北航光电技术研究所的专业经验，按照专业组织学生进行专项技术培训，使学生的基本技能得到明显的提升。

②认识实习：组织学生参观和下厂实习，并独立完成有关装配、调试、测试、管理方面的实习报告。

③技术培训：聘请中航捷锐及其他单位的专家、总师按照专业对学生进行专项技术培训，提高学生的基本技能水平。培训内容包括电路的设计与装配、光纤环器件的精密绕制等工艺。

④认知实习：组织学生前往中航捷锐参观和下厂实习，并独立完成有关仪器部件和样机的制备、测试及管理等方面的实习报告。同时注重培养学生在校期间的工程实践能力和动手能力，鼓励学生在校期间直接参与国家型号任务和相关产品研发的工程性任务。

## 三、管理模式与制度建设

校企双方联合成立了理事会，负责师生管理、制度建设和相应的机制保障，以共建、共管的形式优化管理制度。理事会下设技术指导委员会、运行管理委员会和监察审计委员会。在师生管理方面，对学生进行思想政治教育、安全教育、保密教育，以提高学生的综合素质；在制度建设方面，设置激励机制、协同攻关机制、资源共享机制和评估机制，以保证研究生联合培养机制正确、高效运转；在机制保障方面，通过一系列规章制度保障学生的培训条件，规范学生在实习期间的培训流程，从而保证充分的培训条件和较高的培训质量。

### （一）组织架构

北航-中航捷锐研究生专业实习培养是面向行业产业的、相对独立运行的协同体，具有目标确定、组织开放、产学研创新链完整的特点。

对于北航－中航捷锐的研究生联合培养工作，北航由光电技术研究所负责管理，中航捷锐由其行政部、质量部、财务部、生产部、综合计划部、市场部和技术部7个部门联合负责管理。协同育人共建双方均为理事会成员单位；接受章程的其他单位，经理事会成员提名，由理事会会议通过，可成为成员单位。理事会下属的主要职能部门有：技术指导委员会，负责学术指导和技术支持；运行管理委员会，负责日常服务和生产保障；监察审计委员会，负责财务监督和质量检查。各职能部门设置有经理，负责各部门的全面工作，详细的组织架构如图3所示。

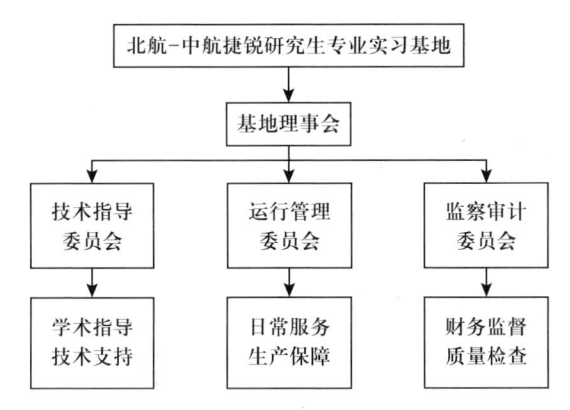

图3 专业实践的组织架构

## （二）师生管理

校企双方通过"产—学—研—用"相结合、国际学科前沿与国家战略需求相结合、基础科学知识与创新实践能力相结合，培养学生的社会责任感、国家使命感和民族自豪感；通过延伸实验实践环节，培养具有扎实理论基础、广泛专业知识、丰富实践与开发能力、宽广国际化视野的学术精英和具有总师潜质的工程精英；通过对学生进行思想政治教育、安全教育、保密教育，全面提高学生的综合素质和职业素养，并保证学生实习培训过程的顺利进行。

在思想政治教育方面，校企双方以学生全面发展和成长成才为目标，以研究生思想政治教育特色项目为抓手，着眼于人才培养全过程，整合教育资源，突出校企特色，创新发展思路，拓展有力载体，认真探索校企协同育人示范基地思想政治教育新模式，扎实推进研究生思想政治教育体制创新，努力打造一批在校企内外具有广泛影响力、突出思想政治教育特色的品牌活动；组织企业领导为研究生作就业教育；组织参观交流等价值突出、示范性好的系列活动，抓特色、树品牌、立效应，形成一套具有校企特色的品牌活动，把示范基地建设成为学生思想政治教育的有力补充；秉承"空天报国"的红色工程师精神，努力塑造学生"追求卓越"的品格，鼓励他们不断超越自我，从优秀走向卓越；借鉴学科提出并践行的"文化育人、平台育人、团队育人、项目育人、课程育人"的五育人模式，以"立德树人"为根本任务，将北航三代"陀螺人"在不懈追寻"陀螺梦"的奋斗历程中形成的"陀螺精神"融入"立德树人"全过程，在人才培养过程中做到科学与人文并举、精神与技术兼顾，形成立体化全方位的育人氛围，力争做到学科和企业文化、顶尖平台、校企优势团队、重大项目等人才培养要素协同发展。

牢固树立安全意识，消除安全隐患，保障学生的身心健康，是校企双方研究生联合培养的重点工作之一。中航捷锐通过了航空工业安全生产标准化三级认证，公司成立了安全生产管理委员会，由公司领导和各部门经理组成，公司总经理任安全生产管理委员会主任，负责公司安全生产的全面领导工作。安全生产管理委员会下设安全生产办公室，负责安全生产工作的组织落实、监督管理、检查、整改、考核等日常管理工作。中航捷锐自上而下制定了各级部门安全生产责任制，组织员工签订了安全目标责任书，明确全体员工对安全生产的岗位职责；按照安全生产标准化建设实施方案的要求制定了《安全生产教育和培训制度》《安全生产检查制度》《安全生产事故隐患排查治理制度》《生产安全事故报告和调查处理制度》《生产现场、设备和设施的安全管理制度》《特种作业人员管理制度》等全套相关安全生产管理制度，编制了《生产消防安全事故应急救援预案》以及各种设施和生产设备的操作规程。公司定期召开安全生产会议，组织员工进行安全教育培训，提高员工安全素质，加强对学生在学习期间的安全教育和安全管理工作。中航捷锐安全生产办公室定期对生产现场进行检查监管，排查安全事故隐患，实时监督、检查日常安全管理情况。总之，必须做到"警钟长鸣"，每一位教职工都以对学生负责的态度，努力坚持"教育在先、预防为主"的原则，投身于安全工作之中，保障学生学习时的身心健康和安全，有效杜绝了安全事故的发生。

### （三）制度建设

北航与中航捷锐建立了完善的制度以确保人才培养的质量和效率，其中包括激励机制、协同攻关机制、资源共享机制及评估机制。

激励机制指校企双方每年拿出专用的绩效激励经费，对校企导师在人才培养的工作量和质量进行统筹考核，打破校企之间、北航部门之间评价体系标准不同的人为壁垒，激发培训人员参与教学任务的积极性和开展协同育人工作的主动性。光纤陀螺工程化实践基地成立由专家委员会、主任及有关人员联合组成的人才培养成果鉴定委员会，负责定期或不定期对人才培养效果进行鉴定，对在工作中有重要突破的成员将根据实际情况进行激励。

协同攻关机制指通过建立协调小组，统筹规划、协调资源，根据总体分工开展相应工作。协同攻关机制将校企资源有机结合，提高了人才培养的效率，释放了校企双方的攻关潜能，实现了一加一大于二的效果。

资源共享机制指对校企双方单位的现有资源，特别是国家重点实验室、学科重点实验室、工信部重点实验室、教育部重点实验室、高校—企业联合实验室等实验平台进行充分整合，建立共享机制，集中优势科技资源，通过资源的有偿使用，将双方单位的资源优势互补，进一步汇聚国内外优势人才培养资源，全面实现人才培养资源共享。

评估机制指通过成立评估委员会，每年定期检查基地组织、人才培养、研究生实习实践效果等的运行情况，定期评估学位论文，给出评估意见和改进措施并上报北航研究生院和中航捷锐的相关部门。评估机制保证运行过程中暴露出的问题可以被及时发现、及时解决，保障运行效率和培养成果能够得到持续优化。

建立知识产权保护制度，通过鼓励自主创新、支持自由探索、提倡团队协作来营造良好、积极的学术氛围和文化环境。原则上，研究生在培养过程中产生的所有技术成果、专利、学术论文等知识产权归校企双方共同所有。

## 四、特色及示范性经验

### （一）培养特色

**1. 将"研教相长、科教融合、产教研用并重"的培养理念贯穿校企协同育人机制**

研究生在课堂教学上，通过课堂理论学习掌握光学工程学科的基础知识和基本技能，包括光学设计、光电子器件、微弱信号检测、惯导系统原理等；进入实验室后，结合导师承担的科研项目确定课题方向，利用实验室的研究平台开展设计、仿真、试验验证等工作，在实际动手过程中消化课堂知识，掌握分析问题、解决问题的能力和方法；在研究生专业实习基地，直接在生产线上与为武器装备配套的产品接触，对产品的可靠性、一致性、稳定性等有了直观感受，可深刻体会实验室样机、定制化型号产品、谱系化货架商品的区别，再从工程问题中提炼科学问题和关键技术，作为课题研究内容的补充。这样的迭代，不仅提升了学生解决工程问题的能力，也让他们在走向工作岗位时，能迅速适应工作环境和工作任务，实现学校和企业的无缝对接。

**2. 直接以校企联合的方式承担国家重大任务**

2013年，北航和中航捷锐共同承担了"光纤偏振轴及端面形态在线测试仪开发和应用"国家重大科学仪器设备开发专项，中航捷锐为仪器开发和示范应用的牵头单位，北航为技术牵头单位和技术负责人。以该项目为牵引，示范基地探索了一种新型的"科学与技术并重、多学科多技术综合、高度集成创新"的研究生培养模式。该模式突出工程技术的高等教育理念、强调科学与技术并重的教育模式、强调人才的工程实践和集成创新意识。在办学方式上，校企双方坚持校内全日制专业硕士培养和企业订单式培训模式并举，将校企在人才培养方面的优势有机地结合起来，真正实现"产—学—研—用"一体化。

**3. 从示范基地中选拔优秀技术管理人才重新回炉深造**

北航-中航捷锐育人基地的技术管理人员大多为中航618所的一线技术骨干，以本科、硕士研究生学历为主。他们在生产线上通过解决实际问题，积累了很多成功经验和失败教训。但在产品研发中，尤其是在归零过程中，涉及故障机理、光电子器件制作工艺、材料特性等方面的知识储备和挖掘基础科学问题、总结提炼关键技术方面的综合能力就显得力不从心。从他们当中会选拔综合素质好、能力强的技术管理人才重返校园继续深造的同时，聘请企业导师与学校导师对这类学生的课题设置、培养过程进行辅导，有助于工程类人才的快速成长。

### （二）示范性经验

**1. 在"真环境"下，解决"真问题"，完成"真应用"**

面向空天防御、深空探测等国家重大需求，校企协同攻关，让学生在"真环境"下，解决"真问题"，完成"真应用"，实现企业订单式的培养模式。以微小卫星研制项目为例，在研制的卫星用光纤陀螺产品中，很多是由在读博士研究生参与研制和完成产品交付的，目前该系列产品已成功用于80余颗卫星，实现了在轨零故障。该项目于2021年获得中国电子学会的科技进步一等奖，获奖人员中有一半以上为在读博士研究生。

**2. 依托国家重大项目，培养能吃苦、有担当、战斗力强的卓越工程人才**

以国家重大项目为牵引，中航捷锐依托北航国内领先的光纤陀螺技术成果，率先实现了具有自主知识产权的高精度光纤陀螺工程化及产业化，在装备中取得规模化应用，突破了西方发达国家长期对我国的技术封锁和禁运，对我国高精度光纤惯性系统应用起到了有力支撑，取得了良好的经济效益；同时在此过程中，校企协同联合培养出一批具有一定工程技术能力的专业工程师类研究生和具有较强科研能力的青年研究员。

**3. 集前沿探索、工程转化、装备应用于一体的"产—学—研"培养模式**

与热门学科和影响力大的总体专业相比：陀螺惯导虽然重要性高但显示度低，学生学习的主动性弱、内生动力不足；陀螺惯导涉及的知识面宽、系统性强、难度大，同时由于缺少独立完整的教学体系，学生不容易掌握相关内容；陀螺性能要求高、技术复杂、研发周期长、成果产出难、专业人才成长缓慢。针对这些特点，校企双方提出了开放性和探索性的培养模式，激发了研究生的创新性，增强了学生的实际工程能力，实现了"产—学—研"一体化。

## 五、典型案例

### （一）校企协同申请国家重大科研项目

2013 年，中航捷锐作为牵头单位，北航作为第一技术支撑单位，双方联合申请并获批了国家重大仪器设备开发专项"光纤偏振轴及端面形态在线测试仪开发及应用"。针对国内保偏光纤端面形态测量及对轴难题，校企双方经过 5 年联合攻关，突破了光纤端面形态测量、高精度对轴耦合等关键技术，发明了具有独立自主知识产权的光纤偏振轴及端面形态在线测试仪，双方共发表论文 48 篇，申请专利 42 项，联合培养博士研究生 10 余人，硕士研究生 20 余人。相关成果已应用于大功率激光器、光纤陀螺、光电子器件及光纤电流传感器等，取得了良好的社会效益和经济效益。

### （二）联合建设系列精品课程与规划教材

对于研究生的联合培养，在课程设置上，先后开设 7 门课程，共包含 144 节课堂课，88 节实践课。在教材规划上，所编写的《实时数字信号处理实践方法》被纳入普通高等教育创新性人才培养规划教材，为学生的理论学习提供了高效、优质的路径。

### （三）优秀研究生的联合培养

依托国内双一流仪器学科群和企业科研生产实践平台，校企双方在人才培养方面不懈探索，每年培养优秀研究生 30 余人，为高校、研究所等科研单位输送了数百名优秀毕业生。这些优秀毕业生遍布航空、航天、航海等领域的光纤陀螺主要研制和生产单位，并快速成长为相应单位的核心骨干，为光纤陀螺成为国内新一代装备和重大应用的主选器件做出了重大贡献。其中，一名优秀研究生代表在博士研究生培养阶段发表 SCI 论文 3 篇，参加国际会议 1 次，获批国家发明专利 5 项，深度参与各类科研项目 10 余项，研制生产各类工程产品 20 余套。2020 年 3 月博士毕业于北航仪器科学与光电工程学院的北航优秀校友，现任中航捷锐公司总经理、中航 618 所光学部部长，主要从事光学陀螺仪与相关系统技术的研究，被评为陕西省科技创新领军人才、中国航空工业集团一级技术专家，先后获得中国专利优秀奖 1 项、省部级科技奖项 4 项、中国航空工业集团奖项 10 项，发表论文 35 篇，获批国家发明专利 28 项。2010 年至今，校企双方联合参与 20 余项国家重大项目，总经费约 2 亿元，共培育研究生约 500 人。

### （四）优秀青年人才的高质量培养

截至 2023 年，基地已培养优秀教师 10 余人，均已成长为青年骨干。

现任北航光电技术研究所（以下简称北航光电所）所长就是产教融合培养的工程类优秀青年人才的典型代表。其硕士和博士均毕业于北航光电所，从攻读硕士学位研究生期间开始就致力于高精度光纤陀螺技术的研究，主导国内超高精度光纤陀螺的研制，其主导研制的陀螺样机精度指标与国外公开报道的最高水平相当。攻读博士后期间，正值北航在密云筹建光纤陀螺工程化基地，他亲自参与场地规划、土建施工、消防水电、人员招聘、生产线贯通，在北航与618 所联合成立中航捷锐后，一直代表北航光电所担任公司的技术副总经理，负责技术部门和工业部门。在这个过程中，其技术水平和管理水平都得到了提升，期间担任光电所主管科研的副所长 10 年，目前已成为光电所所长，为基地实现学生培养的最大化发挥了重要作用，曾获国家科技进步二等奖和省部级一等奖。

依托光纤陀螺工程化实践基地而培养出国家级青年人才、优秀青年科学基金获得者等优秀青年人才，现都已在各自研究领域崭露头角，并在所属单位担任重要岗位。基地最近几年更是人才辈出，2018 年博士毕业生成为北航副教授，并获得北航青拔、173 基金项目等支持；2020 年博士毕业生荣获北航"卓百"博士后，获得王大珩光学奖和大赛第六名的荣誉等。这一切都充分肯定了校企联合培养对青年人才的高质量培养作用。

### （五）优秀创新团队的高端培育

除了对优秀青年人才的高质量培养，光纤陀螺工程化实践基地在优秀教师科研团队和学生创新团队的培养方面也取得了丰硕成果。如先进惯性仪表与系统技术——光纤陀螺及应用技术团队获评科技部 2018 年"创新人才推进计划重点领域创新团队"（见图4）。

图4 科技部"创新人才推进计划重点领域创新团队"荣誉证书

由校企联合培养的在读博士研究生组成的"光子晶体光纤陀螺"和"空间光纤陀螺"两个创新团队分别于2017年和2021年获评"研究生校长奖学金之'优秀科技创新团队'"。

# 关键软件培养案例

## 一、培养概况

关键软件校企协同育人联合培养由北航软件学院与中国电子科技集团（以下简称中电科）、华为技术有限公司（以下简称华为）、中国航空工业集团（以下简称中航工业）、中国航天科技集团（以下简称航天科技）、麒麟软件有限公司（以下简称麒麟软件）等企业共同开展。

### （一）建设理念和目标

联合培养聚焦关键基础软件、大型工业软件、面向航空航天等安全关键软件的开发方法与环境等关键软件领域的技术实践难题，与该领域关键软件领军企业创新产教协同育人。关键软件校企协同育人的建设理念和目标主要如下。

**1. 注重学科交叉，创新培养方案**

实现科学基础、工程能力、系统思维和人文精神的交叉融合，邀请中电科、华为、中航工业、航天科技、麒麟软件等合作企业的专家参与培养方案设计，校企共同制定个性化培养方案，明确课程体系、研究课题和培养目标，推动形成包含核心课程、关键软件实践课程的新培养方案。

**2. 依托国家重大工程任务，培养卓越工程师**

探索将人才培养融入国家重大工程任务，联合技术攻关过程的高层次人才培养模式，健全校企双导师机制，引入高级工程技术人才作为企业导师，推动双方人才流动，在关键软件领域的研究中培养人才、在人才培养中解决国家重大需求。

**3. 构建校企联合课程，融入课程思政**

组建由企业主导的工程实践课程和校企联合的教学团队，企业专家上讲台，学校师生深入企业，推进工程领域课程思政建设，把科学家精神和"工匠"精神融入培养全过程，形成校企共建的高水平育人体系。

**4. 校企协同，培养爱国敬业的卓越工程师**

通过校企协同育人，发挥校企各自优势，为我国航空航天等关键软件领域的核心技术突破，培养和储备一批具有爱党报国精神和敬业奉献精神，具备多学科背景知识、扎实专业素养和广阔国际视野，能够创造性地解决核心问题并引领产业快速发展的卓越工程师队伍，支撑我国关键软件自主可控，推动解决企业高端科技人才短缺难题。

联合培养始终围绕关键软件技术领域的基础理论研究、关键技术研发和基础设施平台建设需求，推动卓越工程师培养模式创新，切实提高工程人才培养质量，为国家工业化、信息化建设培养高素质专门人才和拔尖创新人才，取得了一系列的成效：截至2023年共招收联合培养研究生82名，其中硕士研究生40名，博士研究生42名，招收的学生中，有部分学生为参与联合培养的关键软件企业的中高层管理骨干、技术骨干，主持过国家重大软件项目任务，其余学生为面向企业的联合培养对象。联合培养实行"1+X"或"2+X"的培养模式，学生先在学校完成对基础课程和专业课程的学习，而后更长时间在企业开展专业实践或在企业生产一线参与实际的科研任务。

## （二）培养模式创新

**1. 坚持为党育人、为国育才**

落实立德树人根本任务，建立多学科交叉、产教融合的特色化软件工程人才培养模式，培养使命驱动、有责任感的领导领军型软件人才，成效显著；把握关键软件领域特点，重构核心课程体系；抓住学科知识体系性强、系统性强的特点，面向关键基础软件、大型工业软件对高端软件人才的需求，夯实学生的数理基础，强化软件工程的硬件基础、操作系统、编译技术等支撑计算系统核心能力的课程要求和人才培养水平；建设软件能力培养课程群，形成大课重课型专业课程体系，打造教赛研紧密结合的软件人才培养新模式，为解决关键软件领域核心技术提供后备人才。

打破学科边界，建立关键工程能力培养模式。北航在国内率先设置了机载嵌入式软件、高安全软件工程、移动云计算、大数据应用等14个特色专业方向，与中电科、华为、航天科技、中航工业、麒麟软件等建立联合实验室，引入企业专家进行教学督导，以国家级、北京市教学名师为核心组建课程教学指导团队，以产业需求引导实践训练，实现课程和人才培养全过程质量管理和督导。校企联合承担教育部产学合作协同育人项目22项，编著教材13种，并建成校企合作实践讲堂；从产业界先后聘请300多名知名学者或国家级人才参与人才培养与专业建设，形成核心课程体系基础上的关键工程能力培养新模式。

依托工程任务培养学生解决关键技术问题的使命感。联合培养瞄准大型工业软件、关键基础软件对软件系统能力提升的要求，建设全覆盖的学生课外科技实践体系，将学生科技实践活动与国家软件产业需求相连接，在实践与合作中帮助学生理解国家软件生态自主可控的重要性，增强学生投身软件产业的自豪感和使命感。一大批毕业生赴中电科、航空工业、华为等单位就业，积极投身关键软件领域主战场，均获得用人单位的高度评价。

### 2. 实践平台和课程建设方面

开展校企联合培养以来，北航围绕科学研究与工程实践培养高水平专业人才，积极探索"科研+"工程实习实践模式，与相关企业开展联合实践讲堂和精品课程建设。①设立校企联合实践平台。北航与华为、中航工业等企业建立了校企联合实践平台，开展关键软件领域学生实习、实践、社会课堂和科研课堂等。②建设校企联合实践课程。作为"北航–华为智能基座项目"的主要承担单位，北航承担了"程序设计""软件工程""人工智能"等10门基础课程的校企联合课程建设。北航与华为共建卓越工程师产教融合实践课程5门，包括"软件体系结构""软件分析与测试""高性能嵌入式软件应变设计""AI开源计算系统前沿技术实践""开源操作系统前沿技术"；与麒麟软件共建"国产基础软件技术与应用"等课程。学生进入联合培养后，通过实际科研项目的锻炼，提高了实战能力，参加相关竞赛并收获了一系列国家级奖项。

### 3. 科研创新和论文发表方面

基于联合培养，校企合作发表高水平论文50余篇，其中CCF A类会议和期刊（包括AAAI、ICSE、IEEE TKDE等）论文30余篇。研究工作覆盖关键软件领域研究的主要方向，代表性研究工作包括：

①针对大规模复杂软件测试效率低、环境构建难等问题，突破了急需的嵌入式软件测试及可信保障技术，攻克了无穷测试域到有限空间的转化难题，实

现了覆盖测试建模、用例优化生成、精确自动执行的完整体系；研制了首个通用仿真测试平台，使仿真效率提高 26%，定时精度达 1 ms，解决了长期制约软件试验鉴定的瓶颈问题。

②承担软件测评任务 53 项，奠定了软件测评领域领军地位。北航作为航空领域获"软件测评能力建设专项"支持的唯一单位，在国家认可委对 73 家测评机构的能力比对中名列第一。

③突破操作系统内核实时增强、分区隔离架构、多任务混合调度等关键技术，研究成果被应用于麒麟、翼辉 SylixOS、中航天脉等操作系统，为航空航天、智能制造等核心领域系统及装备的实时性和安全性提供了坚实保障；研制了工业机器人操作系统，其中断响应时间比 RTLinux 缩短了 10%，被应用于新松、珞石、埃夫特等 10 余种工业机器人，在该领域实现了自主可控。

④突破操作系统内核形式化分析、安全性建模与验证技术，研制了形式化验证工具 PiCore，首次运用形式化验证方法发现了航电操作系统国际标准中的 6 个安全漏洞；建立了 A 级航空机载软件开发与验证的数学模型，研发了国内首套符合机载软件适航审定标准 DO-178C 的操作系统认证包，对天脉、翼辉 Matrix653、航天 SpaceOS 等国产操作系统开展安全性分析，解决了关键装备核心软件可信验证难题，为核心基础软件国产化提供了支撑。

### 4. 协同创新方面

基于联合培养，校企联合开展了一系列协同创新课题，包括自然科学基金委重点项目、科技部重点研发计划项目、工信部重大专项等科技前沿项目，以及华为、航天科技等合作企业的实践任务项目等，涵盖了关键基础软件、大型工业软件和面向航空航天的安全攸关软件等重点方向。

### 5. 竞赛及获奖方面

基于联合培养，校企联合申报获批了多个省部级奖项，包括 2017 年中国电子学会科学技术奖特等奖 1 项、2018 年电子学会科技进步奖 1 项，同时联合组队参加了国内外多个高水平竞赛。校企联合构建人才培养创新实践体系和复杂工程能力培养体系，涌现出一批创新创业的先锋，包括中国人工智能学会优博、全国工程硕士实习实践优秀成果获得者等 6 人，获"挑战杯""互联网+""创青春"等国家级科技竞赛奖项 345 人次。联合培养学生发表高水平论文 392 篇，获各类国际会议最佳论文奖 16 人次。在校生创办的科技公司获得近千万元 Pre-A 轮融资；毕业生牵头创立了 12 家高新科技企业，其中多家成功上市。北航获评第六届全国"最佳实践大学"。

### （三）联合培养历程及发展

软件作为新兴产业和技术变革的基础，是构建我国新型社会治理体系的关键，是经济增长的引擎和"倍增器"，软件能力的建立和持续创新正成为国家的核心竞争能力。习近平总书记在中共中央政治局第三十四次集体学习时强调，要全面推进产业化、规模化应用，重点突破关键软件及其研发环境，推动软件产业做大做强，提升关键软件技术创新和供给能力。

当前，我国关键软件和应用生态的自主能力与支撑国家发展的要求有较大差距。加快推进关键软件自主创新已成为我国维护社会稳定和经济发展的主要突破口。在中美贸易战的背景下，关键软件正成为中美信息科技对抗的战略着力点。党和国家对构建国家自主的关键软件和生态控制高度重视，因此发展软件产业、培育高水平关键软件人才对于提升我国国际竞争力具有重要战略意义。

围绕如何在关键软件技术领域培养符合国家战略需求的高层次、多样化的创造性人才这一核心命题，北航与中电科、华为、中航工业、航天科技、麒麟软件等关键软件领军企业已经进行了 20 多年的合作探索，主要合作阶段如下。

#### 1. 2004—2020 年，创立和建设期：校企自发开展协同育人工作

北航软件学院在成立初期，就与一些上述单位开展合作，奠定了良好的协同育人基础，包括共建联合实验室、合作科研课题、派遣实习生等。2010 年，北航软件学院与中电科十五所联合进行软件测试平台的研发，并于 2012 年共建了"北航软件学院—电子科技集团十五所软件工程联合实验室"，立足实验室，持续开展合作，10 余年来为十五所输入毕业生 10 余人。北航软件学院与华为、中航工业、航天科技开展了持续不断的合作，在操作系统、中间件、航天嵌入式软件等领域开展了深入的科研合作。

#### 2. 2020—2022 年，全面发展期：特软建设时期

2020 年，北航软件学院启动特色化示范性软件学院建设工作，涉及关键基础软件和大型工业软件等关键软件领域，通过与行业领先院所及企业建立紧

密的科研与人才合作，构建跨机构战略合作的先进软件技术创新中心，并作为开展联合科研攻关的主基地。3年多来，北航软件学院分别与中电科、华为、中航工业、航天科技、麒麟软件签订了联合培养协议并建立了联合实验室（或联合研究中心）。

**3. 2022年—未来，全面提高期：国家卓越工程师专项实施期**

为落实国家卓越工程师自主培养举措，北航依托长期以来与中电科、华为等国内关键领域领军企业的深入合作，以校企协同攻关项目为载体，以工程实践能力和创新精神培养为核心，实行校内和校外企业导师联合指导的双导师制，充分发挥北航和企业在人才培养、工程实践等方面的互补优势，围绕关键基础软件、大型工业软件、面向航空航天的安全攸关软件等关键软件的重点方向，开展产教融合人才培养，实现校企协同攻关、理论与实践并重，瞄准高水平科技自立自强目标，有组织、成建制地培养符合国家战略需求、适应经济社会发展、满足行业发展需要的高层次软件专业技术人才。

## 二、联合培养举措

### （一）师资队伍建设

为了充分发挥北航和企业的人才资源优势，校企双方积极推广"行业教师"及"企业导师"聘任制度，配备了专业能力强且长期工作在科研一线的优质导师队伍担任关键软件方向的研究生导师。北航导师队伍包括国家科技奖主要完成人才等；企业导师队伍包括中科院院士、国家有突出贡献中青年专家等，是长期工作在关键软件科研一线的技术人员或总师。北航软件学院的主要负责人都在联合培养导师行列，以有效保障联合培养中的教学、科研等条件。

双导师模式一方面可以发挥北航校内导师学术能力强的优势，为研究生的培养奠定坚实的理论基础，培养其扎实的学术科研能力；另一方面又可以充分发挥企业导师业务能力强、对关键软件的需求把握比较准确的优势，让学生了解一线企业的真实需求和技术要求，从而理论联系实际，在实际项目中锤炼能力，提升学术能力。

## （二）培养模式

探索以关键软件人才需求为导向，以提升企业主动性、积极性为着力点的校企协同育人模式，形成以创新能力为核心、以真实问题环境为依托、以工程实践能力带动的高端人才培养模式。通过强调科学基础、工程能力、系统思维和人文精神的交叉融合，构建校企协同育人的教学体系和实践体系，形成了基于国家级平台和重大工程任务进行校企协同创新的模式，实现了高质量人才培养的目标。

强调科学基础、工程能力、系统思维和人文精神的交叉融合。首先，以联合培养制度落实实现人才培养，推行校企导师联合指导的双导师制，学生在完成科学基础课和关键软件核心课的学习任务后，到企业进行重大工程任务攻关，由企业导师和学校导师共同指导完成复杂工程任务中关键软件技术的系统性思维锻炼和学位论文的撰写。其次，通过将个性化培养环节与质量控制相结合提高培养效果，将学生的个体发展与培养目标有机结合。最后，以学科交叉和人文素质养成为学生打下可持续发展和创新的基础，提升学生的创新素养，培养学生持续学习、终生学习的能力。

构建校企协同育人的教学体系和实践体系。全面建设关键软件人才培养的由课程教学体系、实验教学体系、创新实践与研究体系、质量评估与监控体系构成的研究生培养体系。将学科专业学术前沿知识和产业最新技术发展融合为课程，构建校企联合实践课程、实践平台和企业实践基地。针对学生设定个性化培养方案，强化研究生创新能力培养。面向行业应用，以国家重大工程项目为依托，基于实际业务需求，不断优化实践模式，通过开展基础理论、前沿讲座以及工程实践，形成产教结合的实践体系。

依托国家重大工程任务的校企协同创新模式。北航与中电科、华为、航天科技、中航工业、麒麟软件等关键软件优势企业共同建立了一批联合技术创新中心与产教融合基地，依托企业承担的国家重大专项和重大工程任务，大力开展关键核心软件技术攻关；通过任务需求导向、揭榜挂帅等创新方式，在支撑国家重大专项和工程的关键基础软件技术、操作系统和新型平台系统软件、大型工业软件内核及集成环境、新型软件工程方法与工具等领域突破一批制约行业产业发展的技术瓶颈，推动关键软件创新，满足国家重大战略需求，促进软件生态体系建设。

## （三）实践条件

**1. 依托国家及省部级重点实验室，具备国内一流的教学与科研实践条件**

依托软件开发环境国家重点实验室、虚拟现实技术与系统国家重点实验室、北京市大数据与脑机智能高精尖中心、可信网络计算重点学科实验室、先进机载系统创新中心（见图1）、航空工业软件测评中心等国家级和省部级科研平台和实验室，北航具备国内一流的研究生教学与科研实践条件。截至2023年9月，北航已建成包括网络设备、安全设备、计算存储设备和高端测试仪表等在内的大型仿真实验场景，设备数量超过2 000台（套），专业实验机房面积超过1 200 m$^2$（结合目前正在论证的校级科教协同创新平台，预计未来3年内可达到3 000 m$^2$）。

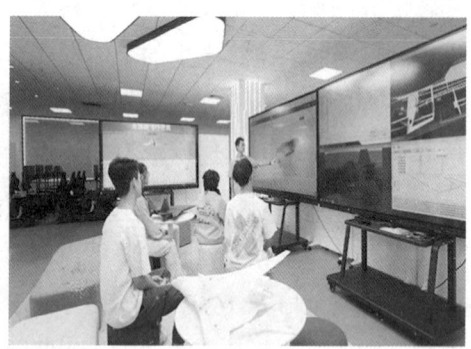

图1　先进机载系统创新中心

**2. 合作共建校企协同联合实验室，打通校企人才培养通道**

2020年至2023年期间，北航已与航空航天领域顶级科研院所和行业头部企业（包括航天科技、航天科工、中航工业、中电科、华为、麒麟软件等）共建了12个关键软件领域的高端联合实验室并已投入实际运行，为联合培养研究生提供了真实的关键软件创新实践环境（图2所示为复杂工业软件一体化建模仿真教学实验平台），为研究生完成面向国家重大工程任务的实际需求的论文选题提供有力保障，在研究方向、实验设备、数据环境、工作环境和导师指导方面提供了全方位一流的校企协同工作环境。

图 2　复杂工业软件一体化建模仿真教学实验平台

## （四）实践项目与教学

实践项目面向国家重大需求和国际学术前沿，体现了学科前沿和应用需求的紧密结合，使研究生能够参加最前沿的学术研究课题和最实用的工程实践项目。研究生完成的实践项目均来源于国家重大需求和自然科学基金委、科技部、工信部等科技前沿项目，以及华为、航天科技等合作企业的实践任务项目。

实践教学体现在两个方面：一是在实践项目培养中，组织学生参与项目的申请、实施和验收等环节，参与材料组织和撰写、参考资料收集查询、演示程序设计等多方面工作，在实践中学习和提高；二是在课程教学中，开设校企联合实践课程，包括"北航-华为智能基座项目"程序设计、软件工程等10门校企联合课程，以及五门与华为共建卓越工程师的产教融合实践课程（包括软件体系结构、软件分析与测试、高性能嵌入式软件应变设计、AI开源计算系统前沿技术实践与开源操作系统前沿技术实践讲堂），与麒麟软件共建国产基础软件技术与应用等课程。其中，"软件体系结构"课程结合华为的可信架构技术和经典案例的实践，使学生了解常用的软件体系结构风格和质量属性战术，掌握软件体系结构的设计和分析评估方法，培养学生对一定规模软件系统的架构设计和分析能力，以及对复杂问题的系统分析和抽象思维能力。"高性能嵌入式软件应变设计"课程的授课老师是来自华为的资深AI软件架构技术专家，多次荣获总裁奖，该课程结合华为的高性能嵌入式AI软件进行设计实践。学生在校企联合实践课程中融会贯通理论知识与工程实践，全面提升解决复杂工程问题的实战能力。

## 三、管理模式与制度建设

### （一）管理及组织架构

校企各方共同设立管理委员会，实行校企多主任制，下设中心办公室。管理委员会由北航软件学院、中电科、华为、中航工业、航天科技、麒麟软件的相关领导担任主任，负责联合管理和协调运行；设立学术委员会，由院士任主任，邀请信息领域相关专家和多学科相关专家担任委员会委员，负责研究生招生、导师聘任、综合评价等相关工作；设置教学委员会，由校企专家组成，负责培养方案及培养计划制订、课程建设、企业实践、联合选题等。通过建立完善的人才培养制度体系，加强培养过程管理，为全面提升研究生培养质量提供组织保障。

### （二）资助体系及激励机制

校企各方共同建立以项目攻关为中心的协同育人资助与激励体系，通过企业出题、揭榜挂帅、设置专项经费支持研究生联合培养和技术攻关的方式，促进产教融合，将研究生培养融入技术攻关过程。专项经费来源包括但不限于校企关键软件联合实验室课题、国家重点实验室开放课题等。其中，"北航－华为关键软件联合实验室"设立 3 000 万元关键软件联合创新基金，通过课题牵引的方式联合构建产学研平台，促进学术研究和人才培养。

依托上述体系建立学生资助体系，设置联合培养的特殊激励通道，设立校企专项奖助学金，吸引优秀的学生加入培养体系。建立导师激励机制，设计校企导师"旋转门"，鼓励北航推荐校内导师到企业挂职，鼓励领军企业顶尖专家到学校兼聘；结合学生培养质量、项目攻关成效、企业反馈情况等设立导师综合评价机制，对培养质量高的校企导师进行奖励。

### （三）学生管理制度

针对学生管理问题，校企各方共同设立学生培养与管理机制，聘任专职班主任，兼管并协调培养过程中的相关事宜，帮助学生解决科研、生活上的各种困难。研究生实习期间以班为单位统一管理，专职班主任负责记录学生每天的出勤情况，学生实习期间回校参加学院和学校的学术活动等均需报备合作单位班主任，在校期间外出去合作单位需报备北航班主任，双班主任定期沟通。班主任、企业负责人、北航专项负责人等及时交流和通报信息，使学生管理、教学、科研无盲区。

### （四）思想政治教育和生活条件方面

强化使命驱动，育人为本，德育为先。联合培养坚持用习近平新时代中国特色社会主义思想铸魂育人，面向国家重大需求，将思政课程和课程思政融会贯通，着力引导学生形成正确的世界观、人生观、价值观，引导学生充分认识软件自主可控工作的重要性，培养使命驱动、有责任感的领导领军型关键软件人才。加强学生职业规划，把推动产业发展和技术创新作为使命追求，着力培养学生的实践能力、创新精神和社会责任感。关键软件联合研究生培养依托中电科、华为、航天科技、中航工业、麒麟软件承担的国家重大工程任务，学生参与的项目均为国家战略需求，使学生在工程任务攻关中学习发扬载人航天精神与国产大飞机精神。思想政治教育和社会责任教育一直受到北航和合作企业的高度重视，自新生入学开始，就对其开展思想政治教育、爱国主义教育和社会责任教育，使学生体验到社会责任感。学生在校期间，班级积极开展党团活动和思想政治教育活动，实现了思想政治教育和社会责任教育的有机结合。

坚持以人为本，为联合培养研究生提供良好的生活条件。从生活补贴、奖学金、课余活动等多方面提升学生的幸福感和归属感，为在校联合培养研究生提供优于普通研究生的助研金和专门的奖学金。除此之外，联合培养研究生仍可按照北航相关规定和要求申请学校或学院的奖学金。

### （五）资源共享机制和相关知识产权保护制度

校企联合培养的双方为学生提供实验环境，包括计算设备、存储设备、网络设备、安全设备等在内的顶尖实验场景和专业实验机房。根据共同签订的协议，双方共同进行课题研究，研究成果共享，研究成果的知识产权共享。

## 四、特色及经验

经过十几年的探索与实践，关键软件协同育人培养形成了依托国家级科研平台的校企协同育人新方式、联合领军企业的关键软件联合技术攻关新模式、打破产教边界的关键软件产教融合育人新机制，开放灵活、优势互补、务实高效、特色鲜明，校企合作共赢，具有示范作用。

### （一）依托国家级科研平台的校企协同育人新方式

校企联合培养依托北航在软件领域的多个国家级科研平台（包括软件开发环境国家重点实验室、虚拟现实技术与系统全国重点实验室等），将学校的学科专业学术前沿知识与企业的产业最新技术发展相融合，以校企联合培养的研究生和双导师为纽带，加强北航教师和企业专家的相互交流：一方面将北航国家级科研平台的创新知识有效输送到企业工程实践的一线任务中，另一方面将企业复杂工程任务的难点有效反馈给北航的科研人员。基于双向沟通和企业实践的联合培养，有助于培养出既有科学基础又能解决复杂工程问题的复合型卓越工程师人才，也有助于实现我国的科教兴国、人才强国和创新驱动发展战略。

### （二）联合领军企业的关键技术攻关新模式

北航与中国电科、华为、航天科技、中航工业、麒麟软件等关键软件领军企业有长久的合作基础，在特色化示范性软件学院与国家卓越工程师等国家专项的牵引下，北航与上述企业共同建立了联合实验室或技术创新中心，以探索关键软件联合技术攻关的新模式。依托领军企业承担的国家重大专项和重大工程任务，校企双方共同开展关键核心软件技术的联合攻关；通过任务需求导向、揭榜挂帅等创新方式，在关键基础软件技术、大型工业软件、面向航空航天的安全关键软件等领域突破一批制约行业产业发展的技术瓶颈，推动关键软件技术创新，促进国产自主软件研发，实现高水平科技自立自强。

### (三)打破产教边界的关键软件产教融合育人新机制

当前产业和教育存在脱节问题,在关键软件协同育人培养建设过程中,北航充分发挥行业特色优势、软件工程学科优势及软件与数学、力学、智能制造、集成电路等理工科交叉的天然优势,围绕关键软件攻关方向,坚持需求导向,紧密结合空天关键软件领军企业核心软件技术攻关需求,建立校企联合双导师制的人才培养机制、校企联合课程与实践体系,通过全过程质量控制、协同创新环境建设等举措,推动联合培养研究生直接参与行业企业重大研发项目,将人才培养过程融入关键软件联合技术攻关之中,实现全方位产教融合的研究生培养。

## 五、典型案例

自关键软件的联合实验室成立以来,围绕国家重大战略和卓越工程师发展战略,积极推动教育教学改革,深化校企合作,全面提升人才培养质量,在科研方向、团队合作建设、人才培养、课程体系构建等方面形成多项典型案例。

### (一)协同育人科研团队建设

关键软件协同育人基地注重团队建设,以院士专家领衔、中青年教师作为骨干,带领本、硕、博学生针对国家重大工程任务开展有目标、有组织的科研活动,目前形成了关键基础软件(操作系统、编译器、软件开发环境等)、大型工业软件(智能制造、工业云平台、工业互联网等)以及面向航空航天的安全攸关软件(模型驱动软件开发、高安全软件可信保障等)核心团队。部分优秀团队的建设案例如下。

#### 1. 分布式操作系统资源管理与调度团队

分布式操作系统是支撑云计算、大数据处理、人工智能高效训练的关键基础软件设施,基于此,分布式操作系统资源管理与调度团队应运而生。团队负责人荣获第十四届中国青年科技奖,入选"创新人才推进计划"中青年科技创新领军人才。分布式操作系统资源管理与高效调度面临着资源跨尺度、跨时空、跨体系结构等一系列异构性以及时效性难题，为解决此类难题，团队成员提出了大数据并行与增量计算理论与框架，建立了基于部分评估与增量计算的并行化模型 GRAPE 及编程模型，突破了面向大规模分布式系统资源管理的在离线混合负载调度技术和负载感知的虚拟机迁移技术，建立了基于副本技术的分布式系统可靠性保障方法。研究成果在阿里云伏羲调度系统中部署，首次实现单集群万节点规模在/离线混合负载调度及工程化，单次调度延迟小于 1 ms，集群综合利用率从 24% 提升至 68%，支撑了阿里巴巴"双十一"业务；研发的大数据系统软件 GRAPE 在华为测试数据集测试中，计算效率最高可提升 5 个数量级，已在华为、阿里巴巴等公司的通信和金融等行业解决方案中应用，核心技术支撑了阿里云大规模分布式图计算引擎研发。相关成果获得 2017 年中国电子学会科学技术奖特等奖。

**2. 高安全软件可信保障技术团队**

高安全软件可信保障技术团队践行"空天报国"精神，持续服务国家战略近 20 年，是"可靠性和环境工程技术重点实验室"和"可信网络计算"创新团队核心成员。团队负责人系统性、创造性地突破重大技术难点，带领团队打造软件测评领域的"北航品牌"，树立行业领军的影响力（机载软件测评领域排名第一），累计主持 25 个国家级的试验鉴定任务，排除软件缺陷 12.6 万个，为完成国家任务做出重大贡献。以机载高安全软件可靠性作为切入点，团队构建"缺陷挖掘 – 缺陷预防 – 故障感知与处理"技术体系，主持技术基础、预研等项目 89 项，获省部级奖励一等奖、二等奖各 2 项和航空工业个人三等功一项，作为第一作者/通讯作者发表论文 60 余篇、出版专著 3 部、发明专利 20 项、软件著作权 12 项、主持编写航标 1 项、撰写咨询报告 3 份，为人才培养和学科建设做出突出贡献。

## （二）人才培养典型

依托关键软件协同育人基地提供的优异实践项目、实践平台和校企联合实践课程，学生结合科学理论前沿知识和复杂工程实践问题，在关键软件领域取得了较好成果。部分代表性学生如下：

2021 届毕业联合培养全日制博士学位研究生周号益同学。曾在美国罗格斯大学访问，在读时曾在 NIPS、KDD、AAAI、IJCAI 等会议发表学术论文 10 余篇，获"AAAI 2021 最佳论文奖""IWQoS 2021 最佳论文奖"，获工信部工业互联网创新成果转化一等奖；服务新冠疫情大数据防控，得到国务院办公厅、国家卫健委等专函感谢，受到《人民日报》《科技日报》《解放日报》等报道；入选 ACM China 北京优博、世界人工智能大会 WAIC 2021 "云帆奖·明日之星"、北京市 "海英之星"、智源领域新星。周号益目前留校北航担任教师。

2022 届毕业联合培养全日制博士学位研究生张建同学。在读期间参与华为的智能化缺陷检测项目并参与联合培养，以第一作者身份发表软件工程领域 ICSE、ASE 等会议论文 3 篇，获 ICSE 2019 学术会议的 ACM Distinguished Paper Award 提名，以学生第一作者身份获得中国发明专利授权 3 项、美国专利授权 1 项，在中国计算机学会组织的全国性大数据与计算智能大赛中分别获特等奖和一等奖各 1 项。张建目前在新加坡南洋理工大学从事博士后研究工作。

2022 级联合培养定向非全日制博士研究生朱守园同学。参与工信部民用飞机专项科研项目并参与联合培养，研制的民机领域协同研发工业互联网产品在机载领域得到全面应用；在中国科技核心期刊发表论文 8 篇，获得中国发明专利授权 2 项。朱守园目前在中航机载系统共性技术有限公司从事民机工业互联网产品的研发工作。

## （三）课程体系构建

关键软件协同育人基地深入研究总结复杂软件工程系统的特点，经过多年实践，提出面向软件工程专业人才培养的软件工程系统能力模型，明确了软件工程专业与关键软件领域毕业生应具备的核心系统能力；构建了面向软件工程系统能力培养的本硕一体课程体系及渐进式实践课程方案，注重融入专业知识、工程素养与实践能力，开展 "软件+" 跨学科课程建设，服务于本科和研究生人才培养；构建了需求导向的产教融合人才培养新模式，在国内率先设置移动云计算、人工智能、大数据应用、虚拟现实与增强现实、机载嵌入式软件、高安全软件工程等 14 个特色专业方向，引领国内软件工程专业方向建设；与华为、中航工业、航天科技、翼辉信息、中国电科、麒麟软件等开展协同育人，充分引入企业资源共同建设课程；拓展覆盖北京、青岛、杭州的产教融合全日制、非全日制硕士研究生实践基地。一批优秀毕业生在创新创业和行业发展中取得了突出成就，在国际国内知名企业中普遍有良好的口碑，具有较好的社会声誉。

以上多项典型案例源自实践中摸索积累的经验，这些实践为校企联合培养奠定了良好基础，对科研方向、团队合作建设、课程体系构建等方面进一步深化校企合作，全面提升人才培养质量起到了良好的示范和引导作用。

# 航空发动机和燃气轮机培养案例

## 一、培养概况

面向航空发动机领域对创新人才的迫切需求，依托航空发动机及燃气轮机国家急需高层次人才培养专项，北航落实其"厚植情怀、强化基础、突出实践、科教融通"的人才培养方针及人才培养实施方案，坚持学科交叉、科教融通和产教融合，打造航空发动机高素质复合型拔尖创新人才培养的新机制，培养并向航空发动机行业输送具有高度的国家使命感和社会责任感、理想信念坚定、理论基础扎实、学科交叉程度深、工程实践能力突出、国际视野宽广的航空发动机领域系统型拔尖人才和卓越工程师，支撑我国航空发动机自主创新发展。由北航航空发动机研究院（以下简称航发院）与中国航空发动机集团（以下简称中国航发）共同开展航空发动机领域人才的联合培养。

### （一）建设理念与目标

北航与中国航发本着"优势互补，合作共赢"的原则，通过2011先进航空发动机协同创新中心强化双方紧密合作并形成团结其他相关高校和企业的"2+N"格局；通过航发院吸纳国内外优势教学科研资源，组成国际化的教学科研团队，形成"以教促研、研教融合"的发展机制；通过深入贯彻落实教育部卓越工程师产教联合培养行动，加快推进北航卓越工程师培养改革，形成具有北航特色的领域高水平工程硕博士研究生培养体系，为我国航空发动机事业培养具有卓越工程师潜质的高水平科技创新人才。

航发院的建设目标是将航空发动机和燃气轮机领域的学科前沿和国家战略紧密结合，大力促进校企双方有效融合、交叉集聚，提升北航"培养一流人才，做出一流贡献"的能力，提高学生的社会责任感、国家使命感和行业自豪感,同时为中国航发等企业提供开放窗口,协助企业解决急需攻关技术难题,优化我国航空发动机科研组织模式和人才培养模式,支撑和提高我国航空发动机的自主创新能力。

## (二)培养规模

北航与中国航发以北航航发院、能源与动力工程学院、2011先进航空发动机协同创新中心、航空发动机气动热力国家级重点实验室等为依托,以培养具有空天报国情怀、基础雄厚、专业扎实、创新创造实践能力突出的高水平人才为目标。航发院拥有飞行器动力工程国家一流本科专业,教育部国家关键领域高层次人才专项博士计划"吴大观菁英班"。

截至2022年,"吴大观菁英班"已通过教育部人才专项招收全日制博士研究生84人,其中2019级30人、2020级14人、2021级20人、2022级20人。航发院创建了基于航空发动机学科前沿和装备研制工程实践的科教融合环境,围绕航发院有组织的"4+1+1"科研任务进行研究生培养,研究生论文选题均来自重大工程实践问题的需求和凝练;承担了基础研究重大项目20项,研究生参与国家重大科研项目的比例达到50%。在领域卓越工程师专项研究生培养方面,2022年招生硕士研究生22人,博士研究生24人;2023年招收推免硕士研究生31人,博士研究生3人。以上录取研究生分别与中国航发、航天科工、中国船舶、中航工业及国家管网5家企业确立了校企协同培养模式,制定了针对卓越工程师专项的研究生培养方案。

## (三)总体建设历程及进展

### 1. 历史发展

航空发动机是飞机的"心脏",是习近平总书记多次提及、党和国家高度关切、全国人民普遍关心的战略科技领域,是决定现代战争胜负的重要因素,是国家安全和大国地位的重要战略保障。航空发动机技术的发展水平是一个国家综合国力、工业基础和科技水平的集中体现。

为了实现该目标,北航与中国航发始终持续在领域开展协同合作、攻坚克难。北航在高水平基础研究体系和人才培养体系提供有力支撑,中国航发专注战略性、代表性产品的自主创新研制。更为重要的是,校企双方将"需求牵引"和"技术推动"紧密结合,共同构建了以中国航发和北航为核心、联合国内外优势力量的协同创新新机制。双方共同面向领域高端人才培养和国际交流的重大战略需求,瞄准航空发动机关键领域的核心技术,聚焦解决研制过程的工程实践难题,创新跨学科、校企协同的人才培养模式,在科学研究中培养人才,在人才培养中创造知识,培养理想信念坚定、国际视野宽广、理论基础扎实、多学科交叉、工程实践能力突出、具有领军领导潜质的卓越工程师等拔尖人才,支撑我国航空发动机实现自主创新发展目标,形成项目发展的可持续源动力。

1952年北航建校,发动机系(即现今能源与动力工程学院的前身)由宁榥、王绍曾等著名教授创建。1952年至1977年的26年间,以两位老教授为代表的第一代动力人,在科研工作的方面主要围绕国家需求开展,先后参研北京一号、北京三号、北京四号、北航四号、北航六号等系列型号;同时期,还开展了对J-69(WP11)的研究以及对从英国引进斯贝涡扇发动机的仿制工作等,为后续科研与教学发展积累了大量的宝贵经验。

改革开放以后,以陈懋章院士为代表的第二代北航人建立了低速大尺寸压气机实验台,实现了低速大尺寸压气机实验装置和转子流场动态测量技术,获得国家科技进步一等奖,有力地支撑了航空发动机研制。高歌教授在导师宁榥教授的指导下发明了沙丘驻涡火焰稳定器,解决了喷气发动机问世40多年来燃烧火焰不稳定这个关键技术问题,从理论和实践上填补了国际航空界长期未能解决的空白。该发明被钱学森称为"一项长中国人志气的重要发明",获得1984年"国家发明一等奖"。

2000至今,以多名院士为代表的北航人,围绕航空发动机的自主研制共获得4项国家科技奖励,包括1个一等奖、3个二等奖,技术成果应用于我国最新研制的多型号发动机,累计生产涡轮叶片10万余片,对中国航空发动机企业、行业与北航的校企协同攻坚都起到了先锋示范作用。

**2. 建设载体**

(1)建立"2011先进航空发动机协同创新中心"

2013年4月11日,"2011先进航空发动机协同创新中心"成为首批通过教育部认定的14个协同创新中心之一。该中心按照"2+X"协同创新、动态开放的模式,由北航和中国航发组成核心协同层,突出研究重点,围绕"聚焦突破""支撑变革""学科创新"3类核心任务，紧扣6类基础与关键技术问题，首批建设了6个产学研一体的科研创新团队。中心的使命是：围绕重大专项的论证与实施，健全我国航空发动机科研体系，开展基础研究及大型基础设施的顶层规划，承担专项中基础科学研究计划和共性关键技术计划中需有组织、系统开展的重点科研任务；结合重点科研任务，培养专项急需的科研人才，开展国际交流与合作研究，打造一批航空动力创新团队，支撑突破行业发展的重要瓶颈，带动协同高校学科发展和科研成果转化，为重大专项奋斗目标的实现提供系统的技术和人才支撑。

（2）成立北航航发院

北航航发院于2018年12月15日成立，是由北航和中国航发联合打造的创新特区。校企双方依托国家重大专项，整合双方多年的研究积累和资源投入，本着"强强联合、深度融合、紧密协同"的原则，引入协同决策机制、融合攻关机制、联合考评机制、互补投入机制和协作育人机制，积极探索核心技术攻关、校企协同创新、一流人才培养和学科交叉融合的四条新路，携手打造航空发动机领域战略科技力量，攻克航空发动机关键技术难题。2019年5月，在教育部、工信部和中国航发的支持下，航发院以中国航空发动机之父吴大观先生的名字命名的"吴大观菁英班"正式立项，标志着校企协同人才培养进入实施环节。

（3）启动卓越工程师培养专项计划

2022年3月24日，教育部举行卓越工程师产教联合培养行动座谈会，深入研究部署新时代卓越工程师教育培养，加快建设具有中国特色、世界水平的工程师培养体系，努力培养爱党报国、敬业奉献、具有突出技术创新能力、善于解决复杂工程问题的工程师队伍。2022年7月，为促进领域产学研深度融合，提高工程硕博士培养质量，卓越工程师培养改革专项试点在北航率先展开，由航发院牵头，针对本领域的卓越工程师专项，在北航2022级研究生（2022年9月入学）中选拔，中国航发的导师深度参与面试选拔；2022年9月，面向2023级的本领域卓越工程师专项完成选拔，协同企业由中国航发扩展至航天科工、中国船舶、中航工业、国家管网等行业头部企业；2022年10月，针对本领域的卓越工程师专项硕士、博士研究生培养方案在经过数轮次酝酿讨论后形成，2022级研究生企业导师及选题工作同步开展，标志着校企协同育人的研究生培养进入快车道。

### 3. 培养人才机制

校企联合培养机制聚焦培养航空发动机领域国家紧缺人才,目标是培养多学科交叉背景深、工程实践能力强的卓越工程师;要求学生在品格素养上兼顾国家重大战略需求和向国际学术前沿攀登,在专业能力上具备扎实的数理基础、多学科交叉背景、多峰值知识架构,以及经受过产学研协同科研环境的磨砺;以空天动力一级学科建设为牵引,在原有学科基础上通过学科交叉与融合构建新的人才培养基础体系,包括研究生理论课程体系、航空发动机专业教材体系和研究生实践课程体系。北航与中国航发在本领域的长期、紧密且深厚的合作基础上,基于重大专项重大科研计划基础研究任务的主力承担,创建扎根于航空发动机学科前沿和装备研制工程实践的科教融合环境,围绕航发院有组织的科研任务进行人才培养,研究生论文选题均来自重大工程实践问题的需求和凝练。

以"吴大观菁英班"为范例,探索产教融合、校企协同育人创新机制。在研究生选拔阶段做到优中选优,通过严格考核选拔优秀硕士生(包括直博生),可选拔中国航发青年拔尖技术人员进入专项班。在研究生培养阶段做到优育,执行校企共同定制的专门培养方案,理论教学采用航空发动机"3+N+X"课程体系,实施"2+2+1"培养模式,即学生前两学年在北航完成课程学习和基础科研能力训练,第三、四学年在中国航发或未来航空发动机协同设计中心完成针对航空发动机工程实践中凝练出的科学问题或者重大工程问题的探索和研究,第五学年返回北航完成创新成果总结和论文答辩。专项班实施导师组负责制,导师组由北航导师、中国航发导师以及相关学科专家、博导组成。

### 4. 杰出优秀人才及培养经验

航空发动机卓越人才培养在发展和建设过程中始终坚持为我国航空发动机事业培养优秀人才的初心和使命,围绕重大专项和支撑型号研制的需求,北航和中国航发紧密结合系列化培养人才,为行业培养了一大批领军人才和技术骨干。自北航建校之初成立的发动机系至如今的能源与动力工程学院,70多年来累计培养本科生和研究生约1.5万人,培养了多名两院院士和集团领导,培养了行业内超过1/3的总设计师和总研究师。

## 二、联合培养举措

### （一）双导师队伍建设

航发院现有研究生导师 232 人，其中来自企业（院所）的导师共 76 人，包括工程院院士 2 人、所长/总师/副所长/副总师 30 余人，分别来自中国航空发动机集团、中国航空发动机研究院、中国航发沈阳发动机研究所、中国航发四川燃气涡轮研究院、中国航发湖南动力机械研究所、中国航发商用航空发动机公司等发动机主机院所，均工程经验丰富、有承担国家重大战略项目经历。北航校内导师 156 人，其中博士生导师 97 人。

### （二）实践项目

为给学生提供更接近真实的实践环境，航发院设立了基础研究原理创新、关键部件虚拟协同设计与实习实践三个平台。基础研究原理创新子平台将围绕先进航空发动机技术发展动力系统、气动热力、结构强度、测试与控制、材料与制造、新能源与储能各学科方向的应用基础科学问题，开展前沿探索性研究，为航空发动机发展储备关键技术；关键部位虚拟协同设计子平台将通过集成搭建过渡态性能计算系统、气动稳定性评估系统、航空发动机混维模型计算系统、飞机发动机/一体化设计系统、基于 MBSE 的多学科协同设计仿真系统，依托北航相关学院科研基础数据并引入中国航发海量数据，将多学科交叉通融，实现关键部件虚拟实景化设计，为空天动力高端人才培养提供重要支撑；实习实践子平台将采用虚实结合的形式，将发动机装配试车在物理和虚拟空间相结合形成 1∶1 的实物模型，该平台由基本认知、原理探索、部件制造、装配试车四个模块组成，以空天动力为背景，通过课堂理论讲授和面向工程实际的开发实践有机结合，给学生提供全流程实践培养平台。

### （三）条件保障

北航向联合培养研究生开放重大实验设施，提供一流的科研和工作条件，现有航空发动机气动热力国家级重点实验室、教育部超循环气动热力前沿科学中心、工信部航空发动机和燃气轮机基础科学中心、航空发动机数值仿真研究中心、未来航空发动机协同设计中心、航空发动机结构强度实验室、飞机/发动机综合系统安全性北京市重点实验室等一大批实习实践基地，并与相关企业成立中小型航空发动机联合研究中心、航空发动机气动声学联合创新中心、航空发动机低排放燃烧技术联合创新中心等一批联合研究/创新中心，涵盖科研探索、实践能力、设计能力等培养需求，面向专业实践项目，以提升实践效果。在中国航空发动机研究院、中国航发燃气轮机公司等单位也设立了学生实习基地。

## 三、管理模式与制度建设

### （一）组织架构

航发院由中国航发和北航共同组建，组织框架如图1所示。领导小组由中国航发和北航双方主要领导组成，负责为航发院的建设与发展积极协调相关政策及支持，涉及突破现行体制机制的重大改革方案和政策、重大人事的任免等事项由领导小组决策。

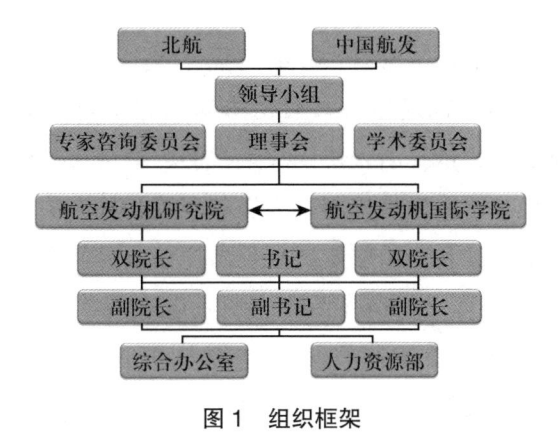

图 1　组织框架

以北航航发院为实施实体，下设战略发展部、基础前沿部、实验设施部和成果转化办公室五个部门，如图2所示。

图2 机构设置

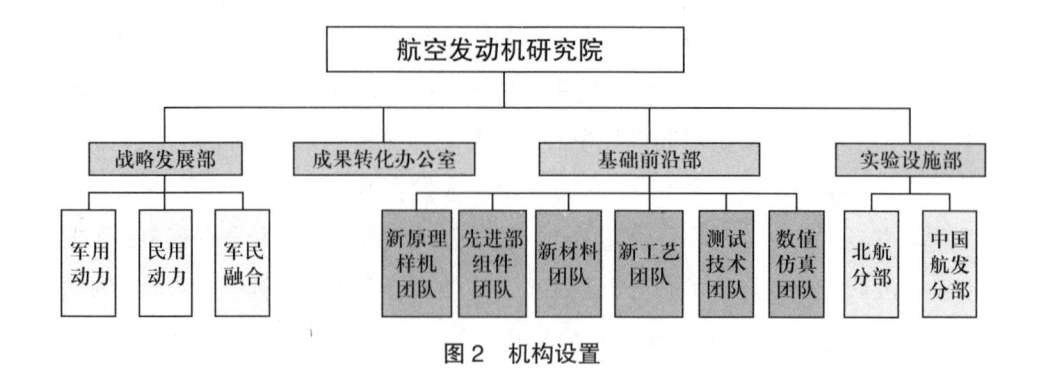

战略发展部聘请战略科学家与各团队PI（Principal Investigator，首席科学家）组成矩阵式团队，开展航空发动机领域的发展战略研究，形成国家智库，为国家、行业发展提供战略咨询；基础前沿部针对未来前沿技术，采用"双PI"协同创新团队形式开展研究工作，包括原理样机等先进整机、先进部组件、新材料、新工艺、特种测试、数值仿真等专业方向；实验设施部设立北航和中国航发两个分部，统筹北航"双一流"建设、中国航发资源，全面支撑研究院各项研究工作，同时面向国内外开放共享；成果转化办公室为有利转化航发院成果而设立，由中国航发和北航任命办公室负责人，双方组成团队开展成果转化管理工作。

## （二）运行方式

北航与中国航发依托国家重大专项，整合双方多年的研究积累和资源投入，采取"强强联合、深度融合、紧密协同"的原则，积极探索校企协同创新机制，以航发院为依托引入协同决策机制、融合攻关机制、联合考评机制、互补投入机制和协作育人机制五大机制。校企双方领导高度重视，协同决策，由北航党委书记和中国航发董事长出任校企合作领导小组组长，北航校长和中国航发总经理出任航发院理事长。航发院实行"校企双院长制"，技术团队实行"校企双首席制"。在校企协同育人方面，在国际学院平台上，分近、中、远三类部署：对于近期目标，开展入行、系统、前沿三层次培训；对于中期目标，学校与企业协同定制，把在读的硕士生送到企业进行工程学习，利用教育部、科工局支持的高层次紧缺人才专项班，从企业的拔尖青年中选拔一些人才和应届生一起组成混合的"吴大观菁英班"，结合企业一线需求、校企双导师制度进行联合培养；对于远期目标，继承"吴大观菁英班"的成果，把本科通识化、硕士工程化、博士学术化结合，进行贯通培养。

### （三）机制保障

在激励机制方面，航发院完善《北航－中国航发航空发动机研究院和航空发动机国际学院人员考核评价与绩效激励办法（试行）》，主要包含 A（人事单位）+B（任务绩效）+C（成果转化）。在任务绩效部分引入针对校企协同研究生培养的单独奖励绩效，鼓励教师深度参与校企协同育人。航发院职称评定过程积极探索"去五唯"的创新评价体系，以德为先，对失德行为实行"零容忍"，以用促评，依托学术委员会进行人才评价和考核。积极向学校争取基础研究团队 PI、关键技术团队 VCE 的评定自主权，明确岗位责任和权利，进一步发挥责任岗位效能。

为鼓励教师拓展国际合作，航发院对与国外高校进行可能引领航空发动机颠覆性技术的基础研究领域科研合作和人才培养合作的导师给予专项研究生指标支持。落实《北航航空发动机研究院和航空发动机国际学院科技成果转移转化管理办法》，基于技术评价，尝试以企业购买航发院知识产权的形式实现技术应用和转化，同时按照既有科技成果转化奖励政策对联合研究团队进行奖励。

在融合攻关机制方面，航发院从顶层系统规划自主创新体系架构和校企协同分工，采取"2+N"模式，即以北航和中国航发为核心，协同国内外高校企业等创新要素，为国家在该领域发展的目标、路径、政策的制定提供智库支持。从支撑和引领两个维度出发，组建校企联合研究团队，联合研究团队实行"校企双首席制"，把供给侧和需求侧紧密协同起来，变物理组合为化学融合，催生协同新动能。

在引领发展方面，将高校科研的"布朗运动"加上企业未来需求的"磁场"，提升项目立项、成果孕育的精准性，大幅提升知识产权的有效性，不断形成原始创新成果，引领企业未来发展。

在支撑研制方面，直接面向国家研制需求，成立若干团队，协同攻关，将高校前期的技术存量积累和研制需求紧密结合，产生"核爆效应"，支撑企业解决关键技术问题。

在资源共享机制方面,航发院构建以知识产权转化为纽带的全链条协同机制,从存量提升和增量牵引两个维度出发,组建校企联合研究团队,把供给侧和需求侧紧密协同起来,形成支撑自主创新的设计体系和型号发展的知识产权成果;设立创新发展基金,支持校企联合研究团队针对高校基础研究成果面向企业应用的技术熟化,填补跨越"死亡谷"的资金缺口;积极推动校企成果转化,充分利用国家科技成果转化奖励政策,对校企联合研究团队进行激励,充分释放科研人员活力,支撑航空发动机自主创新。

航发院在北航内借助"空天动力科学与技术"一级学科学位点建设,充分利用沙河校区理学学科群的区位优势,与物理学院、数学学院及化学学院等联合开展学术活动,形成定期的学术报告交流活动套餐;打破传统发动机行业的学科设置,提升交叉学科的学分比例,开发了一批发动机融合多学科特色的课程,扩大了研究生的跨专业课程范围,为优秀学生提供跨学科、多样化的发展机会。中国航发按照行业人才需求为航发院研究生在课程设置、培养环节等方面提供建议和咨询,与北航联合建设实践基地来接收航发院研究生开展实习实训,并为参与实习实训的研究生提供必要的条件和支持,选派管理人员、行业专家担任专业带头人或兼职教师,参与北航人才培养过程。通过北航校内多学科交叉资源共享、中国航发专业实践基地实践等实现校企研究生培养协同和技术攻关。

航发院坚持构建并实施全生涯周期、多角度监控的人才培养质量评价和保障体系,以实现高质量、内涵式建设目标。招生阶段校企共同设计选拔方式,共同参与选拔过程,严把入口,优中选优。加强校企导师组在培养过程中的管理与评价,严格把握质量控制的关键环节。航发院学位分委员会发挥督导作用,实施研究生培养质量年度报告制度。通过对资格考试、开题报告、预答辩、学位论文答辩及学位审核各环节的质量控制和严格把关,保证校企协同研究生培养质量。

航发院针对卓越工程师专项、"吴大观菁英班"等不同研究生类型建立了不同的课程质量控制体系,由航发院人才培养工作组统一部署,各团队负责实施,教学指导委员会、督导组负责对制度的实施效果进行指导、审议和评价,学位委员会、督导组负责对研究生各环节培养、论文质量进行跟踪和监控。对于专项研究生，航发院则制定了专门的制度和管理办法。

在知识产权方面，北航和中国航发针对所培养研究生的研究课题及攻关项目属性一人一策，在签订的联合培养协议中作具体规定，保证知识产权的有效归属及成果转化的可能性。

## 四、特色及示范性经验

航发院在发展和建设过程中始终坚持为我国航空发动机事业培养优秀人才的初心和使命，围绕重大专项、支撑型号研制的需求，北航和中国航发紧密结合系列化培养人才，为行业培养了一大批领军人才和技术骨干，在实践过程中形成了以下特色。

### （一）围绕为航空发动机培养人才的核心目标

航发院始终以支撑我国航空发动机技术发展和装备进步为己任，发挥人才培养的优势，从本科生、研究生、青年教师实践到企业骨干人才培训的各个环节，都紧扣行业的发展需求，通过融入科研环境、校企协同等多种方式培养学生和技术人员。经过多年努力，培养的学生在航空发动机院所都成为了技术骨干，据统计，中国航发超过1/3的总师毕业于北航。

### （二）实施二类校企协同育人模式

航发院通过承担教育部专项计划——"吴大观菁英班"探索校企联合培养人才的模式。"吴大观菁英班"主要实施"2+2+1"模式，通过卓越工程师计划，实施"1+2"硕士生培养模式以及"2+3"博士生培养模式，大幅度加强研究生在企业的实践时长和深度。

### （三）推动三种人才培养的机制

依托国家急需高层次人才培养专项的实施，航发院聚焦航空发动机研制的基础科学问题和工程实践需求，坚持科教融通及产教融合，面向中国航空发动机行业培养拔尖人才和卓越工程师，探索校企协同、科教融通、学科交叉三种新机制。

## （四）构建系列化人才培养体系

在本科阶段，北航与中国航发合作建立高端人才实验班——"吴大观英才班"，实施"资深专家学者班主任"和"一生双师"制度。在研究生阶段，通过教育部试点学院、2011 先进航空发动机协同创新中心、"吴大观菁英班"等平台，校企协作培养硕士和博士研究生。在青年教师培养方面，实施"1+X"计划，选派北航优秀教师参与国家重大专项研制，拓展合作领域，直接参与攻关任务。在企业技术人员培养方面，不断选派企业优秀拔尖人才加入校企联合专项、卓越工程师等专门计划加以培养。最终，航发院形成了一个系列化培养航空发动机人才的机制。

## 五、典型案例

在思政建设方面，航发院坚持试点先行、扎实推进的原则，推进有组织的航空发动机课程思政建设：一方面坚持专业课讲出"思、政、情"，将传授知识与构建价值观、培养分析能力有机融合；一方面坚持特色思政课程建设，试点开设一门航空发动机行业文化课程，通过特色"课程思政"将航空报国的种子埋入学生心中。航发院实行团队思政导师制度，为每一名学生配备专属的思政导师；推行"航发暖心计划"，优选学生组长，成立网格化暖心小组，积极强化思政引领基础工作；充分发挥"立德树人奖"获得者罗翔、陈志英等教师的榜样示范作用，宣传获得"研究生十佳""研究生国家奖学金"等的校级研究生先进典型，充分挖掘身边榜样的作用，在校企协同、科研攻关等方面评选"航发之星"优秀团队与个人。

在人才培养方面，北航与中国航发长期合作，培养了一大批理想信念坚定、品德优良、知识丰富、本领过硬的高素质人才和拔尖创新人才，为我国的航空发动机事业输送了一大批领军领导人才。以航发院、能源与动力工程学院（国家试点学院）、2011 先进航空发动机协同创新中心、航空发动机气动热力国防科技重点实验室等为依托，北航建设了飞行器动力工程国家一流本科专业，教育部国家关键领域高层次人才专项博士计划"吴大观菁英班"。培养的研究生国防领域就业率达 80%，中国航发院所的中高层管理和科研骨干 50%

以上毕业于北航。

在课程体系方面，按照由北航自主设立的空天动力科学与技术一级学科要求，以及我国航发发动机行业的发展需求，航发院牵头完成航空发动机研究生课程布局，建设"3+N+X"课程体系，即包括3门本专业核心课（现有）、N门交叉专业核心课（新建）及X门相关专业选修课（现有或新建），课程突出多学科交叉特征。目前，航发院已经开设航空发动机交叉专业核心课2门："发动机研制的系统工程方法"及"空天动力实验安全技术"。以全校本科生全覆盖为目标，航发院开展科研课堂试点工作，"科研课堂"课程面向本科生开放，课程共32学时，其中理论和实验部分各16学时，由来自航发院9个团队的12名教师共同参与授课。航发院在总结"科研课堂"工作经验的基础上有序扩大科研课堂的建设范围，现已涉及航发院13个团队的多名教师参与，并开课7门次。

在实践基地建设方面，北航与中国航发等多家企业和院所合作，强化产教融合，建设高质量实习实践基地，提升研究生实习实践水平，已建立共计4个专业学位研究生实践基地，现已陆续启用。未来航空发动机协同设计中心启动运行，首批学生在此完成实习。航空发动机实物被用于开展航空发动机结构原理实践教学，结合三维模型，开展航空发动机虚拟装配实践和半实物试车实践教学。通过对航空发动机结构、装配工艺的学习和实践，学生可同步掌握航空发动机的性能分析方法，全面、深入提升对航空发动机的认识，培养分析复杂问题的能力。

# 北航国际化卓越工程师培养案例

## 一、培养概况

北航中法工程师学院与国内外近 300 家企业紧密联系，开展校企协同育人工作：与 2 家企业签订了战略合作协议，共建人才培养中心、科研平台和成果转化中心，与 8 家企业签订了校级人才培养协议，形成了国际化卓越工程师校企协同育人基地群，构建了长期合作机制，广泛开展校企创新团队项目、实习实践、校企合作课程等协同育人项目（见图1）。

| 序 号 | 合作单位名称 | 公司LOGO |
|---|---|---|
| 1 | 北京零壹空间技术研究院有限公司 | ONE SPACE |
| 2 | 北京知形科技有限公司 | GEOMETRY ROBOTICS |
| 3 | 斯伦贝谢技术（北京）有限公司[外] | Schlumberger |
| 4 | 北京南方斯奈克玛涡轮技术有限公司[中外合资] | BSS TurboTech |
| 5 | 赛峰（北京）企业管理有限公司[外] | SAFRAN |
| 6 | 北京安声科技有限公司 | AS 安声科技 AncSonic |
| 7 | 北京数韵科技有限公司 | |
| 8 | 法国橙色电信[外] | |

图1 2022年签订的8个校外人才培养基地列表

### （一）共建人才培养中心方面

与国家重点高新技术企业大族激光科技产业集团签订了共建"智能智造研究和人才培养中心"协议，共同培育以智能装备等为代表的先进制造重点产业的高端人才，发展创新产学研产业科研集群模式；与施耐德电气（中国）有限公司签订了共建"绿色经济研究和人才培养中心"协议，通过"产、学、研"结合，在方法论和标准建设、专业规划、教学科研、行业认证等环节深度合作,培养绿色经济理论和创新数字化技术的高水平工程师人才。

## (二)校外人才培养基地框架协议方面

北航中法工程师学院与世界领先的能源服务技术提供商斯伦贝谢技术(北京)有限公司在前沿软件开发和数字技术等领域合作创新,致力于提出代表行业变革先锋的数字化解决方案,为能源行业提供从油气开发、碳排放捕捉到新能源的最全面的产品和服务。斯伦贝谢技术(北京)有限公司连续多年重点支持北航中法工程师学院的人才培养工作,持续多年捐助基金,并接收学院优秀的研究生进入企业实习,每年都接收3~5名学院的毕业生进入公司就业,实现了充分的校企人才合作培养。

与航空(推进、设备和内装)、防务和航天领域的国际高科技集团赛峰(北京)企业管理有限公司多年来一直在人才培养方案、实习实践、校企课程等方面进行合作,提供了大量的校企协同育人的生动案例。

与世界领先的电信运营商法国橙色电信围绕移动设备、移动应用程序和数字服务方面的全球解决方案开发开展紧密的人才协同培养工作多年。法国橙色电信提供通信、信息技术领域的研究实践项目,与学院签定了8项技术联合开发项目,实现了稳定的协同育人和产学研合作。

与中国领先的火箭技术公司北京零壹空间技术研究院有限公司围绕火箭技术开发开展了紧密合作。北京零壹空间技术研究院有限公司作为校友企业连续多年与北航保持人才协同培养合作,包括学生讲座论坛、实习岗位、学生就业等,为北航学生提供就业、实践、商业航天领域的学习机会,共同助力行业发展和人才培养。

与全球领先的智能声学技术提供商北京安声科技有限公司围绕核心空间声场主动降噪、通话降噪、声全息、空间音频、辅听等算法开发方面开展紧密合作。北京安声科技有限公司持续接纳北航中法工程师学院的学生进入公司开展实习工作,并组织实习生开展算法的设计与研究工作,研究成果被应用于公司在核心空间声场主动降噪、通话降噪、声全息、空间音频、辅听等软硬件中,取得了良好效果,多名实习生在科研和实践上获得学院和公司的一致肯定和认可。

与量化交易全方案技术服务提供商北京数韵科技有限公司围绕海量交易数据存储系统、海量金融数据处理算法、自适应交易柜台、市场风险管理、多精度交易回测系统、实时交易监控、金融私有云等一系列技术与算法解决方案开展紧密的人才培养、实习实践和技术联合研发合作，致力于探索量化交易的前沿研究，使用科技提高国内金融行业的业务和服务能力。

与中外合资企业北京南方斯奈克玛涡轮技术有限公司围绕民用涡桨发动机动力涡轮和火焰筒部件研究、开发和制造方面开展紧密合作，在校企课程、学生实习、产学研合作等方面存在长期的合作关系，将继续在人才培养方面保持密切沟通与合作。

与国家和中关村高新技术企业北京知形科技有限公司围绕三维智能感知、机器学习和智能控制等领域开展紧密人才培养合作，合作指导的校企创新团队项目连续两年获评"最具企业价值"奖和"优秀校企创新团队项目"，双方持续在人才培养、实习实践、校企课程、校企创新团队项目中进行合作，提供了大量的校企协同育人的生动案例。经过协调，北京知形科技有限公司成为国际化卓越工程师校企协同育人培养群首个代表联系企业。

北航中法工程师学院秉持"校企深度融合、全方位协同育人"的理念，面向国际化卓越工程师人才培养任务，充分发挥多学科交叉、国际化平台和校企深度融合优势，与10余所国际化企业建立了长期、稳定、可持续发展的合作机制，通过学科交叉、科教融合和产教结合的方式，通过提供实习实践/PIC项目/企业课程/学院捐助/产学研课题等手段，打造了开放、多元主体协同的"国际化卓越工程师校企协同育人培养群"，为新时代卓越工程师教育培养提供一流的培养环境和平台。

### （三）建立时间和过程

北航中法工程师学院从2005年建院以来，深入开展校企合作育人工作，通过构建ECP工程实践模式，打造了包括100多家国际高水平企业在内的校企合作育人共同体，受到国内外企业的广泛肯定。2021年3月，学院决定成立国际化卓越工程师校企协同育人培养群，第一批建设计划包括2个中心和8个基地：2022年3月与施耐德电气（中国）有限公司成立"绿色经济研究和人才培养中心"，2022年3月与大族激光科技产业集团成立"智能智造研究和人才培养中心"；2022年5月与斯伦贝谢技术（北京）有限公司、赛峰（北京）企业管理有限公司、法国橙色电信、北京知形科技有限公司、北京零壹空间技术研究院有限公司、北京安声科技有限公司、北京数韵科技有限公司、北京南方斯奈克玛涡轮技术有限公司 8 家企业合作建立校外人才培养基地，并签署了校外人才培养协议。

### （四）建设理念和目标

北航中法工程师学院围绕国际化卓越工程师人才培养目标，在预科培养阶段强化学生对数学、物理等基础科学理论的学习，在工程师阶段重视学生对现代工程与技术的学习和应用，同时与国际化企业紧密联系，着重培养学生的工程实践能力，旨在依托国际化卓越工程师校企协同育人基地群，实现校企合作协同育人的四个深度融合：理论学习与工程实践的深度融合，学术研究与创新应用的深度融合，学科知识与复杂问题的深度融合，人才培养与职业发展的深度融合。这些深度融合可大幅提升学生的工程实践能力，进而构建面向未来社会发展需求的校企育人共同体，培养面向世界和未来、扎根中国的国际通用工程师，服务于国家战略与民族复兴重任。

### （五）培养规模

2020 年以来，北航中法工程师学院依托国际化卓越工程师校企协同育人培养群，与国内外企业深入合作，努力克服疫情对校企合作育人的影响和困难，实现了具有规模的实质性育人成效。

#### 1. 实践人才培养规模

2020 年，完成生产实习 35 项、工程师毕业实践 69 项、校企创新团队项目 12 项和企业开放日活动 1 场，开设了 3 门企业课程（施耐德电气、中国商飞、法国电力）。

2021 年，完成生产实习 95 项、助理工程师实践 40 项、工程师毕业实践 64 项、校企创新团队项目 11 项、企业开放日活动 1 场，开设了 3 门企业课程（施耐德电气、中国商飞、法国电力）。

2022 年，完成助理工程师实习 11 项、工程师毕业实践 60 项、校企创新团队项目 12 项、企业开放日活动 1 场，开设了 1 门企业课程（法国电力）。

#### 2. 校企合作课程人才培养规模

北航中法工程师学院与法国电力集团（EDF）共建了"核电原理与核反应

堆"课程，与施耐德电气（Schneider Electric）共建了"智能电网与配电技术"课程，与中国商飞（COMAC）共建了"复杂系统设计方法与实践"课程。

迄今为止，以上3门课程中，"核电原理与核反应堆"课程已开设5届，选课学生人数为150人；"智能电网与配电技术"课程已开设2届，选课学生人数为110人；"复杂系统设计方法与实践"课程已开设2届，选课学生人数近120人。

### 3. 校企合作基金人才培养规模

依托国际化卓越工程师校企协同育人基地群，北航中法工程师学院持续收到企业捐助的教育基金：斯伦贝谢技术（北京）有限公司（SLB）为学院智慧教学中心提供100万元冠名经费支持，并每年捐助20万元用于校企协同育人；中国商飞（COMAC）为学院基础教学实验室提供90万元的冠名经费支持。法国电信集团（Orange）与学院签订8项联合技术研发课题的合同。

## 二、联合培养举措

### （一）导师队伍

北航中法工程师学院目前拥有一支国际化的师资团队，其中中方教师35人，外方固定教师14人，外方飞行教授约30人。此外，学院积极引进外籍兼职教师和企业讲师为学生授课，来自法国的大学教授、企业资深工程师、科研单位高级研究员以及可用法语授课的中国教师、学者组成了学院国际化教师团队。参与校企协同育人的是一支具有多学科和技术背景，具有丰富的企业合作经历，涵盖航空、信息、力学、控制、机械等学科领域的高水平专业教师队伍。

### （二）实践项目

国际化卓越工程师校企协同育人基地群为北航中法工程师学院提供了工程实践能力的培养平台。学院的国际化卓越工程师的工程教育特点可总结为"三个工"与"三个实"，即"工程、工业、工作"与"实验、实践、实际"，强调面向工程，紧靠工业，培养国际化的工程领域领军人物。学院和企业进行全方位深度合作，以达成学生、学校、企业、社会的多方共赢。国际化卓越工程师校企协同育人基地群的协同育人形式包括以下五种。

### 1. 企业参与学院管理和决策

学院和合作伙伴企业签署理事会章程协议，创新管理模式，推选合作企业总经理等高级管理层人员进入学院管理理事会，共同确定学院的规划和发展方向、制定招生和培养政策、制定学院重要规章制度、协商学院重要工作、制定协作育人机制等。

### 2. 企业参与培养方案制定和课程

学院在制定培养方案时向企业征求市场人才需求方向和要素，将最新、最前沿的技能和素质需求融入国际化卓越工程师的培养方案。同时，学院还邀请相关企业提供企业课程和企业讲座，使企业前沿理念和技术进入课堂。学院与法国电力集团（EDF）共建了"核电原理与核反应堆"课程，与施耐德电气（Schneider Electric）共建了"智能电网与配电技术"课程，与中国商飞共建了"复杂系统设计方法与实践"课程等。

### 3. 三段式实习

2008 年，学院和企业共同创建了一种本硕贯通的三段式实习体系，并将其列为学院工程师培养的必需环节，打通了"三个课堂"的培养环节。三段式实习体系以学生的"科学精神、工程能力和人文素养"为培养的主体目标，组织学生在相应的授课课堂阶段投身于与之相匹配的社会课堂，在实践中消化理论，在理论学习时联系实际，培养学生扎实的理论基础和解决实际问题的能力。

### 4. 校企创新团队项目 PIC

2013 年，学院和企业创建了一种校企合作的新形式——校企创新团队项目（PIC，Project of Innovation and Collaboration），并将其列为研究生培养的必需环节。PIC 引入企业实际工程技术问题，组织学生以团队协作的形式参与问题研究，采用企业导师和学术导师协作的双导师模式指导学生，组织专门的国际化管理团队进行项目监督和考核，针对性地解决了校企合作中研究生能力培养缺失、学生参与度参差不齐、学生培养质量无法保证等问题，并通过 PIC 将学院和企业的合作模式进一步拓宽至合作课程、学术联合研究、学生实习和就业等方面。

### 5. 企业开放日

自 2011 年起，学院联合企业每年都共同举办企业开放日，搭建了校企沟通平台。企业开放日为学生、学校和企业提供了一个零距离接触与沟通的机会。在企业开放日期间，高年级的学生投出简历，寻求合适的工作机会与实习机会；低年级的学生提前感受企业文化并了解市场需求，从而探索并发现他们感兴趣的公司和未来职业发展方向；企业对公司文化、行业背景、发展机遇和挑战进行现场宣讲，对学生的职业发展与规划进行深入分析，对企业岗位和工作环境进行详细介绍，并且现场进行工作、实习岗位的面试。通过企业与学生面对面的、紧密的双向交流，达到了企业、学生、学院多方共赢。

## （三）条件保障

### 1. 学院工程实践条件

北航中法工程师学院拥有 1 500 $m^2$ 独立的教学、行政、实验场地基础，具备国际一流学院的教学环境，100% 的教室采用去中心化的交互式可移动座椅，有效拉近了教师与学生的距离；通过建设高标准的阶梯教室、互动式的讨论教室、多媒体数字化图书馆等一系列现代化教学设施，构建高效课堂，建设线上线下教学生态系统。学院参考法国预科和工程师学校的实验室建设模式，建设了工业科学实验室，引进了百余套工业科学设备。每台实践教学设备均具有鲜明特色，最大程度保留了真实生活和工业应用中的原本状态，涵盖航空航天、交通通信、能源环境、健康医疗等多个工业领域，基于刚体力学、机械原理、机械设计、自动控制原理、数电模电、人工智能、大数据等基础理论，涉及机械、电子、控制、计算机等多个学科方向（见图 2）。教学平台的选取和建设聚焦于现代工业技术的发展，注重其系统性及复杂性，通过涉及多个学科、包含

图 2　工业科学 – 力学实验室、机器人实验室、无人机实验室

多种技术、关联多个理论基础课的实践和应用，让学生在每一个平台的实践环节中都可以体验不同学科的交叉融合及其系统性、集成性的特点（见图3）。同时，平台建设最大程度还原实际工业应用和实际生活中的真实系统，给学生提供完成真实工业案例的学习和实践机会。

高校同行交流　　　　国内外学生来访　　　　中学生开放

中外学生交流　　　　科技竞赛与实验室开放

图3　工业科学平台前期建设与推广成效

在工业科学与技术国际化科教协同创新教学的支持下，北航中法工程师学院计划在现有平台基础上，进一步建设涵盖"数字航空""数字工业""智能制造"等多个行业，与未来科学技术紧密结合，以培养系统工程能力、多学科交叉融合能力和创新思维为目标的数字化科教融合实践教学平台，突破现有的不同培养阶段、不同专业需求、不同行业领域之间的培养差异，将实践教学与科学研究需求紧密结合起来；同时，引入互联网、人工智能、大数据、VR/AR技术，推动工程教育场景的革命性变革。产教融合与数字转型的有机融合将全面推进工程师人才培养提质升级，以数字化实现"卓越工程师2.0计划"下的新战略、新模式、新成果，推进工程师教育提质升级、人才培养质量全面提高。

2. 企业工程实践条件

国际化卓越工程师校企协同育人基地群的企业都是行业和市场的国际化知名企业和创新型企业，非常重视与学校协同培养人才。在和学院签订共建协议的条款中，企业承诺提供相应的办公、科研、实践的技术与开发环境，提供完善的安全和健康策略和应急体系，全面保障所有员工（包括实习生）的安全，并提供相应的安全健康培训；在工程实践和产学研合作中提供需要的软硬件资源和设备；提供相应学习及技术资料；提供一对一实习导师，并提供较好的实习薪资作为实习生的生活保障，大力保障协同育人工作。图4所示为北京知形科技公司的工程实践环境。

图4　北京知形科技公司的北京房山研发中心

## 三、管理模式与制度建设

北航国际化卓越工程师校企协同育人基地群围绕培养国际化卓越工程师的人才培养目标，以中法工程师学院为人才培养载体，联合学院前期与10家企业成立的2个校企战略合作平台和8个校企协同人才培养基地，形成以培养国际化卓越工程师为目标的校企协同育人基地群。

国际化卓越工程师校企协同育人基地群接受北航校企协同育人培养的相关规范和制度的要求，由中法工程师学院负责整体规划和建设，由各参与企业进行协同建设，按照协同育人、资源共享、互利共赢的原则进行各项事宜的协商和确定，推动各项育人环节的建设。

国际化卓越工程师校企协同育人基地群内的各项制度建设按照不同育人环节的区别，分别确定管理和建设办法、合作建设协议、"三段式"实习实践管理办法、学生实习实践三方协议、校企团队合作项目管理办法、校企课程合作建设协议等，均由学院和企业共同研讨制定。

## 四、建设形成的特色及示范性经验

国际化卓越工程师校企协同育人基地群的建设形成的特色主要体现在三个方面：

### （一）瞄准国际化卓越工程师的人才培养目标，聚集提升国际化工程实践能力

学院研究和建设校企协同育人培养群，主要是瞄准国家人才战略要求考虑卓越工程师人才和国际化人才在中国式现代化建设中的重要作用，将学院的人才培养和校企合作聚焦到提升学生的国际化工程实践能力上，能够有效形成合力，切实提升人才培养效果和水平。

### （二）创新校企协作育人基地群模式，打造多方共同合作的育人共同体

学院突破其单一专业与单一企业的合作模式，联合多家企业，建设多个战略合作中心和多个协同育人培养基地，形成"2+8"的培养群；充分利用各方优势和资源，打造育人共同体，服务于学院的人才培养工作。

### （三）创建校企深度融合的ECP工程实践模式，形成示范引领效应

学院建立了完整的ECP工程实践模式，形成了一整套校企紧密合作的完整机构与模式；依托国际化卓越工程师校企协同育人基地群，注重学生工程实践能力的提升，促进科学理论与现代工程与技术的有机衔接，培养面向世界、面向未来、扎根中国的国际化卓越工程师，取得了丰硕的培养成果。

## 五、典型案例

在国际化卓越工程师校企协同育人基地群开展校企协同育人和产教研联合培养的工作机制上，学院形成了校企联合培养、全方位协同育人方面提供的典型案例。

## （一）"三段式"实习

14年以来，在国际化卓越工程师校企协同育人基地群的相关企业的支持下，北航中法工程师学院学生共完成"生产实习"1 400余项、"助理工程师实习"1 000余项以及"工程师毕业实岗实习"1 000余项。校企双方共同努力培养出适合企业发展的、与工业界需求无缝衔接的高水平人才，人才为企业所用从而更好、更快地推动企业发展，企业因此具有不竭的人才储备和创新动力，从而形成良性的循环和可持续发展态势。通过这"三段式"企业实习实践，尤其是最后的"工程师毕业实岗实习"，真正在企业中教给学生工程师职业的相关技能、信息、能力以及企业文化。实习中，学院为每位学生配备一名企业导师和一名校内学术导师，确保每个学生都能进入高水平工程企业的科研生产第一线进行生产实践，获取真正的工程师或研究员的宝贵工作经验，并在企业"真刀真枪"地完成硕士毕业设计。

## （二）校企创新团队项目PIC

北航中法工程师学院共完成PIC项目100余项，学生团队通过1年的PIC项目研究，基本能够为参与项目做出贡献，正面评价率约为97%，进一步激发了企业持续参与PIC的内在动力，形成了校企深度合作的正反馈机制。在PIC项目工作过程中，学生一方面需要努力将课程理论知识应用于解决企业实际的工程技术问题，另一方面要融入企业环境与文化，与企业工程人员进行深度沟通与交流，同时协调各方分工与资源。经过对企业和学生的回访反馈发现，学生的理解和分析复杂工程技术问题的能力、综合利用知识与技能提出创新解决方案的能力、团队分工协作的能力、沟通与表达的能力以及适应国际化企业文化与环境的能力均得到了有效提升，企业和学生对PIC项目都有着积极的评价。图5和图6分别为年度PIC项目参与企业和企业项目内容举例。

## （三）校企合作课程

以"基于物联网架构下的智能配电"课程为例，企业课程教学团队由施耐德电气的四位具有丰富经验和突出研发能力的企业工程师组成。该企业课程将

## Collaborative Innovation Project
(2020-2021)
Ecole Centrale de Pékin
Beihang University

图 5　2020—2021 年度 PIC 项目参与企业

| Domain / Field : Robotics | Project number PIC-03 |
|---|---|

**Project Title :**
Vision guided mobile manipulation robot for wafer cassette transportation

**Project description :**
Geometry Robotics is pioneer company to produce vision guided mobile manipulation robots for semiconductor industry. FOUPs(Front Opening Unified Pods) and wafer cassettes are commonly used containers for wafers in semiconductor fabrication. A large amount of FOUPs are transported between diverse processes of wafer treatment by workers. Autonomous transportation robot is a promising solution for releasing the working load of humans and improving the delivery efficiency for semiconductor wafer foundries as shown in Figure 1. A versatile robotic arm manipulator is the key part of the FOUP transportation robot. The very important feature of the robotic arm is stability and smoothness, since small vibration can damage or scratch delicate wafers inside FOUP. The robotic arm/manipulator is mounted on a mobile platform to move FOUPs from or to specified working locations. The localization and path planning performance is another key factor for FOUP and cassette transporting.

Task description:
1. Based on previous PIC project results, refine the kinematic configuration of robotic arm/manipulator and trajectory planning performance.
2. Improve the CAD model of the robot arm according to dynamic simulation on given FOUP parameters and geometric parameters of robotic arm/manipulator.
3. Assemble the whole mechanical system according to key parts including motors, gearboxes, drivers, etc.
4. Improve the SLAM and path planning of mobile platform.

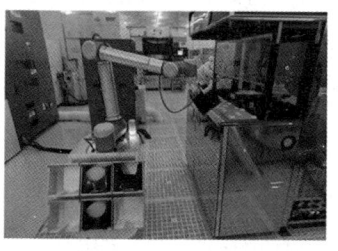

| Domain / Field : Aeroengine Flame Tube | Project number PIC-10 |
|---|---|

**Project Title :**
Flame tube thermal and mechanical methodology

**Project description :**
The methodology of flame tube is the baseline and guideline of the flame tube design. The target of this project is to achieve (i) flame tube thermal simulation methodology; (ii) flame tube mechanical simulation methodology.

These works will contribute for the future's flame tube thermal and mechanical design.

In this project, students will learn to collect and analyse the literature, form some ideas to improve the BSS TurboTech's present flame tube thermal and mechanical simulation methodology, and perform flame tube thermal and mechanical simulation based on the BSS TurboTech's design.

| Project Tutor | Scientific Referent |
|---|---|
| Name: Zhang Fan<br>Title: Thermal Engineer<br>Position:<br>Email: fan.zhang@bssturbotechltd.cn<br>Tel: 18073369978 | Name: ZHANG Jin<br>Title:<br>Position:<br>Email: jin_zhang@buaa.edu.cn<br>Tel: |
| Company information | Company LOGO |
| Name (in English): BSS TurboTech<br>Name (in Chinese): 北京南方斯奈克玛涡轮技术有限公司<br>Office address: Room 701, Bld 3, No.2 Yard, Zhuyuan Erjie, Shunyi, Beijing<br>Website: | BSS TurboTech<br>北京南方斯奈克玛涡轮技术 |

图 6　PIC 项目示例——知行科技和南方斯佘克玛涡轮技术项目说明

施耐德电气在智能配电方面积累的专业知识体系和实践应用经验转化为人才技能培养课程,让学生深入学习和掌握工程技术和应用技能,以施耐德电气领先的 EcoStructure 架构为设计理念,为学生解读从互联互通的智能硬件到边缘计算软件,再到基于云平台的大数据分析等完整智能配电架构及其相关智能元素。教学大纲如图 7 所示。

| 章节 | 课时 | 重点、难点 | 能力培养目标 |
| --- | --- | --- | --- |
| 导论 | 1 | 智能配电的基本概念、知识体系 | 掌握学好"智能配电"这门课的基本知识要求,了解新时代下人才的新的要求 |
| 第一章 配电基础 | 2 | 一次/二次配电组成及原理 | 了解整个电力发生到应用的全场景,掌握一次/二次配电组成要素及其应用原理,了解电气保护及相关电气安全知识 |
| 第二章:配电发展历程及现状 | 1 | 理解数字配电的跨学科的发展历程,电网公司的数字化转型,国网公司的泛在电力物联网 | 了解电力技术的几次重要变革以及对人类生活带来的巨大影响,认识到随着技术不断发展和融合电力已成为融合物联网、通信知识、信息技术、分析技术等多门学科基础的应用型学科 |
| 第三章:智能配电的架构及构成 | 3 | 智能配电的架构 | 了解物联网的基础知识和架构、智能配电相关的信息及通信技术、掌握物联网架构下智能/数字配电的核心元件及其功能特点,了解数字配电与传统配电的差异及优点 |
| 第四章:电能质量及能效管理 | 2 | 智能配电的特征、电能质量的基本概念及危害 | 理解智能配电的特征,进而理解电能质量监测管理和能效监测管理的重要性 |
| 第五章:综合能源微网 | 1 | 现货电力市场与用户微能网互动运营 | 了解综合能源网络价值,掌握规划综合能源网络的能力 |
| 第六章:智能配电与大数据分析 | 1 | 基于大数据分析的配电应用场景的理解 | 了解基于物联网架构下的智能配电,掌握利用大数据进行相关分析的基本方法 |
| 第七章:智能配电的行业应用 | 5 | 理解不同行业的应用场景的差异化 | 了解各不同行业主要的电气特点,掌握根据不同行业特点设计相应的数字配电架构 |

图 7 "基于物联网架构下的智能配电"教学大纲

## (四)企业开放日

迄今为止,北航中法工程师学院已举办 14 届"企业开放日"活动,邀请国内外知名企业参加。该活动面向全体北航学生开放,开放日上企业代表与学生零距离交流沟通,学生向企业代表提出自己在择业与实习上的困惑,企业代表为学生提供最新的企业资讯与专业的就业指导,并提供就业或实习机会(见图 8)。法国外长勒德里昂一行访问北航并参加了 2017 年的企业开放日活动(见图 9),他指出,中法工程师学院是中法两国在高等教育领域合作的典范,建院以来坚持高水平办学,毕业生活跃在中法两国经济、贸易、文化、科研一线,成为两国交流的使者,并对诸多中法企业支持学院的发展表示赞誉。

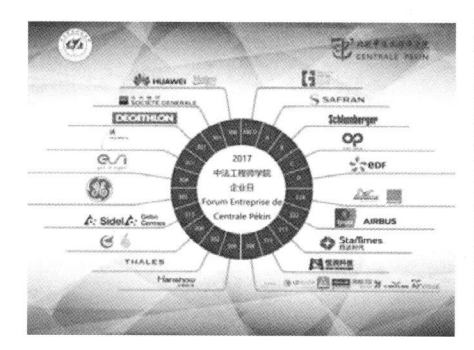

图 8 企业开放日展板和现场活动

图 9 2017 年法国外交部长勒德里昂参加学院举办的企业开放日

## （五）毕业生发展

北航中法工程师学院毕业生的国际视野、综合素质、领军才能获得用人单位的高度肯定和好评，毕业生被国际顶级企业争相聘请。在学院举办的企业开放日现场，空中客车中国区人力资源副总裁凯特琳高度赞扬了学院学生的国际视野、良好技能以及对航空发自内心的热爱，明确表示毕业生将很快适应企业文化和工作环境。空中客车对学院的每一位毕业生都发放了就业意向书。作为学院的重要企业合作伙伴，中国商飞对优秀学生也是志在必得。学院 2011 届首届毕业生供需比高达 1∶10，在北航众多院系中高居首位。

从建院以来，北航中法工程师学院培养了一批具有突出工程实践能力、扎根中国的国际通用工程师投入到社会各行业的建设之中。截至 2024 年 6 月，学院已经培养 13 届超过 1 000 名工程师毕业生，50% 以上进入中国商飞、空中客车等世界 500 强企业工作，遍布新能源、航空、信息、制造等领域。毕业生的工程实践能力和综合素养受到国内外企业的高度评价：2012 届毕业生郭天鹏因其优异的工程技术攻关能力、复杂问题解决能力和团队沟通能力，迅速成长为中国商飞的中层技术管理人员，参与重要型号的研发工作；2013届毕业生张腾凭借扎实的理论基础、宽阔的工程技术视野和优秀的国际沟通能力，成为中航国际驻坦桑尼亚代表，为国家科技走向世界做出了贡献。

# 北航－沈阳飞机设计研究所专业学位研究生培养案例

## 一、培养概况

北航自动化科学与电气工程学院（以下简称北航自动化学院）与中国航空工业集团公司沈阳飞机设计研究所（以下简称601所，见图1）共建联合培养体制，共同建立"北航－沈阳飞机设计研究所"专业学位研究生实习实践基地（以下简称实习实践基地），由北航自动化学院具体负责实习实践基地的运行，中国航空工业集团（以下简称中航工业）负责监管。601所是新中国最早组建的飞机设计研究所，航空特色鲜明，科研实力雄厚，专业设置齐全。601所现有职工3 000余人，其中专业技术和管理人员2 300余人，研究员级的技术人员300余人，院士7人（包括国家最高科技奖获得者顾诵芬院士等）。

图1 中国航空工业集团公司沈阳飞机设计研究所

601所与北航合作关系紧密，在北航开设了相关课程并与北航联合授课，合开了研究生专业核心课"智能自主系统"；聘请601所的院士作为顾问导师，为课程规划、建设、发展和专业学位硕士人才培养把关掌舵。北航自动化学院和601所在项目组织管理、分工配合、科研成果与知识产权管理、权益分配方面具有成熟经验，校企间形成了紧密配合、互相支撑、互惠互利的长期良好合作关系，为专业硕士联合培养项目的顺利实施打下了很好的合作基础。

### （一）建设理念

实习实践基地以"共圆航空报国梦想，共攻科学技术难题，共铸国家空天利器，共育航空科技英才（简称一梦、一题、一器、一才）"为建设理念（见图2）。北航始终坚持落实立德树人根本任务，培养一流航空科技英才，牢记航空报国初心，坚定扛起为党育人、为国育才的使命。中航工业作为大型国有军工企业，是中国铸造国家空天利器的主力军，而601所作为主机所，拥有完整的飞机科技研发体系、数字化飞机设计制造体系和试验体系等。让具备丰富航空航天专业知识的学生到祖国最需要的地方去、到航空报国一线岗位锻炼是北航与601所联合共建实习实践基地的初衷和使命。

图2　建设理念

### （二）建设目标

实习实践基地以培养学生的实习实践能力为导向，以提高学生的实际应用能力为重点，以科教融合协同培养为途径，通过分类指导、强强联合、模式创新，为601所等广大航空航天军工单位输送理论基础扎实、解决实际问题能力突出的研究生专业学位应用型人才。校企双方依托各自的优势，实现资源共享，使教育与科技研发、产业发展紧密结合，加速高新技术和科研成果转化，提升产业发展水平和能效等级；同时让具备丰富航空航天专业知识的研究生厚植航空报国情怀，毕业后积极投入到祖国航空事业发展的征途中。

## （三）总体建设历程及进展

北航与601所联合培养协议的签署时间是2022年8月，但实际上双方早在20年前就已经开始合作。601所作为我国战斗机、无人机和舰载机的总体研制单位，与北航长期深度合作（见图3），支持北航多个学院参加了多款战斗机、舰载机、无人机的设计研发和航空前沿技术预研。双方依托项目合作等形式，开展创新型人才的专业学位研究生的联合培养，并共同发表学术论文、申请发明专利、申报科技奖励。2021年到2023年校企协同培养的研究生达36人，参与指导的企业导师和北航校内导师共计27人。随着合作研究和协同培养模式的深入开展，研究生的培养规模正在不断扩大。培养基地承载北航自动化学院相关专业高年级本科生的参观实习和下厂实践任务，相关学生可以在下厂实习期间，进行短期创新实践和探究学习，为后面的毕业设计和读研奠定重要的感性基础和工程思维基础。

☐ 长期与北航深度合作
➢ 支持北航多个学院参加了多款战斗机、舰载机、无人机的设计研发和航空前沿技术预研
➢ 为北航多个学院多个学科开展相关研究提供有效的试验条件保障
➢ 合作讲授"智能自主系统"专业核心课，联合指导博士生和专业硕士生

图3　601所长期与北航深度合作

## 二、联合培养举措

校企双方通过专家互聘、产学研融合等方式，实现人才培养、科技研发、研究生实习实践等方面的广泛合作。

北航和601所双方签订相关的聘任协议，统筹安排实施专家互聘。601所根据北航专业人才培养需要，推荐、选派副高级及以上职称的工程师、副总师等担任北航专业硕士研究生或博士生的企业导师。企业导师均为业务素质高、表达能力强、经验丰富的技术专家，参与学生联合培养工作。

北航自动化学院针对601所在技术研发过程中亟须解决的技术难题，进行攻关预研，积极向601所推荐合适的新技术、新产品等科研成果（采取技术专利转让或联合开发方式），同时培养了一批优秀的专业硕士生、博士生及青年教师。

学生的实习实践工作主要依据北航自动化学院具体专业及学生的相关技能掌握程度进行安排，同时根据实习实践进度进行相应调整。实习实践内容大致如下：601所相关技术产品的设计流程学习、航空工业工程技术类课程学习、航空工业相关产品开发和技术学习、产品测试和调试、前沿信息收集检索、数据分析及相应软件开发等。

北航自动化学院学生在601所实习实践期间，严格遵守601所的各项要求和纪律以及日常科研管理制度。601所则把国家最高科技奖获得者顾诵芬院士的空天报国精神和时代楷模罗阳忠诚于党、献身航空的奉献精神融入对学生的教育中，实施思政教育入心、入脑、入行动，培养具有爱国情怀、敢打硬仗、敢为人先、创新有为的专业硕士生、博士生和优秀青年教师。北航自动化学院多名专业硕士生和博士生，长期在601所实习实践，与601所技术员工和专家共同研讨交流，为国家重大装备研制提供了关键技术支撑，得到领导和老师们的高度评价。

## 三、管理模式与制度建设

为加强专业学位研究生实践教学，规范实习管理，不断提高专业学位研究生人才培养质量，实习实践基地结合实际情况，对其运行方式、资助体系、激励机制、协同攻关机制、资源共享机制、评估机制、知识产权保护等方面制定了相应制度。

### （一）运行方式

实习实践基地成立科研与教学领导小组，制定了"领导小组—专业负责人—指导教师"三级管理责任制度。领导小组负责组织制定各专业实习计划、对实习工作进行监管指导和考核；专业负责人负责定期检查督促专业学位研究生按实习计划完成实习任务等。北航依托控制科学与工程一级学科（国家重点学科、双一流建设学科），依托飞行器控制一体化技术国家级重点实验室和虚拟现实技术与系统全国重点实验室，形成以自动化学院飞行控制器专业方向部分核心骨干为主体的导师团队（开放式，面向全学院、全校相关学科专业导师）。专业学位研究生导师中，北航校内导师原则上是长期与601所合作关系紧密的青年骨干教师，了解和掌握601所相关实习实践计划安排；601所企业导师原则上是具备丰富科研经验的专家，如首席专家、专业总师、部室主任等在相关学科和领域具有较高影响力的专家。

### （二）体制机制

由北航自动化学院和601所共同负责实习实践基地经费和设备设施的提供，由领导小组负责经费及设备使用的落实及监督。对于优秀的专业学位研究生基地会给予奖励和激励，对于不遵守纪律、不认真科研的专业学位研究生则取消其继续实习的资格。

构建协同攻关机制和资源共享机制。北航针对601所在技术研发过程中亟须解决的技术难题，进行攻关预研，积极向601所推荐合适的新技术、新产品等科研成果。实习教学实行指导人员分工负责制。在实习教学过程中，指导教师注重运用启发式教学，充分发挥实习研究生的想象力和主动科研能力，提高其分析和解决实际工程问题的能力，实现校企资源共享、成果共享。校企双方联合申报专利、发表论文和申报科技奖励。

完善评估机制和知识产权保护。学生实习结束后，向601所、学院等提交实习报告，并通过问卷方式对实习指导教师进行评议。校企双方广泛听取实习学生的意见，改进培养人才方法和实习安排。定期组织对实习指导教师开展实习质量民主评议活动，采用自检、自评和民主评议相结合的方式，对每一位实习指导教师进行评议，对不合格者将提出批评和警告，并要求其限期达标。对于学生实习期间产生的成果进行及时保护，并联合申报专利、发表论文和申报科技奖励。

## 四、特色及示范性经验

校企双方按照"优势互补、资源共享、互利共赢、协同创新"的原则，对专业学位研究生实习实践进行联合培养，提高全日制专业学位研究生的培养质量。以实习实践基地为载体，双方通过专家互聘、产学研融合等方式，实现人才培养、科技研发、研究生实习实践等方面的广泛合作。

### （一）打造"嵌入式"科研创新人才培养范式

强化和优化实习实践基地管理方案，优化育人环境，不断扩大规模，强化学生的"嵌入式"科研创新，打造一流的创新型特色人才培养。

### （二）提升"五个一"工程培养质量

结合601所技术需求，结合北航自动化学院人才培养规划，扩大实习实践基地的人才培养规模，提升培养质量，严格落实专业研究生实习期间的"五个一"工程（即攻克1项关键技术，发表1篇双方合作学术论文，申请1项双方合作发明专利，办理1次双方合作软件著作权登记，举办1次学术或技术创新成果口头交流汇报）。

### （三）强化"全链条全过程"联合育人师资队伍

进一步强化师资队伍建设，邀请601所的院士、总师、副所长、部长、主任、首席专家担任兼职企业指导教师，全链条全过程参与学生的培养，开设校企教师联合讲授课程和创新技术研讨课程，联合指导博士生和专业硕士生，充分发挥601所一流专家的指导作用。

通过持续不断地实施优化，目前实习实践基地已形成"兼职导师—课堂教学—合作科研—学术交流—学位论文评阅—知识产权合作"等多方位校企合作模式，育人效果十分明显。校企双方加强沟通与合作，进一步优化了飞行控制器等相关专业学位研究生的校企合作人才培养途径，优化了相关专业的课程设置和课程内容，提升了专业学位研究生的培养质量。601所的兼职导师与北航校内导师共同承担研究生的培养工作，参与研究生学位论文评阅，共同为研究生学位论文质量把关。校企双方联合开设了"智能自主系统"等研究生专业核心课，创建了"工业部门总师入课堂"的教学模式；依托联合开展的科研攻关项目，不定期邀请专业总师和工业部门一线专家进行学术交流，共同发表论文、申报专利和科研奖励，不断推动产教融合，全力打造适应"新工科"发展的高素质专业技术人才。

## 五、典型案例

"北航－沈阳飞机设计研究所"专业学位研究生实习实践基地的设立，是落实践行为党育人、为国育才初心使命，把服务国家作为最高追求，坚持"四个面向"、践行"四个服务"，积极探索专业学位研究生等创新人才培养的新路径和新平台的必然选择。北航和601所持续深化校企合作、大力推进产教联合，努力培养造就更多爱党报国、敬业奉献、具有突出技术创新能力、善于解决复杂工程问题的高素质工程技术人才。

主动重心控制技术攻关。在601所的支持下，由北航自动化学院、航空学院组成的跨学科研究团队围绕先进飞行器开展深入研究。科研团队中多名专业硕士研究生长期驻扎实习实践基地进行科研，联合调试验证，圆满完成了科研任务，并合作发表多篇SCI和EI论文，其中1名硕士研究生获国家奖学金，育人成效突出。

# 北航－九一金融信息服务（北京）有限公司专业学位研究生培养案例

北航金融专业硕士学位是2010年教育部首批专业学位研究生培养授权点。北航经管金融系秉承"大国重器"的学科建设传统，依托两个省部级重点实验室，形成独特的微观数据体系，创建了一流经济学研究平台和实验环境，形成服务国家需求、面向世界的独特优势。经管金融系以扎实的数理功底和金融工程及金融科技为特色，以服务国家经济金融主流领域和支柱性产业为目的，将科研优势转化为育人优势，将金融专业理论与国家的金融实践相结合，培养具有前瞻性和国际化视野、系统扎实掌握金融理论知识和前沿技术方法、素质全面、勇于创新的高层次复合应用型金融专业人才。

## 一、典型做法

北航经管金融系以"学术引领顶天－实践讲堂落地－实践基地扎根"的产教研融合三位一体的培养模式，给专业学位硕士研究生提供了良好的学术和实践环境。经管金融系已建设实践基地15个，覆盖商业银行、投资银行、基金公司、资产管理公司等；开设"应用经济学实践前沿讲堂"必修课程，邀请业界专家走入课堂，讲授最新的金融实践前沿；实行校企双导师制，推进产学融合，双导师联合指导学生的实践和学位论文等环节，企业导师经经济管理学院推荐、评估产生，已聘任来自部委、央行、商业银行以及基金、证券、保险、期货等行业的企业导师；举办"融实论坛"，培养学生善于发现实践前沿问题的学术素养。

## （一）学术引领顶天

### 1. 举办"融实论坛"

2020 年推出的"融实论坛"是北航经管金融系打造的金融高端学术交流平台。论坛邀请国内外学术精英，线下线上开展学术讲座和讨论，通过学术引领，培养了金融专业硕士研究生的学术素养和对现实问题的敏锐思维，加深了其对学术前沿问题和现实重大需求问题的理解。截至 2023 年已举办 50 余场次，在学术界具有广泛影响。

### 2. 参与科研项目

金融是为实体经济服务的。北航经管金融系依托北航大数据和人工智能优势，研究经济中的金融问题：如探索大数据产业规划和智慧城市实体经济建设思路、人口结构变化及经济对策、信用违约互换等，为国务院、工信部、财政部、国家统计局、国家基金委、四川省委、北京市委等部委提供政策咨询报告 30 余篇，为国家经济保驾护航；探索监管机制，防控金融风险，为国家安管委中心建立动态非法集资预警系统，建立跨平台信用服务的度量、评价和互相认证体系；依托基金委创新团体、科技部重点研发计划项目、基金委重点项目、面上项目等国家项目，构建人民币指数和研究人民币指数衍生产品的发展策略和路径，为人民币国际化提供重要的基础；探索揭示能源系统演变机制和规律，建立绿色低碳转型金融体系。

### 3. 精益化、个性化培养

按需个性化定制每个参与培养学生的培养方案，以培养金融精英；针对理工科背景比例高的生源特点，以北航理工科优势打造金融工程与金融安全重点方向，引导理工科背景学生进一步加强经济与金融理论的训练，同时引导财经类背景学生加强数理方法的学习；以校内导师组、校企联合导师等形式为每个学生的课程选择、实践实习与研究方向选择、毕业论文选题等按需定制个性化培养方案。充分考虑每位学生的知识基础和未来选择，每位导师每年接收研究生不超过 2 人，通过严格的教学督导与双盲评审保障培养成效。

## （二）实践讲堂落地

汇聚业界实践资源，培养金融创新所需高端复合应用型金融人才。经管金融系邀请业界专家参与专业课程教学（如"应用经济学实践前沿讲堂""大连商品期货交易所投资者培育项目"），扩展学生实践前沿视野。

"应用经济学实践前沿讲堂"根据金融专业应用型硕士研究生人才培养的特点，结合国际、国内形势，根据走进经济政策实践、走进经济管理实务实践、走进监管实践等主题设立三大模块，将不同金融领域的专业硕士研究生社会导师引进课堂，重点讲授金融政策、金融监管、金融科技、量化交易、投资、贸易、保险、财政等实践前沿中的热点和难点问题（见图1）。该课程由担任企业导师的8~10位经济金融业界一线的优秀高管担任主讲，采用探究式教学、案例式教学、实验教学等教学方法授课。由课程组根据经济金融形势，选择不同领域的专家授课，讲授的内容完全由业界专家自由选择，原则上需要涉及本领域的最新动态和热点难点问题，每堂讲座设置3个学时，每学期共设置32个学时。

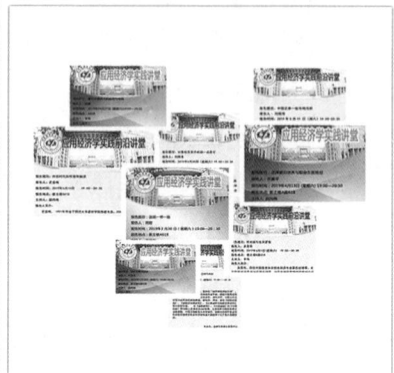

图1  实践讲座海报及课堂风貌

每一堂讲座都由本门课程的校内责任教师主持，校内责任教师和学生们一起全程听课并参与讨论，及时从实践讲堂中捕捉前沿问题，启发和鼓励学生们踊跃提问和讨论，指导学生深入研究。

每次讲座结束，学生都要完成至少1 000字的听课专业报告，学期末还要完成关于"应用经济学实践讲堂"的至少5 000字的总报告。讲座结束后授课专家会将授课PPT发给学生持续学习，保证学生的学习质量。

每学期结束后，校内责任教师均会组织学生对参与本学期授课的社会导师进行评价，授课效果不理想的，第二年由新的社会导师替换。对授课的社会导师实行动态优化，保证了"应用经济学实践前沿讲堂"内容的高质量。讲堂连续12年坚持高质量运行，为北航应用经济学科评估B、金融专硕学位评估A-、金融学一流专业建设做出了贡献。

"大连商品期货交易所投资者培育项目"系列讲座是北航经济管理学院教学改革中的一部分，也是大连商品期货交易所高校期货人才培育项目的一部分。为了适应金融衍生品行业的快速发展、培养该领域的高端人才，北航经济管理学院与金鹏期货经纪有限公司合作开设该系列讲座。系列讲座由多个模块构成，除了理论讲座外，还包括实践前沿讲座、模拟交易实践、业界基地参观和后续的配套行业实习和交易所实践活动。

### （三）实践基地扎根

#### 1. 合作企业概况

九一金融信息服务（北京）有限公司（以下简称91金融）是以大数据、云计算为驱动的科技型企业，其技术创新成果被广泛应用于金融、文化、红色文旅等领域，主要经营范围为金融信息服务、资产管理、投资管理、投资咨询等。91金融拥有1家上市企业、4家国高新技术企业、1家专精特新"小巨人"企业（见图2）、2家"专精特新"中小企业、2家中关村"瞪羚企业"、1家中关村"雏鹰计划"企业，以及国家级众创空间牌照和知名文化IP，并构建起"共享生态系统"，以科技创新为战略支撑，为用户提供智慧化普惠金融服务，构建新文化生活生态体验，助力实体经济数字化转型升级，致力于打造"安全

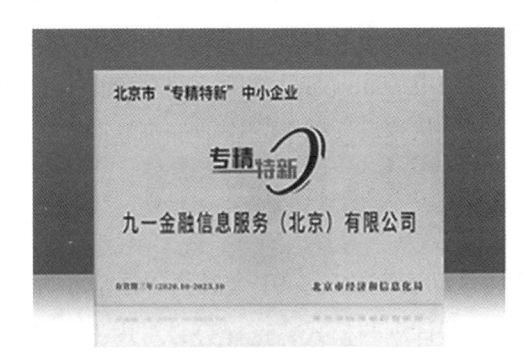

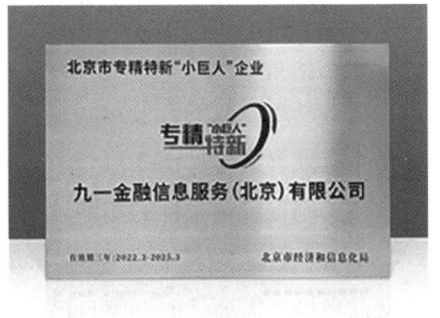

图2 "专精特新"中小企业和专精特新"小巨人"企业

而智慧的未来"。91金融的企业文化是"开放包容、爱岗敬业、实事求是、廉洁自律、为国担当",企业成员都是年轻活泼上进的优秀人才,对学生成长起到了非常好的示范作用。

### 2. 建设理念与目标

2012年北航和91金融签订了战略合作协议,并设立了北航-91金融实践基地(以下简称实践基地),双方相互促进,共同发展。实践基地以服务为宗旨,以就业为导向,大力推进校企合作人才培养模式,突出对学生实践能力的培养,助力提升高校实践教学水平及人才培养质量,为共同培养金融行业领域急需的高层次战略型顶尖人才、助力中国金融行业发展和高等教育现代化做出积极贡献。

实践基地承担北航学生校外实践教学任务,促进校企联合培养人才新机制的建立,提高应用型金融专硕研究生的实践能力和就业率。北航倡导学生尽可能集中实践,培养学生团队合作精神。91金融结合本公司和学生特点,安排学生集中实习,培养了学生的实际操作能力和职业素养,为学生毕业后更快适应和服务企业、社会奠定了基础。

### 3. 基地建设举措

实践基地基于北航办学特色和金融专业硕士研究生培养要求,探索建立了可持续发展的管理模式和运行机制,完善了实践教学运行、学生管理、安全保障的规章制度,具体如下。

(1)建立完善的实习生选送和答辩机制

校企双方建立公布实践基地的实践信息、学生自愿报名、实践基地面试的双向选择机制;然后由北航带队教师与实践基地对接,组织学生参加在实践基地举行的实践破冰仪式。在学生实践期间,北航带队教师与学生及实践单位保持畅通联系,学生要填写实践日志。实践结束后北航带队教师、院系负责人参加在实践基地举行的、公司高层和中层及具体指导实践的、企业导师共同参加的学生实践答辩(见图3)。

(2)制订灵活柔性的实践计划

一方面,金融行业所处的外部环境是动态变化的,91金融为了适应不断变化的环境,需要适时调整自己的生产经营计划与模式,这样势必对用工数量和结构产生影响;另一方面,金融行业存在淡季及旺季之分。因此,校企双方

**图 3　学生实践答辩**

在制定合作计划时，需充分考虑这些因素，增加实践计划的柔性，以提高可操作性。

（3）建立全方位的立体式考核机制

实践基地采取企业导师为主，北航带队教师为辅的校企双导师队伍建设模式。日常实践导师队伍主要由企业专业技术人员和管理人员共同组成，接受考核并由学生进行评分。这种考核机制能调动实践导师的积极性及创造性，不断提高企业实践导师队伍的整体水平。对实践学生的考核采取日常跟踪考评、阶段考评、总结性考评相结合的方式，结合学生日常工作的技能应用与受训情况以及答辩情况，不定期地通过 91 金融与北航的座谈会或问卷调查，了解学生的技能达成情况；增加学生自评与互评环节，培养学生自我评价和评价他人的能力，从而充分调动学生自主学习的积极性。经济管理学院金融系的学生每年至少需要参加 5 个实践基地的集中实践，学院选取责任心强、教学经验丰富、学生评价高的校内年轻教师带队指导学生实践。校内带队导师需提前落实实践计划，检查学生的实践情况，及时发现和解决实践中出现的问题，参加学生在实践单位的答辩，学校通过评选优秀实践团队和优秀导师，更好地交流和推广有价值的经验。北航金融 –91 金融实践团队曾多次获得学校优秀实践团队荣誉称号。

（4）建立学生实践期间的安全保护机制

实践基地加强对学生关于安全、保密、知识产权、人权保护等方面的教育，做好相关管理工作；提供充分的安全保护措施，保护学生的身心健康与安全。

（5）建立数据库等的资源共享机制

对于学生在实践基地实践期间涉及的数据资源（如金融助手、金融服务平台等），校企双方负责人在充分了解其使用范围及用途后，签署知情同意书，双方均有权利共享，包括但不限于专利、论文、项目的课题研究、数据分析等成果，相关成果经双方负责人审核通过后亦有权利对外发表。

## 二、特色及示范性经验

### （一）创新性特色

#### 1. 培养学生践行社会责任的实践能力和意识

围绕依托平台服务中小企业的实践经验，由 91 金融牵头，北航学校教师带领实践学生积极参与向中央财办、全国工商联、中国人民银行等单位主要领导进行的专题汇报，得到多方肯定；师生与到访公司（建设银行、光大银行等金融机构）的领导面对面交流 91 金融为中小企业的服务实践状况；校企双方为中小企业解决融资难、融资贵的建议得到北京市主要领导批示；在新冠疫情暴发初期，基于服务中小企业的大数据和经验判断，双方共同提出《关于疫情全面防控下中小企业恢复生产与高质量发展的建议》，得到北京市委主要领导重点批示。实践学生在实践中培养了践行社会责任的能力和意识。

#### 2. 结合企业需求，突出人才培养的复合化

91 金融的主营业务为金融信息服务，在企业的运营中，需要大量的经济、金融、财务、计算机网络技术等相关人才为企业发展提供新鲜血液及活力，这正与北航经济管理学院对学生的培养方向不谋而合。北航经济管理学院与 91 金融定期开展专题交流，由企业结合金融行业的发展，紧扣应用型人才的培养定位，提出需求（包括行业调研、金融分析、产品创新、风险控制、业务营销、财务管理等），北航主导完成相关人才的培养。基于此，双方提出了人才培养的专业实践教学体系，包括相关基础理论、课题研究实验实训和综合实践训练三部分，环环相扣，相辅相成，最大限度地满足企业对学生复合化发展的需求。

#### 3. 实践内容多样化，激发学生个人兴趣

实践基地构建了以企业需求配合学生兴趣为导向的实践体系。91 金融涉

猎多行业发展，北航输送的学生可参与多行业实践培训，感受不同行业的文化冲击，挖掘不同的兴趣爱好，从而成为复合型人才。学生在91金融进行实践之初，由企业导师布置金融课程设计及课题研究任务，学生要在实践中寻找自己感兴趣的课题，实现真题真做，从而激发学习的主动性，拓宽视野，了解金融经营管理中所需的知识与技能。

### （二）示范性经验

#### 1. 产教融合共发展

2012年91金融与北航签署了学生实践的战略合作协议，但需要通过一定的项目或技术服务来确保合作双方之间能够建立一种牢固和长久合作的关系，以保证学生实践能持久巩固。校企的合作往往可以成为带动专业学生实践的重要机遇，这是一种良性的、互惠互利的合作关系。北航的优秀学生来到91金融进行实践，既节约了91金融的招聘成本，又便于91金融的人才储备，并为其企业文化的构建增添了新鲜"血液"；同时，学生们通过实践，提高了专业实践能力，对未来职业发展也会有更理性的规划；91集团的企业文化是"开放包容、爱岗敬业、实事求是、廉洁自律、为国担当"，企业成员都是年轻活泼上进的优秀人才，对学生也起到了非常好的示范作用。

#### 2. 高效运行的激励机制

实践基地的正常运行，既需要学校与企业相互配合、协作，又需要充分调动各方面的积极性。双方通过加大项目、科研资金的投入，以及对优秀导师及学生实施奖励，引导更多的学生、教师和企业员工发挥个人潜能；定期形成对双方人员的评价，并对运行过程中有突出贡献的个人给予物质奖励，进一步促进学生形成对企业的认知、形成企业工作思维，营造企业工作环境，推动实践基地的高效运行。

## 三、典型案例

### （一）企业软实力建设研究与实践

随着"互联网+"时代的到来，企业软实力逐渐成为推动企业发展的关键力量。北航 -91 金融实践基地的师生参与课题研究，主要针对青年创新创业型中小微企业"重硬实力，轻软实力"的现象，研究企业软实力的建设途径与评价方法，为长期依靠互联网技术、经营模式等硬实力"一条腿"走路的中小微企业提供软实力建设方案，实现企业的长期与可持续发展。上述课题研究成果已经形成研究报告，报告梳理和总结了国内外相关研究现状，结合 91 金融的企业管理实践，确立了企业实力的构成要素（包括企业品牌营销、企业文化、企业公信力、企业组织建设、政商关系和企业社会责任六个维度）及相关关系，从而建立起企业软实力模型。

### （二）"91 信息科技金融综合服务平台"建设

"91 信息科技金融综合服务平台"是在导师许泽玮及宋传胜的指导及全面统筹下，由北航金融系学生王嗣鑫主要负责完成的，完成时间为 2016 年 7 月，并于 2016 年 7 月 22 日被北京市科委评选为科技金融综合服务平台。

### （三）金融服务小助手升级

2016 年 11 月 22 日，北京市工商联、市金融局和 91 金融联合发布"金融小助手"。2021 年金融小助手升级，实践基地学生参与升级上线工作，除 APP 版本外，全新开发的"91 科技金融小助手"小程序也正式上线。"91 科技金融小助手"提供专业贷款产品申请、专属贷款方案定制、贷款信息工具、1 对 1 咨询等服务，通过聚集优质项目，助力中小企业与金融市场对接、快速获取金融服务，缓解中小企业贷款难的问题。实践基地的师生在此次升级上线工作中，提供了专业的技术支持和人员配备，做出了非常大的贡献。

### （四）国际科技创新中心金融政策研究

国际科技创新中心金融政策研究成果于 2021 年 9 月在 91 金融苏毅导师的指导及统筹下，由北航金融系学生范媛媛、刘婧怡共同协助完成，研究方向为金融创新政策，研究成果已出版，产生的社会及行业的影响力较大。

### （五）互利共赢的双导师制度

企业导师既给学生讲授实践前沿中的热点问题，又指导学生参与实践，协助学生选题，参加学生答辩，为学生提供工作机会。同时，企业导师通过走进高校讲堂，一方面提升自己的理论水平和学术素养，另一方面及时了解在校学生的学习和生活状态，为企业人才招聘储备力量。校内教师通过带队指导学生实践、参与企业导师实践前沿讲堂的学习讨论、与企业导师合作指导学生，增加了对经济金融实践的理解，同时为企业提供技术、管理咨询，帮助金融公司解决实际问题。双导师制的互动与交流，保证了北航管理学院金融系硕士研究生培养的高质量。

# 北航-北京航天动力研究所专业学位研究生培养案例

## 一、培养概况

党的二十大报告明确提出,"加快建设国家战略人才力量,努力培养造就更多大师、战略科学家、一流科技领军人才和创新团队、青年科技人才、卓越工程师、大国工匠、高技能人才。"在迈上全面建设社会主义现代化国家新征程、向第二个百年奋斗目标进军的关键历史时期,瞄准关键领域,完善培养体系,是造就核心技术人才、引领科技自主创新的重要力量源泉。

北航宇航学院深入学习贯彻习近平总书记关于教育的重要论述,牢记为党育人、为国育才的初心使命,把服务国家作为最高追求,坚持"四个面向"、践行"四个服务",积极探索专业学位研究生培养新路径,持续深化校企合作,大力推进产教联合,协调各方资源,打造广阔平台,努力培养造就更多爱党报国、敬业奉献、具有突出技术创新能力、善于解决复杂工程问题的高素质工程技术人才。

火箭发动机是火箭的"心脏",是空间航行的动力源泉,是航天任务的基石。作为各国高度关注的关键科技,从导弹飞船,到卫星火箭,火箭发动机技术面临不同工作环境、不同功能要求下的诸多瓶颈。我国火箭发动机从白手起家,到如今打破国外技术垄断,跻身世界一流水平,靠的是一代代火箭发动机科研人员夜以继日的艰苦奋斗和持之以恒的毅力决心。如今,我国进入航天发展快车道,航天任务需求日益增长,亟须培养一大批理论基础扎实、专业素质过硬、实践能力出众的高水平航天动力人才。考虑到火箭发动机领域的特殊性,学生很难在社会层面获得实践机会,同时也考虑到传统教育中理论学习与工程实践存在衔接不流畅的问题，北航宇航学院决心拓宽人才培养思路，构建校企联合培养新模式，充分发挥高校和企业在人才培养中的各自优势，通过完善培养体系、打造立体化培养平台，实现新时代航天动力人才培养的目标。

在北航和中国航天科技集团的大力支持下，本着"平等协商、优势互补、资源共享、务求实效"的原则，宇航学院同北京航天动力研究所在航天动力人才培养领域不断加强交流，在学术研究和人才共享等领域密切合作，为研究生培养创造更多的实习实践机会；同时大力推进产学研用相结合，在科学研究和人才培养等领域深化双方战略协同，以培养新时代航天动力专业人才为目标，创造提供一线实习实践机会的校企联合培养平台。校企双方充分发挥各自在科研、人才、信息等方面的资源优势，为宇航学院的学子带来了大量深入一线的实习实践机会，同时促进了北航校内课程及科研平台建设，为航天动力人才培养开拓了新的思路，取得了一系列卓著成效。

校企双方均在航天动力领域拥有突出的实力。宇航学院现有教职工142人，包括教授41人，副教授69人，其中69人为博士生导师（含兼职博导6人）。宇航学院在宇航技术领域的航空宇航科学与技术和控制科学与工程两个一级学科均为国家重点学科，在教育部第四次学科评估中，航空宇航科学与技术学科评估等级为A+，排名全国第一；控制科学与工程学科评估等级为A。中国航天科技集团公司第六研究院北京航天动力研究所（11所（京））始建于1958年，先后成功研制的50多款大、中、小型发动机被用作战略武器和长征系列运载火箭的动力装置，获得国家科技进步奖13项，部级以上科技成果350余项，两款超低温氢氧发动机达到世界先进水平，为我国航天事业跻身世界先进行列做出了突出贡献。北京航天动力研究所于1978年开始招收自培研究生，是我国最早开展学位与研究生教育工作的科研单位之一，历经近40余年的发展，已逐步建立起规模适度、体制完善、管理规范、培养质量高、学科优势突出、独具航天特色的多层次学位与研究生教育体系，为航天科技事业的发展和高层次人才队伍建设做出了重要贡献。北京航天动力研究所现有职工1500余名，技术人员占3/4，其中，中国科学院院士1人，部级以上专家和享受政府特殊津贴专家50人，研究员174人，高级工程师400余人；拥有博士后科研流动（工作）站和一级学科博士学位授权点、一级学科硕士学位授权点，累计培养博士后、博士、硕士研究生200余人，造就了一批充满活力、奋发有为、勇于创新的航天人才队伍，为圆满完成各项重大工程任务、助力新一代航天动力人才培养提供了有力的人才保证。

宇航学院和北京航天动力研究所的合作历史悠久，学院人才培养和研究所科研攻关的契合度极高，双方协作可追溯至20世纪50年代。1956年，在我国航天事业创建的同时，北航在国内率先创建了火箭设计和火箭发动机教研室，同年，国防部第五研究院成立，其下属单位火箭发动机研究室（第四研究室）即为北京航天动力研究所的前身。自北航火箭设计和火箭发动机教研室与火箭发动机研究室成立之初，双方即在学生实习实践、课程教学、科学研究等方面建立了广泛的合作关系，合作成果丰硕。

2012年，中国航天科技集团与北航签署协同创新合作协议。根据协议，双方将共建"北航航天科技协同创新研究院"，以国家科技重大专项和重大工程为牵引，开展应用基础研究和交叉科学研究，携手承担国家科学研究和工程项目。自此，宇航学院同北京航天动力研究所在基础前沿创新、关键技术攻关、平台建设、学术交流和人才共享等领域密切合作，相互支撑，形成了共赢发展的良好态势。2019年，为全面贯彻落实创新驱动发展战略部署，加快推动航天强国和世界一流大学建设，在已有合作基础上，北航与中国航天科技集团签署全面战略合作协议。根据协议，双方本着"平等协商、优势互补、资源共享、务求实效"的原则，进一步推进产学研用相结合，在科学研究和人才培养等领域深化双方战略协同，为推动国家航天技术转型升级发展做出贡献。这为宇航学院和北京航天动力研究所进一步深化校企联合培养提供了更强有力的平台支持。

在上述合作基础上，为充分发挥高校和航天院所的协同育人优势，宇航学院与北京航天动力研究所在人才培养、科学研究、成果转化、知识产权等方面达成共识，签订合作协议。2015年，宇航学院同北京航天动力研究所签署技术研究与人才培养战略合作协议，充分发挥双方在科研、人才、信息等方面的资源优势，将宇航学院的基础研究和前沿探索优势与北京航天动力研究所的系统工程管理和系统集成优势相结合，建立战略合作伙伴关系，构建长期、稳定、高效的合作机制，共同促进我国火箭发动机事业的发展。

校企协同育人合作有力地促进了宇航学院在航天动力领域的人才培养和学

科建设，使产学研结合更加紧密。校企双方共建产学研合作研究平台，联合开展重大项目技术攻关，发布专项基金，推动长期合作，联合培养航天技术和管理人才；建立对话交流机制，协商建设发展和科研合作重大事项；建立组织协调机制，成立协调小组，负责双方战略合作协议有关工作组织实施；建立技术交流机制，定期组织双方技术骨干进行技术交流。与此同时，北京航天动力研究所为宇航学院学子提供了广阔的深入一线的实习实践平台。2020—2022年期间，校企联合培养共为宇航学院学子提供实习实践岗位105个。2022年，共8位宇航学院教师和15位北京航天动力研究所员工参与校企联合培养建设工作，包括9名卓越工程师专项研究生在内的36位学生获得实习实践机会。受益于此，多项专业学位研究生实习实践项目获评北航校级工程硕士实习实践优秀成果，连续多年有研究生荣获国家级优秀实习实践奖，学生发表的各类论文、专利等成果数量也有所上升。研究生课程"航天工程实践讲堂"通过中国航天科技集团科技委聘请航天工业部门专家，由航天院所主讲教师和宇航学院领导共同负责。北京航天动力研究所多位专家参与"航天工程实践讲堂"授课，相关协同育人探索获得2016—2017年全国工程专业学位研究生教育重点课题立项支持，获评北航2019—2020学年校级精品实践讲堂建设项目。研究生课程"氢氧火箭发动机工程设计"由宇航学院教师与北京航天动力研究所相关领域专家合作授课，在课堂教学中面向实践，打造学以致用的教学模式。北航与北京航天动力研究所、西安航天动力研究所联合建设的"液体火箭发动机技术国家级重点实验室"，以及北航与北京航天动力研究所联合建立的"低温液体推进技术企业重点实验室"，助力了宇航技术领域一大批优秀青年人才快速成长。2020年以来，随着校企联合培养的深入开展，航天动力工程专业学位研究生在航天系统单位的就业率进一步提高，北航毕业生能够迅速适应工作，成长快，得到了用人单位的一致好评。此外，宇航学院和北京航天动力研究所协同开展本科生培养，获得北航重点教改项目支持，并荣获北航教学优秀成果奖。依托校企联合培养平台，宇航学院同北京航天动力研究所培养了大批航天动力领域科研骨干人才和航天领域领军领导人才，他们已成为我国火箭发动机事业的中流砥柱。

## 二、联合培养举措

北航宇航学院作为北航集中从事航天人才培养和航天科学研究的综合性极强的航天专业学院，秉承"为国家航天事业发展学科、培养人才、开展前沿和战略高技术研究"的宗旨，为国家航天人才培养、科学研究以及学科专业建设做出了重大贡献，具有基础研究和理论教学优势。北京航天动力研究所作为我国唯一的低温发动机的专业研究机构，为我国航天动力事业跻身世界先进行列做出了突出贡献，具有重大工程应用能力和实践教学优势。针对航天动力专业方向本科生和研究生人才培养的定位及特点，宇航学院同北京航天动力研究所建立了"产学研有机融合"的协同育人综合培养模式，强化学生实践能力、创新能力和工程领导力的培养。通过校企协同育人，北航航天动力领域的人才培养能力逐步增强，为我国航空航天事业培养了一大批优秀专业人才。

2022年起，在国家卓越工程师教育培养计划的号召下，为培养一批面向工业界、面向世界、面向未来的新型航天动力人才，奠定建设创新型国家、实现工业化和现代化的坚实人力资源基础，北航与中国航天科技集团携手探索航天动力领域培养新模式，进一步促进了宇航学院和北京航天动力研究所之间的育人协作。

### （一）校企导师队伍建设

宇航学院聘请北京航天动力研究所的专家和工程技术人员与校内导师共同指导学生，构建多元化的导师队伍：聘请北京航天动力研究所多位液体火箭发动机专家担任北航航天人才培养顾问，对高素质航天人才培养中的重要课题给予指导；为专业学位研究生指派责任心强、工程实践经验丰富的教师，全程参与指导学生的在企实习和毕业设计；聘任北京航天动力研究所多位博士生导师、硕士生导师为宇航学院的校外研究生导师。校内外导师合作，共同把握学生研究课题及方向：校外导师从技术需求入手参与学生指导，带领学生进行技术难点攻关，并参与学生企业工程领导力的指导与培养；校内导师在课程选择及论文学术性、前沿性等方面对学生进行引导；校内、校外导师定期沟通，优势互补，结合学生志趣，共同商议学生培养方案，打造个性化培养路径。

协同北京航天动力研究所的企业导师，宇航学院搭建了优秀的"校企示范教学团队"，结合课程模块优选师资，开设了"航天工程实践讲堂"精品课程，将国家重大工程项目需求贯穿学生培养的整个过程，使科研院所全过程、全方位参与航天动力专业人才的培养。同时，宇航学院校内教师前往北京航天动力研究所授课，促进建立校企人才双向交流研修机制。

2012年起，宇航学院与北京航天动力研究所在博士研究生层级探索校企联合培养模式，由北京航天动力研究所提供招生指标、招生需求及企业导师，并根据研究方向在北航指定相应的博士生导师为校内导师。根据北航培养方案，双方导师与学生共同制订培养计划，通过在航天院所的实践教学环节，将学术研究与工程实践背景相结合，让博士生课题具有工程应用价值，同时帮助学生尽早适应工作环境，提前进入工作岗位。2018年，宇航学院与北京航天动力研究所依托校企协同育人实践教学成果，顺利完成教育部学位与研究生教育发展中心"航天工程专业硕士典型案例库建设"项目。

## （二）校企实验室建设

宇航学院现有"航天器设计优化与动态模拟技术"教育部重点实验室，"数字媒体"北京市重点实验室，"航天飞行器与导弹技术实验室""航天制导导航与控制技术实验室""宇航推进实验室""图像处理与模式识别实验室"4个专业实验室，承建3个校企联合项目——"真空羽流实验室"、"火箭发动机重复使用技术"学校重点实验室、"空天飞行器技术研究所"（学校重大项目跨学院研究所）。此外，宇航学院和北京航天动力研究所联合申请设立的重点实验室已经通过中国航天科技集团的评审。北京航天动力研究所作为我国航天液体火箭发动机的主力军，具有产品研制、设计、生产、试验等各个环节的一流实践条件，这不仅为宇航学院开展高水平科学研究奠定了硬件基础，同时也为其开展高水平人才培养创造了优越的环境。

## （三）校企实践培养基地建设

宇航学院同北京航天动力研究所长期开展互利共赢的校企合作实践培养基

地建设，签署人才培养战略合作协议、建设社会实践培养基地合作协议，为本科生、研究生提供更多实习实践和了解实际工作的机会。2018年5月，宇航学院师生参观大型火箭发动机试车试验。宇航学院"航宇问天实践队"历经多年传承，通过走进火箭发动机总装测试厂房、聆听专题讲座等活动，近距离接触大国重器，深入学习前沿科技知识，了解专业发展前景，树立远大报国志向，荣获北京市"青年服务国家"首都大中专学生暑期社会实践优秀团队。长期以来，校企联合培养通过专业学位研究生专业实习，以及本科生和研究生学位论文联合培养实践，让学生在真实的工程环境中经历"真刀真枪"的训练，帮助学生在实际工作中发现问题、解决问题，实现理论知识与实际需求的结合和统一，培养学生的实践、创新能力，推动实践培养基地高效运行，实现基地资源共享、互补、双赢，保证航天动力专业学生的培养质量。同时，宇航学院创新校企联合模式，与北京航天动力研究所合作举办北航航天科学与技术研究生国际论坛，打造卓越的研究生学术实践培养体系，多位校企联合培养的研究生荣获国家级及校级研究生优秀实习实践成果奖。

在思政和社会责任教育方面，宇航学院同北京航天动力研究所积极开展第二课堂教学，实施多元化的支部共建活动，通过组织学院师生前往研究所参观交流，邀请知名航天专家到北航做学术报告，与研究所一线党员共同举办航天沙龙活动等，促进双方组织建设及科学研究、人才培养方面的紧密合作，最大限度地让学生感受航天文化，有效培养学生树立胸怀大业的报国理想和养成无私奉献的奋斗精神。

## 三、管理模式与制度建设

为扎实推进校企联合培养，宇航学院同北京航天动力研究所不断加强组织架构设计，强调"共建、共管、共享"，对各组织机构从统筹规划、专家指导、日常保障等方面共同建设、共同管理、共享成果，建立校企联合培养的长效管理机制。

### （一）师资及教学设施共建共享模式

宇航学院和北京航天动力研究所坚持资源共享，产学研并重，极大地助力了宇航学院航天拔尖创新人才的培养。北京航天动力研究所提供工程研制的软硬件资源，包括设计案例、加工车间、试车设备等，为学生提供了实践实习的平台。北航教师为北京航天动力研究所工程研制提供理论和技术支持。校企双方联合进行科学研究，解决航天新技术发展中的重大问题，共享"北航航天科技协同创新研究院"等校企共建协同创新平台资源，推动航天基础研究到工程应用的无缝衔接；推广研究生培养"双导师制"，聘请北京航天动力研究所总师级技术骨干担任研究生合作导师，负责研究生工程技术实践能力的培养工作，同时积极推荐校企联合培养的高素质优秀人才优先进入研究所工作，促进学业向就业流畅过渡。

### （二）校企专项资金协同资助体系

在校企协同育人合作中，双方逐步建成了完善的资助体系。自"十一五"开始，中国航天科技集团面向北航设立 CASC 奖学金，用于奖励品学兼优的全日制在校研究生、本科生；设立 CASC 助学金，资助家庭经济困难学生完成学业。同时，北航和宇航学院也设置了专项资金支持校企航天人才联合培养——设立创新基金，包括联合中国航天科技集团设立的航天科技创新基金和北京航天动力研究所设立的院级创新基金，鼓励高校科研人员围绕航天动力技术发展需求开展新概念、新原理、新方法和新技术的研究。此外，北京航天动力研究所通过承担本科生生产实习、专业学位研究生实践实习等方式，为人才培养提供支持，培养了一大批基础理论扎实、技术攻关能力强的高校青年科研人员，为建立长期、稳定的校企合作关系打下了坚实的基础。

### （三）双向评优推优体系

完善的评估机制是促进进步的不竭动力。本科生生产实习和研究生专业实践的成绩由校企双方共同评定。对于校企联合培养平台的运行情况，由宇航学院及北京航天动力研究所的领导牵头，成立评估委员会，定期进行评估，通过协商解决未尽事宜。校企联合培养形成的成果，由双方按照合作协议的规定，进行知识产权保护。

宇航学院对本科生生产实习和工程硕博士实践培养都建立了相应的评优和资助体系。生产实习团队和带队老师都可以参加北航优秀实践成果奖的评选。

校企双方联合成立航天人才培养指导委员会，在实践课程设置上充分体现理论和工程的融合，在专业学位研究生论文标准质量体系中侧重实践创新能力的考察。

### （四）实践互动体系

长期以来，校企双方以基层党组织作为共建载体，发挥"红色基地"特色，以习近平新时代中国特色社会主义思想引领师生投身航天强国建设；建设本科生和研究生实习实践培养基地，强化航天人才实践能力培养；建设航天动力领域协同创新培养基地，设立专项创新基金，促进研究生和青年教师同研究所开展联合科学研究，加强学术交流，有效推进产教融合。

### （五）考核激励制度

建立行之有效的管理机制，是保障校企联合培养长期稳定运行的关键。校企联合培养平台由领导小组、专家指导组和管理办公室负责运行管理。领导小组主要负责统筹规划，制定专业学位研究生实习实践、联合培养、双方教职员工培训挂职交流及日常管理和安全保障等相关规章制度，全面指导培养基地建设，为提高人才培养质量提供组织保障；专家指导组主要负责实习实践方案制定、专业实践指导；管理办公室负责开展日常管理工作，如实践教学的组织、管理和考核。校企双方共同制定和完善规章制度，从组织机构、工作流程、导师队伍、培养方案、知识产权、质量保障等方面完善管理体系（如日常管理制度、基地仪器设备使用方法和条例、考勤和考核制度），并对校企联合培养平台建设和人才培养工作中成绩突出的导师在招生等方面予以支持和奖励。

## 四、建设形成的特色及示范性经验

### （一）校企资源协同共享

宇航学院和北京航天动力研究所充分调动各自的优势互补资源，构建完善的协同育人联合工作机制；选聘北京航天动力研究所的学术骨干进入学院的相应专业教学委员会，建立规范有效的动态协调机制。校企双方共同议定合作工作机制，设计人才培养方案，聘任授课教师和导师，合力完成航天动力专业学生的培养工作；打破学科、专业、研究方向壁垒，加大对优势学科和重点学科的资源投入，主要依托专业、教学平台、科研平台，高起点、高标准地加强专业学位研究生实习实践培养基地建设，培养高精尖航天人才。北京航天动力研究所凭借在火箭发动机技术攻关和型号任务领域的影响力，通过与宇航学院进行重大科技合作，以及举办专题讲座、论坛、沙龙等形式，培养了一批具备国际视野、掌握专业知识、熟悉行业规则、富有创新精神的航天人才。

### （二）双导师个性化培养方案

完善师资双聘工作机制，合作制定个性化人才培养方案。学院通过聘请北京航天动力研究所学术造诣深厚、道德高尚的骨干讲席教授组建多形式教学团队，加强学校专业教学委员会和本科教学师资，形成了知名教授进本科课堂的有效工作机制；选聘来自研究所的科研专家担任航天动力专业研究生的联合培养校外导师、青年教师的成长培育导师，培养拔尖航天创新人才。校企双方践行科研与教学相结合的人才培养理念，以航天领域领军领导人才为培养目标，以服务航天事业需求为使命担当，以大型综合项目的设计与制作为载体，根据新时代航天人才培养的需求修订人才培养方案，完善突出系统思维、工程实践、交叉融合的高水平航天人才培养体系。

### （三）学生发展双线追踪

开展成长全程追踪培养，建立科学绩效评价机制。宇航学院在做好校内航天动力领域专业学位研究生培养的同时，追踪毕业后进入北京航天动力研究所的青年人才的成长成才路程，与研究所共同做好他们在航天工作岗位上的培养工作，为国家培养更多优秀的航天人才。双方共同成立绩效评估工作组，通过自评检查、实地考察、综合评价等方式，对专业学位研究生实习实践培养基地的建设成果成效进行验收，总结提升、应用推广。

## 五、典型案例

### （一）基于高等工程教育理念的航天动力工程专业学位研究生实习实践精品课程建设与探索

#### 1. 构建突出需求的课程体系

2012年，宇航学院通过改版培养方案，加大了专业学位研究生实验课程的比重，同时新增了专门为专业学位研究生开设的"航天工程实践讲堂"课程。该课程运行初期，由于聘请专家较为分散，教学内容偏向于总体设计，课程设计缺乏整体性、连贯性，教学效果并不理想。2014年，宇航学院对该课程进行改进，通过发放调查问卷、组织座谈会等方式收集学生需求，汇总、分析后得到学生在专业知识、航天发展趋势、在校学习、航天院所介绍等方面的共同需求。通过中国航天科技集团科技委和北京航天动力研究所聘请航天工业部门专家，依托航天工业部门丰富的专家资源，结合课程模块优选师资，针对国家重大工程需求定制化地开发课程。在课程内容上，既考虑宇航学院的专业设置，又结合北京航天动力研究所的业务范围；在课程形式上，既开展课堂教学，又引入了案例研讨、现场教学、座谈讨论多种形式；在课程时间上，按照不同专题分步推进。

#### 2. 构建突出实践的教学体系

校企联合培养为宇航学院各专业研究生提供了丰富的实习实践选择。校企联合培养平台自建立以来，运行平稳、有序，参加实习的学生数占总人数的1/3左右。实习实践教学培养了学生工程设计的思路，帮助学生深入了解航天系统与分系统设计及型号研发过程，加深了学生对航天系统工程的印象，让航天知识变得触手可及。

#### 3. 构建面向应用的教材体系

宇航学院团队编写的专著《液体火箭发动机优化设计》（2020年度国家出版基金资助项目）于2020年12月于北航出版社出版，荣获2021年第五届中国出版政府奖（图书奖）。团队与中国航天科技集团第六研究院长期紧密合作，对我国新一代运载火箭的主发动机YF-77液氢/液氧发动机和YF-100液氧/

煤油发动机进行了全面系统的仿真与优化设计研究，研究成果处于国际先进水平，支撑了我国新一代运载火箭成功研制。

### 4. 构建突出沟通的教师培训交流体系

校企双方领导高度重视校企联合培养的具体方案及落实情况。课程建设初期，双方历经多次沟通，先后组织多场交流会，相关领导、教学工作人员及授课总师和总工悉数到场，了解培养需求，探讨将工程师请上讲台的可行性，最终确定充分体现北京航天动力研究所特点和专长的课程方案。课程开设后，校企双方定期开展交流会，互相分享授课经验，不断优化授课模式。

### 5. 构建突出效果的质量评估监督体系

从学生汲取知识和航天单位就业需求的角度，通过向学生发放问卷，对教学内容、教学方式、课时安排等进行调查。课程结束后，对学生进行满意度调查、知识考试，对教师的授课效果进行评估评价。对"航天工程实践讲堂"课程学生的问卷调查结果显示，学生对实践类课程的渴望程度非常高，对该门课程的总体评价很好，对于课程教学内容、教师团队配置以及对学生自身帮助程度的满意度较高。学生在课程中掌握了基本的工程实践知识，对该门课程普遍给予肯定，课程达到预期目标。

### 6. 构建突出保障的实践课程实施体系

"航天工程实践讲堂"由宇航学院领导和聘请的航天院所主讲教师共同负责并签署责任书，宇航学院为航天院所来校授课教师颁发特聘教授证书。双方教学管理人员具体负责特聘教授的交通、食宿、教学运行等事宜，选拔课程助教负责学生签到、收发作业等，共同保障课程平稳、有序、高效运行。截至2022年10月，航天动力工程专业学位研究生选择"航天工程实践讲堂"课程的人数累计超400。由于连续多年授课效果突出，"航天工程实践讲堂"被列入2019—2020学年北航精品实践讲堂建设项目。

### 7. 构建突出特色的航天思政共建体系

为深入贯彻习近平新时代中国特色社会主义思想，进一步传承航天精神，宇航学院同北京航天动力研究所开展学生党支部和研究所基层党支部的共建活动，引导学生树立思想旗帜，强化责任担当，促进自身成长成才，以党建促科研，以科研强党建，为发展先进航天推进技术注入强大"红色动力"。双方通过组织召开校所党支部联合座谈会，邀请院所党支部成员分享一线科研工作经历，帮助研究生党员进一步了解航天科研一线的基本情况和未来职业生涯发展方向，为学生党员自我成长、自我发展搭建良好平台；通过组织院所科研生产设施参观实践活动，帮助学生党员深入科研院所，了解当今中国航天事业的最新发展态势，进一步树立航天报国、航天强国的坚定理想信念。通过参与系列航天精神讲座、"职业发展规划与人才能力培养"研讨会，与航天一线党员学习交流，参观航天博物馆等，学生党员体会到中国航天发展与国防建设的艰辛历程，增进了对国防和航天事业的了解，明确了在新时代所应肩负的航天重任，激发了爱国奋斗、科技报国的情怀和决心。

## （二）以综合项目为载体、校企协同培养航天人才模式的探索与实践

宇航学院紧密结合当前和未来我国航天领域的发展需求，以培养航天领域领军和领导人才为目标，与北京航天动力研究所开展校企协同育人，产学研紧密结合，培养高素质航天动力人才。

探空火箭研发是北航航天人才培养新模式的一个有益探索，学生们全程参与火箭设计、制作、试验、发射，理论与工程实践相结合，这是北航航空航天特色和工程技术优势在人才培养领域的重要体现。早在1958年，北航就以火箭系师生为主，研制并成功发射亚洲第一枚探空火箭"北京二号"，受到周恩来总理等党和国家领导人的高度好评。"北京二号"的成功凝聚了北航人空天报国的爱国情怀，敢为人先的卓越追求、勇攀高峰的创新精神，知行合一的实践品质。

2006年11月1日，在中国航天科技集团六院的协作和大力支持下，由北航航天飞行器设计与工程、航天探测制导与控制技术、航天飞行器动力工程三个专业的14名2002级优秀本科生把毕业设计写上蓝天，在酒泉卫星发射中心成功发射了中国第一枚由大学本科生设计制作的探空火箭"北航1号"，这也是酒泉卫星发射中心发射的第一枚由本科生研制的火箭飞行器以及第一枚由学生亲自操作发射的火箭飞行器。"北航1号"的成功发射，入选2006年度"国防科技工业十大新闻""航天科技集团十大新闻"，获得第三届航空航天月桂奖"闪耀新星奖"。2006年"北航1号"参加了珠海国际航展和第八届莫斯科国际航展，在莫斯科国际航展上，俄罗斯总统普京亲临参观。14名参加火箭研制的本科生除两人留校任教外，其余均投身一线航天事业，他们都将青春梦想献给了航天事业。

2008年12月5日，在中国航天科技集团六院等院所的协作和支持下，由北航15名本科生、研究生参与设计、制作，历时两年完成的中国首枚采用固液发动机的探空火箭——"北航2号"在酒泉卫星发射中心成功发射并回收。15名参研同学后来全部进入航天院所工作。

宇航学院20余名研究生在中国航天科技集团六院等相关院所和北航有关单位的鼎力支持下，师生一心历经三年研制"北航3号"固液探空火箭，从设计、生产、装配到试验，一路披荆斩棘，克服重重困难，最终于2012年11月25日成功发射。"北航3号"是我国首枚以过氧化氢固液火箭发动机为动力系统的探空火箭，验证了变推力固液火箭发动机新技术。主要参研学生全部进入航天院所工作。

自1999年起，《麻省理工科技评论》杂志每年都会推出"35岁以下创新35人"榜单，旨在全球范围内评选出被认为最有才华、最具创新精神，以及最有可能改变世界的35位年轻技术创新者或企业家。"北航2号"探空火箭实践队队员袁宇名列2019年中国区榜单。从北航毕业后，袁宇进入北京航天动力研究所工作，履历上拓下了长征三号上面级氢氧发动机研制、长征五号芯二级氢氧发动机研制以及嫦娥工程、高分工程和北斗导航工程等国家级重大项目的参与印记。转战民营航天之后，袁宇又先后参与蓝箭航天液氧甲烷发动机燃气发生器、推力室的研发，创造了液体发动机推力室产品的研发、生产速度记录。目前，袁宇正在全力以赴研制蓝箭航天的"天鹊"百吨级液氧甲烷发动机，助推中国民营航天腾飞。

2020年5月27日，由宇航学院牵头开展的学生大型综合项目"北航4号"临近空间火箭动力飞行器一飞冲天，这标志着北航以综合项目为载体的航天"两领"人才培养体系再结硕果。此次飞行试验成功验证了长时间变推力固液火箭发动机技术和大空域、宽速域火箭动力飞行器总体设计、导航制导与飞行控制技术。长期以来，宇航学院高度重视教学科研相结合的人才培养思路，积极探索以综合项目为载体的人才培养新模式。作为北航学生大型综合项目，"北航4号"从提出设想到成功飞行，先后有博士生21人、硕士生49人、优秀本科生16人参与到火箭的设计、研制和飞行试验中。

2021年10月14日18时51分，由宇航学院牵头开展的亚太空间合作组织大学生小卫星项目主星APSCO-SSS-1在我国山西太原卫星发射中心搭乘长征二号丁遥 53 运载火箭成功发射。依托该项目，宇航学院建设了 2 个系列 12 个专业实验和 3 门本科生课程，自主开发了可视化教学课件，编写出版了 10 余种配套中英文教材和讲义等。APSCO-SSS-1 不仅是一颗技术试验卫星，而且是一颗面向教育教学的卫星：从任务规划到系统设计，从单机研制到总装总测，小卫星的每一个研制环节都给予学生最大的自主权，为学生提供了课程理论与工程实践相结合的教育平台。

2015 年起，依托宇航学院同北京航天动力研究所共建的专业学位研究生实习实践平台，包括《基于压缩感知的火箭发动机欠采样数据处理方法研究》《小型柔性喷管动态性能预测及仿真》《液氧甲烷发动机变截面冷却通道耦合传热分析》在内的多项专业学位研究生实习实践项目获评北航校级工程硕士实习实践优秀成果，多名航天动力工程专业学位研究生依托院所项目展开实习实践和毕业设计，将所学知识转化为技术成果，在完成学业的同时切实参与到型号的一线研制任务之中。

宇航学院先后研制并成功发射"北航 1 号""北航 2 号""北航 3 号""北航 4 号"系列探空火箭和 APSCO-SSS-1 小卫星，这是对"北京二号"人才培养模式的传承和发扬，也是对校企联合培养的探索和发展。通过不同专业间学生合作，培养了学生的综合创新能力；通过产学研结合，培养了学生的工程实践能力；依托国家重点工程项目，培养了学生的航天精神。宇航学院和北京航天动力研究所以此打造了航天专业拔尖人才培养的新模式。2009 年 5 月 6 日，时任国家副主席的习近平同志视察北航，参观了"北航 1 号"和"北航 2 号"，对北航通过产学研协同、综合项目探索人才培养的新模式给予了高度赞扬和肯定。此外，以"北航 1 号""北航 2 号""北航 3 号""北航 4 号"系列探空火箭和 APSCO-SSS-1 小卫星为代表的航天综合项目案例教学，对确定航天综合项目技术线及指挥线、从指标任务到真实产品开发探空火箭的路线、划分和管理产品分系统、划分产品不同阶段及主要工作等进行了介绍。以此制作的"北航系列探空火箭"视频案例，入选全国工程专业学位研究生教育指导委员会工程硕士专业学位建设案例库。

### （三）基于校企协同创新的真空羽流实验室的创建与发展

2012 年 10 月 22 日，中国航天科技集团与北航签署协同创新合作协议。

根据协议，双方共建"北航航天科技协同创新研究院"，以国家科技重大专项和重大工程为牵引，开展应用基础研究和交叉科学研究，联合承担国家科学研究和工程项目，共同规划建设科研基础设施，实施技术转移和成果产业化，共同培养科技和管理高端人才。"真空羽流实验室"是协同创新研究院重点建设的五个实验室之一。

推力器工作时，其喷流向外部真空环境膨胀所形成的羽毛状流场，被称为真空羽流。真空羽流会对航天器产生气动力、气动热和污染效应，导致航天器失控、过热受损和敏感元器件失效，这一现象称为真空羽流效应。真空羽流是关系到航天器飞行安全、航天任务成败的关键问题，历史上曾多次发生真空羽流效应引发的航天事故，真空羽流的研究水平在一定程度上决定着航天器的设计水平。为满足我国航天发展需求，在中国航天科技集团等单位的支持下，"真空羽流实验室"的蔡国飙教授团队发明了"大型超高真空羽流效应实验系统"。该实验系统复杂、难度大、创新性强、发明点突出，总体处于国际先进水平，核心指标——真空度动态保持能力居国际领先水平。"真空羽流实验室"通过与北京航天动力研究所等航天院所联合开展研究，解决了长期制约航天器发展的真空羽流瓶颈，相关成果已成功应用于嫦娥三号月面着陆、神舟八号与天宫一号交会对接，以及嫦娥五号、空间站、运载火箭及上面级和通信、气象、高分、资源、海洋卫星等十多个重点任务的羽流效应评估与设计，为我国航天事业做出了重大贡献，研究成果"大型超高真空羽流效应实验系统"荣获国家技术发明二等奖。通过校企协同创新，获奖团队中的青年教师和研究生均得到快速成长。团队多名博士研究生毕业后进入航天企业工作并迅速成长为技术骨干。

# 北航－北京控制工程研究所专业学位研究生培养案例

## 一、培养概况

为深化落实中央和国家关于产教融合、科教融合的决策部署，进一步深化研究生教育教学改革，推动研究生教育与国家重大战略需求相结合，发挥航空航天研究所在国家重大工程任务中培养高层次应用型人才的优势，培养研究生"空天报国"的信念，促进研究生在科学研究中学习、在实习实践中学习，提高研究生解决实际问题的实践能力和创新创业能力，北航联合北京控制工程研究所开展研究生联合培养和指导。

### （一）培养历程与规模

2019年开始，北航仪器科学与光电工程学院以徐立军教授为团队负责人，李小路副教授为课题方向负责人，与北京控制工程研究所光电部、创新中心等部门，通过资源共享、专家互聘、产学研融合等方式，开展人才培养、科技研发、研究生实习实践等方面的广泛合作。双方在行业背景、专业方向、项目课题等全方位开展广泛的合作，依托北京控制工程研究所集团型号项目、纵向预研项目、横向攻关项目、条件能力建设等平台和渠道优势，以为国家培养一流航空航天控制领域的红色工程师为目标，尝试多样化的联合培养模式，推动双方在产学研融合与人才培养方面共同进步。

2022年，"北航－北京控制工程研究所专业学位研究生实习实践培养基地"（以下简称培养基地）正式成立，校企双方共同建立产学研相结合的应用研究平台，旨在整合双方的科技人员、科技成果、工程实践、市场渠道等资源。双方建立校企长期合作机制，持续开展空间光电测量与智能感知技术交流，推动在空间光电测量与智能感知领域的科研合作。2022年9月双方正式签订协议，按照"优势互补、资源共享、互利共赢、协同创新"的原则，建立实习实践培养基地，充分发挥双方在航空航天行业应用领域和仪器科学与光电工程学科领域内的优势，在友好协商的基础上开展专业学位研究生培养。培养基地在2019年至2022年共培养研究生14人，提供实习实践岗位14个；现有导师10人，其中企业导师5人、校内导师5人。

北京控制工程研究所（即航天科技五院502所）始建于1956年10月，主要从事航天器控制与推进系统、空间测量感知系统研制，以及信息科学领域研究，是推动我国航天强国建设的主力军（见图1）。依托北航仪器科学与光电工程学院的"双一流"建设平台、仪器科学与技术国家一级重点学科、光学工程北京市重点学科，以及自身广阔的先进惯性器件与系统、精密光机电测试、航天器姿态测量与控制、先进传感技术等研发方向，北京控制工程研究所与北航共同创建了"北航－北京控制工程研究所专业学位研究生实习实践培养"项目。

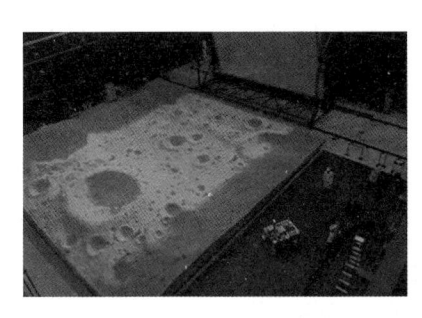

a. "玉兔号" GNC系统物理仿真试验　　b. 天宫二号与神舟十一号对接

图1　北京控制工程研究所的代表性成果

## （二）培养理念与目标

针对航天领域中空间光电测量与智能感知应用空前旺盛的现实需求，北航与北京控制工程研究所按照"厚基础、宽口径、重实践、求创新"的建设理念，以培养服务国家战略需求的高素质航天工程师为建设目标，通过发挥各自的优势，建设了立体式航天实践育人体系，推动了新型航天创新人才培养工作，为我国空天强国和制造强国的建设提供了重要人才支撑。通过资源共享、专家互聘、产学研融合等方式，校企双方在人才培养、科技研发、研究生实习实践等方面实现了广泛合作，科学设定实践创新能力阶段性培养目标，将能够熟练运用实践手段创造性解决实际问题的实践创新能力分解为基础动手能力、综合应用能力、自主创新能力三个层次对学生进行培养。依托双方在空间飞行器、宇宙飞船姿态测量以及空间目标光电测量和智能感知系统的技术基础，北航和北京控制工程研究所开展空间前沿光电测量与智能感知技术研究，实现成果落地转化，并组织面向重大工程型号任务的示范应用验证，搭建国家亟需的创新性人才培养平台。

### （三）主要建设内容

#### 1. 发挥平台优势，夯实学科基础

发挥仪器科学与技术学科上的传统优势，瞄准国家制造强国建设战略转型和由制造大国向制造强国升级中带来的新挑战，构建航天"原型设计—产品测试一体化"思维远景框架，结合国家中长期科技发展规划，深化从高精度激光雷达成像与测量到多模式变视场环境感知的研究内容，扩展精密计量学科的理论范畴，夯实测试计量技术及仪器学科基础。

#### 2. 攻克科研瓶颈，推动技术落地

以前期项目合作为基础，开展能够为国家自主创新提供支撑的原创性应用基础研究，力争提出具备革新意义的技术方案与装备成果；以解决航天企业实际问题为目标，推进技术研究成果落地；积极争取并主持国家重大科研项目，解决本领域关键科学问题，形成完全自主知识产权，力争取得核心关键技术重大突破，支撑相关学科跻身国际领先，为双一流建设做出贡献。

#### 3. 优化队伍建设，加强人才培育

结合联合培养的国际科技前沿，教研一体化全面考虑，凝聚优秀人才，形成一个精密计量学科覆盖较为完整、规模紧凑的学术团队；围绕精密制造计量主题，以发展新兴技术与解决产业需求为目标，培养一批踏实肯干、务实专业的科研骨干；以研促本，带动北航测试计量技术及仪器学科的进一步发展和提升。

#### 4. 加深国际交流，提升学术影响

在北航全面推进国际合作的大背景下，继续加深同国内高校、国内航天研究所与国际研究机构（如英国卢瑟福航天中心）的合作发展，推动由探索交流

到全面的实质合作；拓展在空间环境探测、新型载荷系统等空间科学与技术领域方面的新思想与新方法，继续深入持续地开展高水平、实质性的国际科技合作；继续在国际学术组织和国际期刊发表高水平论文，提高培养学生和学科的国际学术影响力和竞争力。

## 二、联合培养举措

### （一）导师队伍建设

采用"双导师制"实现全日制工程硕士研究生的培养。"双导师制"充分体现了专业型工程硕士研究生的培养特点：校外导师负责组织学生的实习实践，校内导师负责组织学生的学位论文的撰写。导师帮助学生选择实习实践机会。一方面导师可以作为学生和学校的纽带，与学生长期定时交流；另一方面，导师作为学校专业实践环节的管理客体和学生实践的管理主体，通过建立完善的导师管理体系，可以对学生实习实践进行有效的监督和管理。

校企联合培养基地的导师团队具备合理的结构，包括资深教授、青年骨干教师和来自企业的兼职导师：资深教授具有丰富的科研经验和深厚的学术造诣，能够为团队提供方向性的指导；青年骨干教师是团队的中坚力量，具有较强的创新能力和发展潜力；来自企业的兼职导师则能够为团队带来实际应用经验和行业前沿信息。合理的导师团队结构有助于实现产学研的深度融合，提高研究生的培养质量。实践基地为导师队伍营造宽松自由的学术氛围，鼓励导师之间的交流和合作。并通过定期组织学术研讨会、邀请专家学者进行学术交流等方式，促进导师之间的知识共享和思维碰撞，帮助团队导师拓宽视野、提高学术水平。

### （二）实践项目

近年来，校企双方开展了地外天体环境的激光雷达环境感知模型及仿真研究、月球南极高精度自主着陆导航方法研究等多项课题研究，为我国探月任务中极区高精度着陆导航方案预研、地外天体巡航车预研、非合作目标卫星观测与决策等国家任务提供技术支持与智力支撑，为建设航天强国注入新动能，并在课题开展中推进学生的全方位培养。

基于探月工程预研项目，研究生完成的实践项目主要来源于全国重点实验室基金项目、空间光电测量与感知实验室开放基金课题等，这体现了仪器学科前沿和航天应用需求的紧密结合，使研究生能够参加最前沿的学术研究课题和最实用的工程实践项目。实践教学体现在两个方面：在实践培养中，学生参与"资源受限激光雷达地外天体 SLAM 安全路径规划""结合运行状态感知传感器激光雷达环境感知模型及仿真"等项目的申请、实施和验收等环节，参与材料组织与撰写、参考资料收集查询、实验设计、实测验证、论文撰写等多方面工作，为项目提供系统性能设计理论支撑与闭环实验验证，在实践中学习并提高创新精神和实践能力；在课程教学中，专门开设了由实践基地导师作为主讲教师的科研课堂课程"无人车激光雷达环境感知与避障"。

基于深空探测研保项目，研究生完成的实践项目主要来源于航天研究保障专项、全国重点实验室基金项目等，凸显了仪器学科在航天应用需求中的重要意义，使研究生通过研究最前沿的学术研究课题和最实用的工程实践项目提高专业能力。实践教学体现在两个方面：在实践培养中，学生参与"基于逆光局部连续帧点云的近程空间目标识别与位姿估计""非合作目标动态特征智能化识别算法"等项目的申请、实施和验收等环节，参与材料组织与撰写、参考资料收集查询、算法验证、演示程序设计、论文撰写等多方面工作，为项目提供激光雷达点云数据支撑与算法验证平台，在实践中培养和提高专业素养；在课程教学中，专门开设了由基地项目负责导师作为主讲教师的课程"激光雷达探测与成像"。

### （三）条件保障

在实习实践培养保障方面，北京控制工程研究所与北航在行业背景、专业方向、项目课题等全方位具有广泛的合作基础和业务来往，人员往来交流十分密切，研究所从业员工有相当比例毕业于北航，这为双方后续的深入交流合作奠定了非常良好的基础。近年来北京控制工程研究所一直积极与北航共同探索专业硕士研究生培养合作机制，依托集团型号项目、纵向预研项目、横向攻关项目、条件能力建设等平台和渠道优势，尝试多样化的联合培养模式：一是实习实践，以实习的方式让学生加入学科专业团队，参与团队日常工作，每月向其发放劳务报酬；二是联合培养，以项目的方式开展硕士研究生实践培养，让学生参与项目全周期运行，定期给予其生活补助。此外，近年来研究所每年通过接待北航学生参观、组织开放日交流、支持北航实习生大赛等形式大力支持北航人才培养工作。

在实验教学培养方面，培养基地拥有国内领先、国际先进的智能控制物理仿真、星座相对运动及控制等大型试验系统，配备各类高端科研设备 100 余套。结合研究生不同培养目标，围绕空间智能感知与图像处理技术研究这一核心内容，培养基地提供了良好的实验设施和基础条件；同时开放了内部资料室，可为实习实践的学生提供很多宝贵的一手资料，涉及内容广泛且具有超高的挑战性，可根据研究生所学专业有针对性地将其安排到实际项目中。

在实践教学培养方面，坚持"科学规划、学生为本"的原则，保障实践教学活动有序、高效开展。根据设备、项目、人才等条件，高水平的管理团队定期更新完善科学可行的年度实践培养建设方案；根据研究生差异化的培养目标，高水平的教研团队为每位研究生制定满足个性化成长需要的实践计划。实践期间，培养基地还为研究生提供住宿和必要的生活补助等，让研究生专心科研；设立临时功能性党支部，负责研究生的思想政治教育，引领学生思想进步，特别是对参加国家重大战略需要的项目中的实习实践学生，开展爱国主义教育，引导其提高政治觉悟，树立空天报国之志。

## 三、管理模式与制度建设

### （一）组织架构

校企双方共同成立基地培养管理委员会（见图 2），负责培养基地的建设与运行，决定培养基地建设与发展中的重大问题。基地管理委员会的成员由校企双方共同担任，包括企业的高层管理人员、技术专家和专业部门代表，以及学校的二级学院（系）领导、教学骨干和教务管理人员。学术顾问委员会由业内专家或知名学者组成，负责为实践基地提供学术指导和建议，确保教学和研究活动保持高水平。教学委员会负责设计、监督和实施各类教学计划和课程，与学术界及工业界紧密合作，确保课程内容与当前的技术发展和行业需求匹配。

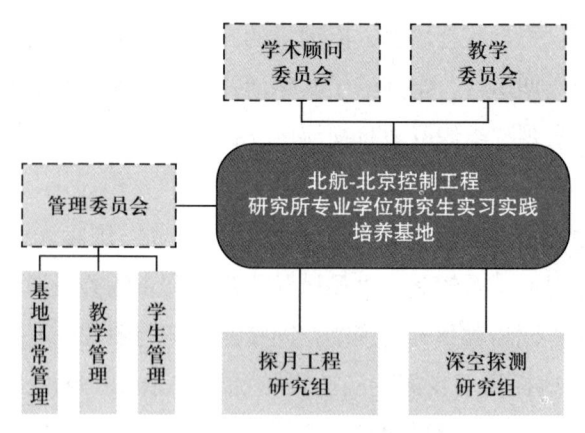

图 2 培养基地管理及组织框架

## （二）师生管理

在师生管理与服务方面，涉及"一个平台、两个纽带、四大要素"：校内单位与校外企业构成一个流动式平台，共同实施联合培养；设置两个专职部门，即以"工程教育中心"和"创业教育中心"为纽带，负责联合培养基地的管理和运营，发挥统筹与联动功能，协调三方合作；四大要素包含企业、课题、导师和学生，四大要素在平台中流转，实现高度匹配，多方共赢，贯穿人才创新能力培养全过程。

师生管理制度不可缺少，校企双方共同制定规章制度，明确联合培养中各参与主体的责任，细化学生专业实践流程及各个环节。校内外导师通过专业实践信息平台，信息互通，共同管理学生的工作，以及完善专业实践评价、竞争和激励机制。

## （三）制度建设

建立多元化的实践评价制度，保障实践培养专业学位研究生的实习实践效果。在评价主体方面，由北航校内导师和企业导师从不同的方面共同对专业学位研究生作出评价。在评价内容方面，主要包括实践期间研究生的政治思想、业务水平和工作表现情况，有针对性地提出改进北航教育教学工作的意见和建议。在评价维度方面，按照知识、能力、情感三个维度进行评价：知识主要包含陈述性知识、程序性知识和策略性知识；能力是指专业学位研究生的基本技能和自主探究的能力，包括动手能力、综合能力和创新能力；情感是指积极的实践态度和良好的行为规范、团队意识、不畏失败和求真务实的精神。在评价方法方面，采用定性评价和定量评价相结合、过程评价和总结性评价相结合的方法。在评价过程方面，评价贯穿整个实习实践过程，将阶段评价和总体评价结合起来。

### （四）机制保障

在激励机制方面，为实践期间的研究生提供住宿和定期发放生活补助等保障，并对实践期间表现良好的学生发放奖金、荣誉证书等，激发学生创新实践活力。

在协同攻关方面，定期安排专家检查、督促研究课题的进展情况，对重大科技难题，组织双方专家成立临时小组，联合攻关。

在资源共享机制方面，为联合培养的研究生提供科学研究或专业实践必需的设备、工具、资料、实验条件和学习研究场所，开放内部资料室，为研究生提供宝贵的一手资料。

在评价机制方面，组织有关专家对联合培养的研究生完成的研究课题进行审定，指导其完成硕士学位论文工作；定期反馈实习实践期间研究生的政治思想、业务水平和工作表现情况，有针对性地提出改进北航教育教学工作的意见和建议；做好对进入培养的研究生的指导、考核、成绩评定和评价工作，向北航出具研究生在实习实践期间的鉴定结果。

在知识产权保护方面，规定研究生在实习实践期间取得成果的第一完成单位为北航，科研成果的知识产权归属由双方另行协定后做出明确规定，同时研究生在实习实践期间应严格遵守双方的保密规定，不得以任何方式泄露保密信息；实习实践期间所有相关系统、设备、资料、数据未经允许不得随意进行传输和运输。

## 四、特色及示范性经验

### （一）卓越人才培养

北航仪器科学与光电工程学院和北京控制工程研究所依托各自的人才和资

金等支持，围绕国家重大需要，在航空航天技术领域预研和工程应用方面，开展协作攻关，联合申请预研、重点、重大项目和产学研转化重点课题，以项目为牵引，建设高水平航天人才队伍；通过深化研究生教育教学改革，提高研究生培养质量，推动研究生教育与国家重大战略需求相结合，培养研究生"空天报国"信念，促进研究生在科学研究中学习、在实习实践中学习，提高研究生解决实际问题的实践能力和创新创业能力，加强航天特色学科专业建设，培养航天后备人才队伍。

在人才培养方面，培养基地的招生规模逐步扩大、生源质量稳步提升。截至2022年，共培养硕士生20人（已获硕士学位18人）、博士生3人，协助培养博士生9人（已获博士学位7人）。培养基地指导的硕士研究生多人获"北京市优秀毕业生"称号，获北航校级优秀硕士学位论文、国家奖学金等奖项（见图3）；指导的博士研究生获得"博士后创新人才支持计划""研究生创新实践基金"等计划支持。

图3 学生科研、竞赛获奖

在课程教学方面，校企双方在学术选题、方法分析、实验验证和论文撰写等方面为研究生提供悉心指导，使其掌握科学研究方法；针对国家在仪器学科领域的长远规划和急迫需要，优化课程设计，把牢课程质量关；围绕价值塑造、能力培养、知识传授"三位一体"的培养模式，秉承"本研一体、以研促本"的北航课程特色，推行"理清概念、明确应用"的教学体系，遵循"立足前沿、教研融通"的教材建设思路，践行"科教融合、产教融合"的实践育人理念。在教学体系建设中，形成"1+3"的授课方式，即形成相互交叉、综合运用、融会贯通的"一体化"课程内容，形成"书本层次"理清基础概念、"应用层次"分析典型应用案例、"社会层次"介绍企业和产业技术需求的授课方式。结合团队承担的重大科研项目，选取战略性和前沿性课题，融入研究生核心专业课程"激光雷达探测与成像"的教学实践中。

在育人成效方面，在国家重大需求牵引下，引领研究生走进一流高校、中科院研究所等国家重要研究机构，了解学术前沿；建立北航和科研院所、行业产业等协同培养机制，引领研究生走进航空航天龙头企业，了解产业发展趋势和企业技术需求，推进产教融合培养高层次应用型创新人才。培养基地所指导的硕士研究生入选国家级校企联合培养卓越工程师计划（先进试验与测试领域）。

## （二）师资队伍建设

实践基地隶属于北航仪器科学与光电工程学院，学院拥有国家重大科技基础设施1个、国家级重点实验室1个、国家级合作基地2个、省部级实验室6个、省部级工程技术研究中心1个以及国际合作基地1个。北航航空科学与技术国家实验室、惯性技术国家级重点实验室、精密光机电一体化技术教育部重点实验室为联合培养提供了持续性、必要性研究条件与保障措施。学院建设的教育部重点实验室、工信部重点实验室、111引智基地、中英（NLAA-RAL）空间科学与技术联合实验室增强了学院承担重大基础研究、探索性研究、重大研究项目的能力。

实践基地所在的测控技术与仪器专业入选了教育部"卓越工程师"计划，并通过了教育部工程教育专业认证。经过多年的建设，所在仪器科学与技术学科已建设有精密测量与机器视觉、先进传感技术及网络、复杂流动体系监测等具有国际水平的研究方向及研究基地；所获研究成果处于国际先进、部分领先的水平。持续强化导师队伍建设，团队导师具有多学科交叉背景，以促进研究生教育的知识创新和技术创新；践行企业全面参与、校企密切合作的人才培养模式，论文选题为社会发展和企业生产实践所需求，培养质量由校企共同参与的过程监控和评价体系作保障，推动了专业学位研究生培养模式的转变与创新。

以双导师制为基础优化导师管理体系，保证人才培养质量。企业导师负责指导学生的实习实践环节，北航校内导师负责指导学生学位论文的撰写。强调导师能力的提升，针对极区高精度着陆导航方案预研、地外天体巡航车预研、非合作目标卫星观测与决策等国家任务，开展空间前沿光电测量与智能感知技术研究，全面提升空间环境感知的准确性和智能化水平，促进研究生教育的知识创新和技术创新，为培养基地的师资建设提供了有力支撑。截至2023年12月，培养基地共有导师10名，其中企业导师5名（组长为研究员），北航校内导师5名（组长为国家级人才），形成了教授（研究员）、副教授（副研、高级工程师）、助理教授（工程师）和博士后等青年学者相互协作的学术梯队。

### （三）科研协同攻关

依托北京控制工程研究所集团纵向科研项目、横向市场项目、条件能力建设等平台和渠道优势，校企双方尝试多样化的联合培养模式，以为国家培养一流航空控制领域的红色工程师为目标，推动双方在产学研融合与人才培养方面共同进步。为了持续推动航天强国建设的步伐，校企双方近年来聚焦地外天体环境探测、探月自主着陆导航等多方面课题。这些研究成果不仅为地外天体巡航车的设计研发提供了宝贵的参考，也为我国探月工程中的极区着陆导航方案提供了重要的技术储备，双方的合作为我国航天事业的进步注入了新的活力。双方紧密结合北京控制工程研究所的多项重大业务需求，依托合作单位北京控制工程研究所的科研优势，多次突破关键技术瓶颈，为北京控制工程研究所的实际业务提供了有力支撑。

在探月工程方面，重点解决了月球南极着陆导航自主性差、地外天体巡航车导航安全性低等问题。实践基地聚焦月球南极高精度自主着陆导航需求，开展"月球陨坑检测和陨坑匹配技术研究"，在研究中突破低太阳高度角条件下陨坑导航技术，为我国探月任务中极区高精度着陆导航方案预研做出了贡献。实践基地聚焦地外天体安全自主巡航需求，开展基于激光雷达的障碍识别与避障路径规划研究，提出了高安全性路径规划算法，为激光雷达地外天体SLAM

安全路径规划提供了算法基础及器件性能参数设计依据。

在深空探测方面，针对点云数据规模海量增长情况下"探测资源受限"、非合作目标工况多变情况下"点云特征误匹配对多"等问题，校企合作团队开展激光雷达在空间非合作目标探测应用中的研究，在研究中突破极限指标设计与高精度非合作目标位姿估计关键技术，实现了探测距离变化、背景逆光干扰、目标动态扰动等因素引起的点云稀疏化、噪声干扰、局部化等情况下的非合作目标高精度位姿估计，为保证探测资源受限、变特征工况条件的空间非合作目标探测的低功耗与高精度做出了贡献。

## 五、典型案例

"北航－北京控制工程研究所专业学位研究生实习实践培养基地"在支撑专业学位人才培养进程中，深化落实中央和国家关于产教融合、科教融合的决策部署，进一步深化研究生教育教学改革，推动研究生教育与国家重大战略需求相结合，发挥北京控制工程研究所在国家重大工程任务中培养高层次应用型人才的优势，培养研究生"空天报国"信念，促进研究生在科学研究中学习、在实习实践中学习，提高研究生解决实际问题的实践能力和创新创业能力。

### （一）协同培养科研团队建设

建立合理的学术和人才培养梯队，以资深教授领衔、青年教师作为骨干，带领本科生以及硕士和博士研究生结合国家战略需求，开展有目标、有组织的科研活动。目前，已构建探月工程项目、深空探测项目等科研团队，部分优秀的科研团队建设情况如下。

#### 1. 探月工程项目协同培养团队

探月工程项目协同培养团队，依托北京控制工程研究所的开放基金项目，针对探月工程这一国家重大需要，聚焦月球南极高精度着陆导航的重大应用，突破低太阳光照角、资源受限条件下的视觉导航技术瓶颈，显著提升了陨坑检测和陨坑匹配等核心应用的性能，为未来月球南极科学探索和基地建立提供了有力技术支持。该团队中的学生通过实际科研项目的锻炼，提高了专业能力，拓宽了行业视野，获得研究生学业奖学金二等奖、北航优秀团员、优秀辅导员等荣誉（见图4）。

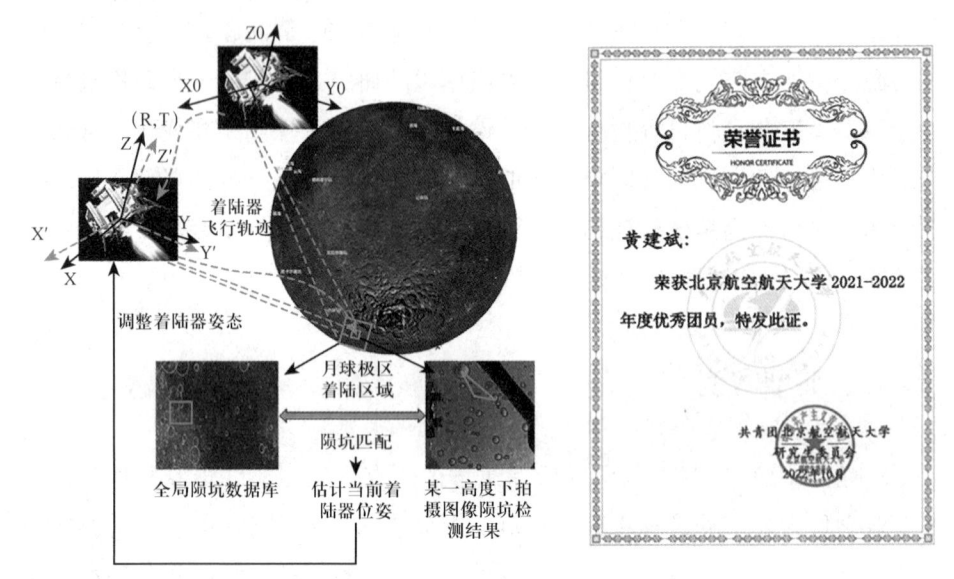

图4　探月工程项目协同培养团队的部分设计与荣誉

**2. 深空探测项目协同培养团队**

深空探测项目团队，依托国家级重点实验室基金、北京控制工程研究所开放基金项目等项目，聚焦探测资源受限、变特征工况条件的空间非合作目标探测，突破极限指标设计与高精度非合作目标位姿估计关键技术，为保证空间非合作目标探测的低功耗与高精度做出贡献。该团队中的学生通过实际科研项目的锻炼，提高了创新精神与实践能力，拓宽了行业视野，获得硕士新生奖学金、研究生学业奖学金一等奖、优秀硕士学位论文等荣誉（见图5）。

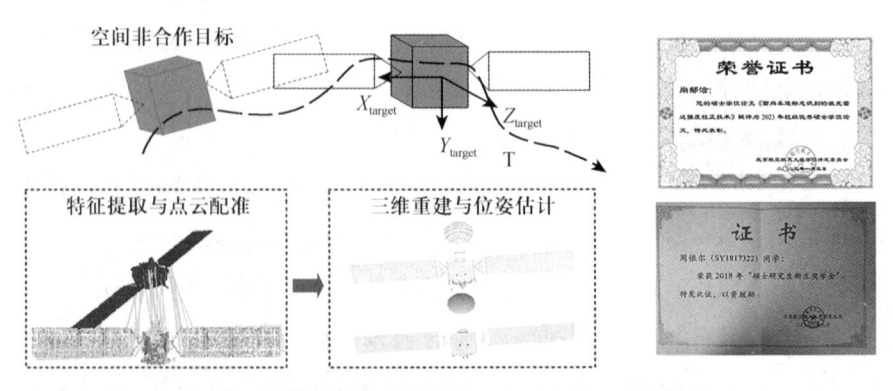

图5　深空探测项目协同培养团队的部分设计与荣誉

## （二）人才培养

通过校企协同培养，依托平台优势，培养基地面向国家重大需要和行业技术前沿，开展探索实践，在科研过程中发现实际应用中的关键问题，提升学生在探月工程、深空探测等高精尖技术领域的专业能力，坚定学生空天报国的理想信念，培养出了一批全面发展的优秀学生。

2021级全日制专业型博士学位研究生，2018—2021年在探月工程项目协同培养团队攻读硕士学位，在研究中突破低太阳高度角条件下陨坑导航技术，为我国探月任务中极区高精度着陆导航方案预研做出贡献；在实践中提升了思想政治站位，担任学校第十七次党代会代表，担任北航仪器科学与光电工程学院兼职辅导员，负责学院党建工作和2021级硕士研究生带班工作，开展学生的思想引领与日常管理工作；2022年获得北航学业奖学金二等奖、优秀团员、优秀辅导员等荣誉。

2021级全日制学术型博士学位研究生，2018—2021年在深空探测项目协同培养团队攻读硕士学位，开展激光雷达在空间非合作目标探测应用中的研究，在研究中突破极限指标设计与高精度非合作目标位姿估计关键技术，为保证探测资源受限、变特征工况条件下空间非合作目标探测的低功耗与高精度做出贡献；发表Q1区SCI论文2篇，获北航优秀学术论文奖，获北航学业奖学金一等奖。

2022届全日制专业型硕士学位研究生，开展激光雷达强度校正与反射率标定研究，在研究中突破基于激光雷达强度的车道标志识别关键技术，为提高月球车导航安全做出贡献；发表SCI论文1篇，获得2022年国家奖学金、2023年校级优秀论文、研究生学业奖学金一等奖，2023年硕士研究生毕业后进入企业继续开展科研工作。

## （三）课程建设

校企联合培养可以促进实现"科教融合、产教融合"的北航课程特色。通过本科核心通识课"激光雷达——从探测到成像"解读应用领域的企业应用典型案例，加深本科生对仪器专业领域的理解；通过本科科研课堂"智能感知复杂信号处理技术"，激发本科生学以致用的科研动力和创新活力；从校企联合承担的重大科研项目中选取战略性和前沿性课题，融入研究生核心专业课程"激光雷达探测与成像"的教学实践中。

北航以"科教融合、产教融合"为引擎，培养科研攻关与工程实践为一体复合型人才。将本科生的培养从科技竞赛过渡到产教协同培养，依托本科科研课堂"智能感知复杂信号处理技术"锚定大二和大三本科生，经过指导，2023年1人获第二届全国仪器类本科优秀毕业设计论文奖，2024年1人获第三届全国仪器类本科优秀毕设论文一等奖、1人获二等奖；指导本科生获"北京大学生优秀创业团队""冯如杯""仪光杯"等竞赛奖12项。在研究生培养环节，对研究生在学术选题、方法分析和论文撰写等方面细心指导。指导的研究生中多人获得"北京市优秀毕业生""校级优秀硕士学位论文""北航优秀毕业生""国家奖学金"等荣誉。在研究生核心专业课程"激光雷达探测与成像"教学中讲述研攻关思路，指导的学生中，2024年2人获全国光学与光学工程博士生学术联赛北京赛区优秀奖、1人获博士卓越学术基金。

# 北航－中国科学院理化技术研究所专业学位研究生培养案例

## 一、培养概况

北航化学学院与中国科学院理化技术研究所（以下简称"理化所"）共同开展联合培养。理化所组建于1999年6月，是以原中国科学院感光化学研究所、低温技术实验中心为主体，联合北京人工晶体研究发展中心和化学研究所的相关部分整合而成。理化所现有在职职工520人，其中中国科学院院士4人、中国工程院院士1人、美国工程院外籍院士1人、第三世界科学院院士2人，正高级专业技术人员107人、副高级专业技术人员171人。

理化所是以物理、化学和工程技术为学科背景，以高科技创新和成果转移转化研究为职责使命的研究机构。其主要研究领域为光化学/功能材料与技术、功能晶体与激光技术、低温科学（工程）与技术、仿生超浸润界面科学与技术、国家安全相关技术、生物基材料与医用技术装备。理化所现有1个国家级工程研究中心、1个国家级重点实验室、6个中科院重点实验室、2个北京市重点实验室、若干研究中心和研究组；现有博士生导师90人，硕士生导师76人，在学博士、硕士研究生约800人。

为了解决北航化学学院历史短、师生体量小、平台弱的问题，学院与理化所聚焦化学领域对人才的多元化需求，结合北航办学定位，针对航空航天领域的重大战略，以特色学科方向和北航化学学院、理化所的高质量师资为依托，构建了多元化的菁英育人体系，注重原始创新，意图尽快合作研发原创性的科研成果。在江雷院士的引领下，菁英育人体系一定程度上支持了北航化学学院的科研发展：面向国家重大战略需求和国际学术前沿，着力发展仿生智能界面化学、仿生轻质高强材料、能源材料与器件等研究方向，通过揭示生物体浸润表面、轻质高强结构、高效能源转化原理，仿生制备系列自清洁、防结冰、定向集水、高性能太阳能电池材料与器件等，引领国内外仿生材料化学研究前沿，强有力支撑化学专业人才的培养。

双方联合培养的雏形起始于 2015 年，主要的参与单位是北航化学学院，导师团队由化学学院相关导师和理化所导师共同自发形成。其原因是北航化学学院处在建院之初，学院实验平台难以满足科研发展和研究生培养的需要，江雷院士时任北航化学学院院长，自发组织双方单位共同合作培养研究生。北航化学学院在 2020 年开始招收专业学位硕士研究生，为了更好地满足专业学位研究生的培养需求，北航化学学院与理化所进行友好协商，结束原来课题组的自发式合作，正式成立"北航－中国科学院理化技术研究所专业学位研究生实习实践基地"，并签订合同。目前联合培养的规模是专业学位硕士研究生 8~10 人 / 年，专业学位博士研究生 2~3 人 / 年。

## 二、联合培养举措

北航化学学院与理化所双方具有良好的合作基础，在人才培养、科研项目合作、联合培养博士研究生、共建实践基地等方面开展了广泛的合作。

### （一）合作科研项目情况

双方共同申报并获批国家重点研发项目"仿生纳米结构能量转换材料及器件"，项目由理化所闻利平研究员主持，北航高龙成副教授参与其中的课题"基于纳米结构能量转换系统的集成"。在该项目的支持下，北航高龙成副教授与江雷院士等人合作，论文以 *One Porphyrin Per Chain Self-Assembled Helical Ion-Exchange Channels for Ultrahigh Osmotic Energy Conversion* 为题在 *Journal of the American Chemical Society* 期刊发表。科技部重点专项"新型生物组装自愈合牙修复材料的制备与性能研究"由北航郭林教授主持，理化所特别研究助理刘绪博承担其中的课题"仿生组装牙修复材料的制备及构效关系"。在该项目支持下，已在国际期刊 *Nano Lett.* 上发表综述类文章 1 篇。

## （二）双方共同制定联合培养本科生、研究生合作协议

为了充分发挥北航化学学院和理化所的优势，双方坚持科学研究与人才培养并举、出成果和出人才并重，为国家提供可持续发展的创新性高层次科技人才。2015年，双方签订了联合培养本科生协议书。2021年，双方联合成立"iChem学生科技创新中心"，针对本科生开展科技创新训练，培养具有国际视野的化学领域领军创新型人才；同年，双方又签订了联合培养博士研究生协议书，开启联合培养博士研究生的实践与探索。

## 三、管理模式与制度建设

### （一）导师队伍

双方联合培养的导师队伍包括博导50人、硕导40人，其中两院院士3人，国家级人才11人，国家级青年人才10人。

### （二）实践条件

以理化所工程塑料国家工程研究中心和3个中科院重点实验室作为学生主要的实践教学基地，占地面积约20亩，目前有各种先进的分析测试设备百余台，总价值约2.5亿元，仪器设备的配置主要围绕理化所急需的结构分析、化学分析、光谱分析、低温计量、机加工与设计、液氮液氦保障和抗菌检测分析等科研需要。服务范围包括：表面形貌、微观结构和化学成分分析、光谱分析与光学性能表征、薄膜材料制备、光电-介电性能表征测试、有机物分子量和化学分析、抗菌检测分析和机械设计与精密加工等。

### （三）实践教学、思想政治教育、社会责任教育

联合培养的学生与理化所在籍学生统一管理，结合研究生入所教育、实验室安全培训、思政教育活动、课题组组会等开展相关教育教学工作。

## （四）制度建设、机制保障

双方主要从以下两个方面建立健全专业学位研究生的培养机制。

**1. 建立双导师制，突出双方导师的课程教学和实践指导能力**

建立导师定期交流合作机制，为专业学位研究生聘请具有丰富实践经验的导师作为导师组成员，共同制定培养计划、课程体系、培养的资源等，共同参与教学、案例教学应用等，共同指导学生实践；构建分工明确、优势互补、通力合作的双导师制，将课程教学与实践教学有机结合，从而有力支撑对学生应用能力和实践创新能力的培养；大力推进实践教学工作，提高专业学位研究生的培养质量。

**2. 加强对培养过程的监督，着力提高学生的实践创新能力**

北航化学学院与理化所紧密结合我国经济社会和科技发展需求，依托培养基地建立并健全理化所在课程教学、实践训练和学位论文等全过程参与研究生培养的合作机制；结合实际，制定研究生培养细则，明确考核要求，落实学生的时间分配和具体培养内容，加强对学生培养过程的监督；紧密结合实际，建立协同育人培养模式，培养学生综合运用知识解决实际问题的能力，提升其在学成果的创新性，鼓励学生在学期间取得创新成果、案例分析等应用性成果；注重专业学位论文的应用性和行业应用价值，采用阶段考核和终期考核相结合的考核方式，着力于培养学生的实践能力、创新能力、综合素质提升和知识体系构建等方面，培养德才兼备的高层次、应用型、复合型专门人才。

## （五）辐射带动作用

双方以科教融合协同培养为途径，以实习实践培养为载体，通过资源共享、专家互聘、产学研融合等方式，为国家行（企）业单位输送理论基础扎实、解决实际问题能力突出的研究生专业学位的应用型人才；同时，以实践培养为纽带，推动校所深度合作，促进双方参与专业学位研究生的培养，充分发挥各自优势，构建人才培养、科学研究等多元一体、互惠共赢的资源共享机制和合作平台。

## （六）生活条件

理化所位于北京市海淀区中关村，所内有咖啡厅、健身房、篮球场等休闲娱乐场所，补贴由学生所在课题组负责。

## 四、特色及示范性经验

### （一）人才培养体系

在人才选拔方面，得益于宣传力度的加大和诸多优秀老师突出的科研成绩，学院吸引了众多优秀学生报考，报考人数逐年递增。2021年至2023年，共招收专业学位博士研究生11人，专业学位硕士研究生74人。来自"985""211"高校的学生占比逐年升高，目前学生生源稳定，质量较高，呈现稳步增长趋势。

在课程教学方面，学院修订了专业学位研究生的培养方案，优化了课程体系，汇聚了优质课程资源，将知识和能力结构突出体现在对研究生基础理论素质、科学及人文素质、实践能力素质、创新意识素质等方面的培养，使学生掌握系统扎实的基础理论、基本实验方法和技能，具有一定的基础研究和应用基础研究能力。从实践教学方面，学院全面推进专业学位人才培养模式改革，使人才培养从基于"知识"模式向基于"创新能力"模式转变。在新一轮的课程培养体系建设与规划中，学院着力突出三个"更加"，即更加重视学科交叉能力的培养，更加重视通识与专业并重的综合素质培养，更加注重学生的实践创新能力及个性化发展需求，以培养研究生的实践能力和创新意识为目的，开展多元化实践活动，提高研究生运用理论知识解决实际问题的能力。目前化学学院已有四门课程获批北航研究生精品课程建设，"优化课程设置和培养模式提升化学专业研究生培养质量的教学改革与实践"获2021年北京市高等教育教学成果奖一等奖。

研究生联合培养取得了显著的成果，为我国科研院所和相关企事业单位培养了大量的专业技术人才。毕业的研究生中，约70%进入企业从事管理、研发工作，其他人选择进入党政机关、初中等教育单位。

## （二）实验平台升级

北航化学学院与理化所不断完善实验平台建设，创造全方位的实践条件。理化所现有 1 个国家级工程研究中心、1 个国家级重点实验室、6 个中科院重点实验室、2 个北京市重点实验室。北航化学学院的仿生智能界面教育部重点实验室，目前拥有万元以上仪器设备合计 110 余台（套），其中大型仪器近 20 台（套），仪器设备总价值约 4 100 万元，已建成激光拉曼光谱实验室、光谱实验室、光电综合实验室、原位纳米力学实验室、X- 射线衍射实验室、X- 射线显微成像实验室、扫描电子显微镜实验室、原子力显微镜实验室、高性能计算室、热分析实验室、纳米压痕实验室。大型仪器设备共享平台是教学、科研和学科建设的重要组成部分，为研究生提供良好的实践平台，对提高教学、科研水平，促进学科间交叉融合，加强高层次创新人才的培养及创新成果的获取起着至关重要的作用。

## （三）联合培养成效

学院强化个性化培养，充分发挥校所双方的资源，将高水平的科研资源转化为人才培养的资源，加强"学院导师+中科院系统导师"的双导师联合培养机制和国内外交流合作。基于此，北航化学学院研究生培养成效显著，形成了研究生实践新范式，为高校和科研院所的研究生实践与培养提供了有益借鉴，取得了良好的效果。同时，双方的联合发展提升了研究生培养能力，强化了师资队伍建设和化学学院的师资培养能力，目前化学学院已经培养国家级人才 12 人、国家级青年人才 20 余人次、宝钢优秀教师 2 人、北京市优秀教师 2 人等。基于北航化学学院与理化所联合培养的研究生的科研成果、科研方法，双方共同编著了《仿生智能纳米材料》等教材，用于研究生的思维培养。以江雷院士、郭林教授、刘明杰教授为代表的众多导师在校所合作中培养了大批优秀研究生，取得了一系列重要创新成果，受到学界的认可与广泛关注。近年来，以培养基地为依托，学院的研究生培养压实了实践教学对人才培养的支撑作用。

## 五、典型案例

### （一）*Nature* 刊发刘明杰教授课题组在超强材料方面的最新研究成果

2020年4月8日，*Nature* 杂志以在线全文 Article 的形式发表了北航化学学院刘明杰教授课题组和江雷院士在超强材料方面的最新研究成果 *Layered nanocomposites by shear-flow-induced alignment of nanosheets*。赵创奇博士、张鹏超博士、周嘉嘉副教授为共同第一作者，刘明杰教授为通讯作者，北航化学学院为第一完成单位，理化所为合作单位。通过校所协同培养，依托校所两方的平台优势，北航化学学院博士生和理化所博士生共同合作，提出了基于极稀反应溶液的液体超铺展制备策略，该研究开发了一种基于液体超铺展制备层状结构复合膜的新方法，解决了层状结构复合材料无法大面积连续制备的难题，并提出了无机纳米限域空间内高分子链的运动受限是导致复合材料超高力学性能的科学机理。该工作为仿生材料的结构设计及大规模生产提供了新的解决途径，得到了国家重点研发项目、国家杰出青年自然科学基金、国家自然科学基金和教育部111引智计划等的资助。

### （二）*Science* 刊发北航化学学院程群峰教授课题组最新成果

2021年10月1日，*Science* 以 Report 的形式发表了北航化学学院程群峰教授课题组在仿生高分子碳化钛纳米复合材料的最新研究成果 *High-strength scalable MXene films through bridging-induced densification*。万思杰、李响、陈英为共同第一作者，程群峰教授为通讯作者，北航化学学院为第一完成单位。轻质高强高分子纳米复合材料是解决航空航天领域复合材料小型化、轻量化等瓶颈问题的重要材料，目前航空航天领域广泛使用碳纤维复合材料代替金属材料实现减重。孔隙是影响碳纤维复合材料性能的一个至关重要的因素，高孔隙率往往导致碳纤维复合材料在服役过程中发生灾难性失效。改善碳纤维与高分子基体界面浸润性和制造工艺等策略可以降低复合材料的孔隙率，利用无损检测方法确定复合材料的孔隙率达到国标和航标要求后方可安全使用。程群峰教授课题组长期从事高分子纳米复合材料的基础研究工作，该工作得到理化所江雷院士的指导，在中科院物理所禹习谦研究员和潘弘毅博士研究生，中科院生物物理所贾星、牛彤欣、冯韵和齐晨博士研究生的通力合作和帮助下，通过校所联合培养，依托平台优势，该研究成果得以发表。该项研究工作得到国家杰出青年基金、国家重点研发计划、国家优秀青年科学基金、面上项目、牛顿高级学者基金、北京市杰出青年基金、中国科协优秀中外青年交流计划、北航青年拔尖人才计划、青年科学家团队、北航卓百博士后计划、生物医学工程高精尖中心以及111引智计划等项目的资助。

# 北航－奇安信专业学位研究生培养案例

## 一、培养概况

### （一）共建单位

奇安信科技集团股份有限公司（以下简称奇安信）成立于2014年，专注于网络空间安全市场，向政府、企业用户提供新一代企业级网络安全产品和服务。凭借持续的研发创新和以实战攻防为核心的安全能力，奇安信已发展成为国内领先的基于大数据、人工智能和安全运营技术的网络安全供应商。奇安信牵头主持科技部国家科技重点研发计划、工信部工业互联网创新发展工程等多项国家级课题研究；获发明专利619项，计算机软件著作权千余项，获国家保密科技进步奖二等奖1项，北京市科技进步二等奖1项、三等奖2项，中国通信学会科技进步二等奖1项，国际信息社会世界峰会（WSIS）奖1项，世界互联网领先科技成果奖1项。内生安全、新一代网络安全框架成为网络安全领域技术和产业创新风向标。

### （二）建设理念与目标

"北航－奇安信网络空间安全协同育人培养"深度落实国家"产教融合，科教融合"的政策方针，逐步落地相关阶段重要目标。产教融合的目标将深度挖掘北航的教学科研资源与奇安信的产业资源，对网络空间安全人才的培养方案、培养标准、培养过程、培养工具等进行深度融合和重构，实现教学、应用、科研一体化的网络安全产业全场景教学、全要素集成和人才培养过程全生命周期管理。

双方共同的建设目标是全面赋能落实"产、学、研、转、用、创"一体化的产业合作思想和产教融合模式与实践相结合的能力，共同打造国内一流的网络安全工程技术应用型人才培养模式，为社会和本地产业经济建设输送满足实际岗位要求的人才；以高层次、高质量网络安全人才培养为目标，以深化产教融合为途径，充分发挥网络安全人才对产业发展的支撑引领作用，在全国形成一批具有示范性的高层次人才培养新模式。

### （三）培养规模

每年双方共同培训超过 100 名在校学生，间接带动超过 100 名相关人员就业，不断传递网络空间安全能力，增加高校安全专业人才储备，引入安全龙头企业入驻，培育孵化一批网络安全初创型企业，建成北京网络空间安全产教融合新标杆，形成带动北京网络空间安全"高素质人才硅谷"发展的强大引擎，提升北京以及国家网络空间安全治理水平，助力北京以及全国网络空间安全产业生态圈的建设，实现国家"一带一路"、网络安全战略与地方政府产业发展战略相结合。

### （四）总体建设历程及进展

2018 年 1 月 17 日，北航与奇安信正式签署战略合作协议，双方将在网络安全领域的应用基础研究、网络安全人才培养、网络空间安全学科建设等方面开展全面合作。奇安信集团董事长表示，将全力以赴与北航共同打造一流的网络安全技术创新体。

北航与奇安信一起组建高水平的联合专业研发团队，共同承研具有国际前沿水平的创新安全理论和关键技术课题；联合培养高素质研发和应用人才，满足国家对不同层次创新型网络安全人才的培养需求。双方以联合实验室为依托，在北航建设一流网络安全实验实践教学平台，在奇安信建设一流的网络安全实践实训培养基地，助力北航一流网络空间安全学科的建设，为国家培养国际一流的网络安全专业人才。在合作机制方面，双方共同成立战略合作领导小组、建立定期互访制度。

2020 年 12 月，北航与奇安信签订了协同育人合作协议，期望通过教育部产学合作协同育人项目的实施建立合作伙伴关系，通过实施大数据系统安全教学内容及实验设计项目，实现高校人才培养与企业发展的合作共赢。奇安信支持北航在"云计算安全与运维""安全数据分析""工控安全""身份安全""功放对抗"等领域开展教学内容和课程体系改革项目工作，提出课程必须符合网络安全、云计算、大数据、人工智能等前沿技术方向，重点建设和推广云计算、大数据等专业和课程。双方建立双向合作机制，创立符合产业需求与促进高校专业学科发展的人才培养模式，设立资助课程项目，构建全新课程体系。基于以上合作，双方已联合出版教材2本，联合获批国家级项目1项、省部级项目2项，实现专利转化2项，共同编写发布《网络安全人才能力发展白皮书》《物联网安全白皮书》。

## 二、联合培养举措

### （一）导师队伍

奇安信配备10余名企业导师，包括国务院政府特殊津贴享受者、科技创业领军人才1人；承担国家重点研发计划、国家科技支撑计划、国家科技重大专项、国家"863计划"、国家"973计划"等的国家级项目20余项；获国家科技进步一等奖1项、省部级奖励10余项。

北航网络空间安全学院师资力量雄厚，现有专任教师56人，其中包括国家网络安全优秀人才1人、国家网络安全优秀教师1人、国家级人才3人、国家级青年人才5人、北京市教学名师2人和北京市优秀教师1人；拥有国家级平台2个及省部级重点学科支撑平台8个；学科教师获国家科技进步二等奖1项、省部级一等奖6项、省部级二等奖2项。

### （二）培养模式改革与探索

研究生培养模式的改革与探索主要包括两个方面：一方面是探索并成功实行了以校企联合培养为主要依托的全日制专业学位硕士研究生的培养模式，对于工程型硕士研究生培养具有参考价值；另一方面是通过联合培养基地的建设和运行，实现了网络空间安全高级实战型人才的培养目标。通过联合培养研究生，探索了校企紧密合作联合培养的有效途径，实现了联合培养模式的创新，建设了以共建的研究生联合培养基地为主要执行单位的研究生培养体系。联合培养以国家战略需求为科研出发点，以提升学生的创新能力为根本任务，以开放机制实现持续发展，是人才培养的重要依托。通过联合培养，汇聚了行业、企业全方位资源，实现了研究生培养从"学术或工程"单一能力培养到"学术+工程"复合能力培养的转变，实现了"单学科"到"多学科"交叉融合的转变，成功实现了"因材施教"的分类培养模式。

### 1. 培养模式方面

实施多学科交叉培养，由网络空间安全、计算机科学与技术、电子信息、管理科学、法学多个学科联合培养研究生，探索以行业人才需求为导向，以提升企业主动性、积极性为着力点的校企协同育人模式，形成以创新能力为核心、以真实问题环境为依托、以工程实践能力带动的高端人才培养模式。通过双导师制等举措和课程与实践教学体系的创新，形成了研究生的培养目标体系，如图1所示。

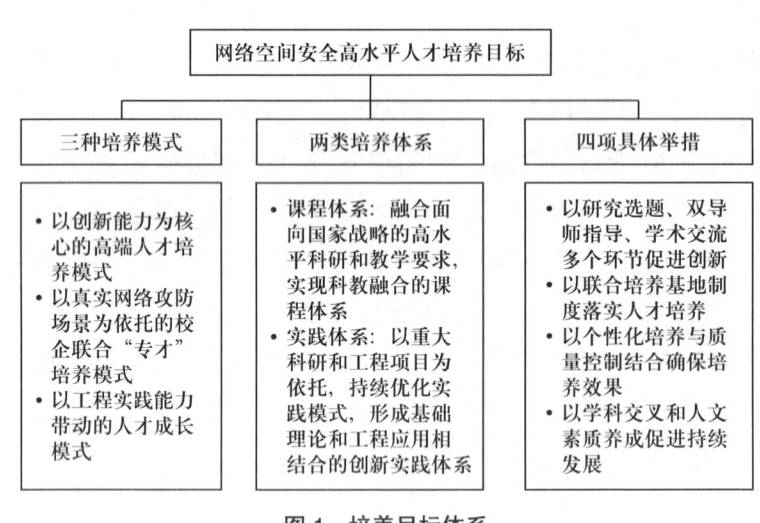

图1 培养目标体系

通过面向人才培养全周期的各项举措，有效保障人才培养的效果。首先，以落实联合培养制度实现人才培养，推行校企导师联合指导的双导师制，学生在完成基础课学习任务后，到奇安信的互联网应急中心进行科研工作，由中心导师和学校导师共同指导其完成学术和学位论文的撰写。其次，以个性化培养环节与质量控制相结合提高培养效果，充分尊重个体差异，激发学生内生动力，将学生的个体发展与培养目标有机结合。最后，以学科交叉和人文素质养成为学生打下可持续发展和创新的基础，通过多学科交叉，拓宽学生视野，提升创新素养，培养学生持续学习、终生学习的能力。

完善面向专业学位研究生的教学体系和实践体系。全面建设了由培养网络空间安全专门人才的课程教学体系、实验教学体系、创新实践与研究体系、学术交流体系、质量评估与监控体系构成的研究生培养体系，专门设定了培养方案，强化了研究生创新能力培养。面向行业应用，以重大科研和工程项目为依托，基于实际业务需求，不断优化实践模式，通过开展基础理论、前沿讲座以及工程实践，形成了产教结合的实践体系。

### 2. 培养方式方面

形成"保障体系""强化质量""创新平台""引智助力"相结合的创新性培养模式；在机制上实现激发师生内在动力、孕育创新人才成长的校企协同育人长效机制；在平台上实现学科布局优化和校企联合，推进面向国家战略的基础研究与应用研究的无缝接轨和多学科优势的深入融合。培养方式和培养方案充分体现了"重基础、强交叉、拓视野、推创新"的研究生培养理念。人才创新性培养模型如图2所示。

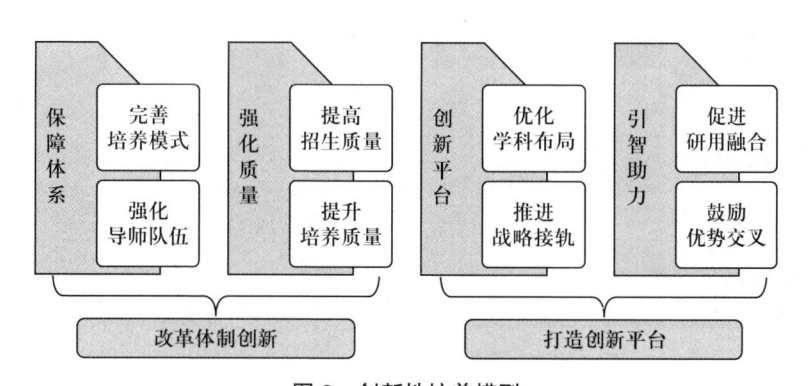

图2 创新性培养模型

### （三）实践条件

北航基于网络空间安全学院，获评中央网信办、教育部首批"一流网络安全学院建设示范项目高校"、首批网络空间安全一级学科博士点、首批国家级一流本科专业建设点、首批网络空间安全博士后流动站、首批网络空间安全北京高校高精尖学科，同时拥有工信部"空天网络安全"重点实验室和"北航 – 中联办"联合实验室，通过"985 工程""211 工程""双一流"等项目建设，建成了空天网络安全靶场、网络安全实训平台、CTF 竞赛平台、工控与物联网安全实验平台、舆情大数据分析与可视化展现平台、量子密码安全和密码学侧信道攻击平台、密码学与区块链技术平台等实验教学与科研平台。图 3 所示为空天网络安全与工控系统安全实验室。在基础设施方面，北航网络空间安全学院在北航第一馆拥有一流的办公、实验和科研条件，现有办公及实验场地近 5 000 m$^2$，建有"主干万兆、桌面千兆"的实验室高速网络环境，拥有由百余台先进设备组成的高性能软硬件安全和计算环境，平台聚集了高速网络交换设备、高性能服务 / 工作站、GPU、PLC、SCADA、漏洞扫描与检测、防火墙、入侵防御、安全审计等设备，可支持实验教学和科研任务的研发与攻关。

联合培养合作单位奇安信拥有业界先进的网络安全产品组合、八大创新研发平台和高水平的网络安全技术团队，具有各种真实的网络空间安全大数据，可为参与培养的师生提供良好的办公和实验条件。

图 3　空天网络安全与工控系统安全实验室

## （四）实践项目

实践项目来源于国家重大需求，以国家重大科技专项或工程为依托。校企双方充分发挥各自优势，创新联合培养模式，培养造就工程技术领军人才。研究生参与的实践项目全部来源于"973 计划"项目、"863 计划"项目、国家重点研发、国家重点专项、互联网应急中心急需的应用型工程项目等,体现了网络安全学科前沿和应用需求的紧密结合,确保研究生能够参与最前沿的学术研究课题和最实用的工程实践项目。

### (五)实践教学

实践教学包括实践讲堂、社会课堂、双创实践等方面。

实践讲堂:聘请奇安信在网络空间安全领域经验丰富的专家、研究员、工程师按照专业培养方案参与课堂授课,教学内容既涵盖行业基础,又有学科前沿,使学生的技术视野和工程能力得到明显的提升。

社会课堂:组织大三学生进入奇安信完成为期8周的社会课堂学习,由企业导师指导学生完成有关设计、开发、试验方面的课程作业,并根据考核结果认定3学分生产实习学分。

双创实践:联合打造创新、创业培养,设立双创项目和基金,邀请专家进行实战培训,指导学生进行网络攻防演习和CTF竞赛,促进双创实践与专业教育的深度融合。

### (六)思想政治教育

坚持以习近平新时代中国特色社会主义思想为指导,落实立德树人根本任务,坚守为党育人、为国育才使命,把思想政治工作作为生命线,将"空天报国"的北航精神贯穿思政教育全过程,全面提高人才自主培养质量,着力培养维护国家网络安全的忠诚卫士。

**1. 注重思想价值引领,厚植空天爱国情怀**

一是加强理论武装。每周三下午党团班联动开展"学习日"活动,学深、悟透新思想,确保中央精神直达每名学生。二是强化价值引领。加强"爱祖国、爱航空、爱航天、爱北航"表达的研究阐释,深化社会主义核心价值观的北航表达。三是打造品牌活动。校企联合组织"新时代、新征程、新青年"系列活动,有效引领全体学生坚定理想信念,形成具有广泛影响力的思想政治教育特色品牌。

**2. 加强课程思政建设,培养国家安全卫士**

一是建设课程思政名师团队。由北京市教学名师领衔,与企业专家组建父叉团队，实现"一课程一团队"，培育课程思政行家里手。二是统筹设计课程思政建设方案。邀请知名学者和行业专家协同设计课程目标、修订教学大纲、编审选用教材，挖掘提炼学科知识体系中蕴含的思想价值和精神内涵。三是建好课程思政示范金课。建设"网络空间安全导论""网络安全法规解读"等校院两级课程思政示范课，集合专家集中研讨、集体备课，以点带面辐射学科所有课程。

### 3. 凝聚合力同向同行，形成思政育人格局

一是压实校企导师思政责任。强化制度约束、导师培训，定期开展"导学关系专项排查""导生谈心谈话"，宣传导师育人育心好事迹。二是构建校企协同开展学生思想政治教育工作机制。坚持把做好学生思想政治工作、落实立德树人根本任务贯穿到校企合作全过程，充分发挥企业党团组织思想政治工作优势，共同制定思政教育内容和方法，形成科学的思想政治教育体系。

### （七）安全教育

在网络空间安全协同育人培养中，北航网络空间安全学院的师生参与了面向国家重大需求的科研项目，这要求参与的师生应具备较强的安全意识。安全教育一直受到北航和奇安信的高度重视，双方始终坚持总体安全观，统筹发展和安全，着力防范并化解重大风险，坚持正面宣传为主，整合各种宣传资源，全面动员广大师生踊跃参与，提高师生国家安全意识、法律意识和保密观念，为安全稳定提供有力的思想保证、精神动力和舆论支持；扎实开展专题学习，结合"学习日"，通过主题党日、主题班会、主题团会、参观交流、在线学习等形式，组织师生深入学习习近平总书记关于总体安全观的论述和关于国家安全工作的指示精神；广泛进行集中宣传，设计国家安全教育主题宣传海报，开展对师生的教育宣传，营造维护国家安全的浓厚文化氛围；加强公共卫生安全、传染病防治、突发公共卫生事件应急管理等方面的法律法规宣传，促进依法防控疫情、维护国家安全和公共安全人人有责的观念深入人心；积极参与重点活动，组织师生参与观看警示教育宣传片，引导师生关注"中国反邪教"微信公众号，提高师生防范邪教的意识和能力。

### （八）生活条件

坚持以人为本，为研究生提供良好的生活条件。从生活补贴、奖学金、课余活动等多方面提升学生的幸福感和归属感。联合培养研究生可获得优于普通研究生的助研金和专门的奖学金。除此之外，联合培养学生仍可按照北航相关规定和要求申请学校、学院奖学金。除在北航有丰富的文体活动外，奇安信的互联网应急中心还为学生组织乒乓球赛、篮球赛、台球赛等体育比赛和春季自行车骑行活动。

## 三、管理模式与制度建设

### （一）管理及组织架构

北航－奇安信网络空间安全协同育人培养基地设立管理委员会，负责基地协同育人培养的战略规划和重大决策，负责研究方向和技术发展需求一致性的把握和协调，负责指导工作和发展。由北航网络空间安全学院院长和奇安信董事长任管理委员会主任，负责基地日常管理和运行工作。

管理委员会下设学术委员会，负责基地协同育人培养学术事务的决策、审议、评定和咨询等事项。管理委员会还下设人才培养办公室、项目合作办公室和综合办公室三个常务办事机构。人才培养办公室负责学生培养和管理，协调培养过程中的相关事宜，帮助解决学生科研、生活上的各种困难。项目合作办公室负责双方的项目合作，国家级和省部级项目联合申报、联合攻关等事宜，负责北航老师企业挂职锻炼等事项。综合办公室负责综合性会议及重大活动的组织协调，协调跨部门相关事项，负责对外联络和重要接待，以及日常管理工作。

培养基地的组织架构如图4所示。

### （二）运行方式

协同育人培养基地由校企共建共管，由学术指导委员会负责指导和监督。技术指导委员会设秘书长1名，由行业知名专业专家担任。技术指导委员会原

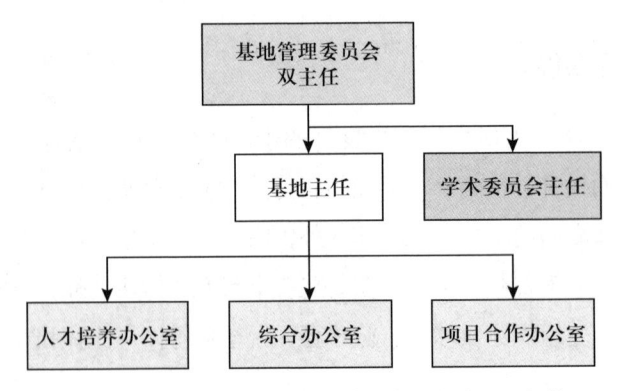

```
        基地管理委员会
           双主任
              │
      ┌───────┴───────┐
    基地主任        学术委员会主任
      │
  ┌───┼───┐
人才培养  综合办公室  项目合作
办公室              办公室
```

图 4　网络空间安全协同育人培养基地的组织架构

则上主要由网络空间安全领域的权威学者、专家等组成，设主任 1 名，技术指导委员会的主要职责包括：发展咨询，负责学术决策，负责把握导师聘任和考评、指导人才培养方案、推动国内外合作等；学术评议，评议理论教学、实验教学、认识实习等具体人才培养活动的实施效果；学风维护，维护学风和学术道德建设工作。

### （三）资助体系

在职博士后人员、在读博士和硕士研究生补助根据北航和奇安信的有关政策执行。为在读博士和硕士研究生开展实习实践、科技竞赛、学术交流等活动提供经费支持，并向取得突出成果的在读研究生给予奖励。

### （四）激励机制

对于聘用的工作人员，根据所在单位的相关政策提供办公用房和符合发展目标要求的科研配套条件。对在工作期间取得重大成果的人员或团队进行奖励和激励；对科研产出的奖励，由成果归属单位按本单位相关科研奖励政策执行；聘用人员承担国家科研计划的，由项目依托单位按照相关政策，从间接费用中给予人员激励。

### （五）协同攻关机制

建立校企协同的攻关组织协调机制，共同组建校企科技创新共同体建设工作专班（以下简称工作专班）负责统筹联合攻关专题推进实施。

建立产业创新融合的组织实施机制。聚焦制约国家网络空间安全方向重点产业发展的关键领域，联合协同攻关的需求，依托联合发布需求"榜单"，凝练2~3年可取得突破。实施"揭榜挂帅"等新型项目管理模式，促进校企创新要素自由流动、创新主体高效协同，激发科研团队创新创造活力，发挥关键需求凝练、人才团队引培、资金高效使用以及关键技术协同攻关的体制机制优势，围绕重大任务加强创新资源灵活配置，组织开展关键技术联合攻关。

建立绩效创新导向的成果评价机制。建立以创新质量、绩效、贡献为核心的评价体系，突出成果创新水平、转化应用绩效和对经济社会发展的实际贡献。把重点应用情况、技术交易合同金额等作为主要评价指标；建立联合攻关成果评价校企联动机制，引导多方面支持联合攻关项目成果转化和产业化。

完善运行保障制度。工作专班围绕年度部署，确定重点方向，开展联合攻关项目布局，定期召开专题会议，协调推进落实；建立校企协同一体化科创平台，实现联合攻关项目信息和成果等资源汇聚、利用和展示等功能，形成需求库、成果库、场景库和案例库等，加强与国科管平台数据共享。

### （六）资源共享机制

北航与奇安信发挥各自在网络空间安全学科基础研究和生产实际方面的优势，围绕学科发展、人才培养和科学研究等重点方向，成立联合实验室，联合承担重大科研项目。以北航育人需求为基础，结合产业发展规划，形成基础研究和应用研究联合育人模式；构建校企协同育人平台，采用研究生联合培养、本研一体化短期交流、研究生专业实习等人才培养模式，加强研究生创新实践能力培养；促进奇安信员工与北航教职工的沟通交流，通过在职博士后、挂职锻炼、培训交流等形式，推进校企人才双向交流研修。

### （七）评估机制

为了提高建设水平，稳定培养高质量人才，协同育人培养基地设计了内部和外部相结合的评估方式。其中，内部评估由负责人、学术委员会、企业技术专家以及其他相关人员联合组成的评估工作组进行，每半年对基地的人才培养、科研合作情况进行 次评估，重点考察年度需求及目标的完成情况；外部评估由聘请的第三方专家和评估工作组合作进行，每年对基地的战略计划、建设质量、规划安排以及组织管理等方面进行一次评估。

### （八）知识产权保护制度

北航和奇安信通过协议方式，明确资源、成果、知识产权等归属，实现开放共享、持续发展。学校主管部门对协同育人培养制定相关专门政策，在运行机制、经费支持、人员管理、团队建设、评估激励等方面不受目前体制和机制的局限；鼓励自主创新，鼓励自由探索，鼓励团队协作，营造良好、积极的学术氛围和文化环境。校企双方为学生提供国际领先的实验环境，学生在培养过程中所产生的所有技术（成果、专利、学术论文等）由校企双方共享。

## 四、特色及示范性经验

在建设和发展过程中，网络空间安全协同育人培养基地始终围绕国家重大需求，瞄准国际学术前沿，以网络空间安全发展需求为背景开展基础及应用基础研究，坚持网络安全教育技术产业融合发展，共同培育网络安全人才基础性创新能力；本着"服务国家战略，满足产业需求，面向未来发展，培养创新思维"的基本原则，形成了人才培养创新机制、平台资源深入共享、课程体系科教融合等联合培养特色，其"重基础、强交叉、拓视野、推创新"的培养理念和实践结果得到认可。研究生联合培养基地的建设充分推动了人才培养模式改革，促进并推动了产学研结合，切实提高了研究生创新和实践能力。

### （一）创建了"三课堂－三实践－三导师"的拔尖创新人才培养机制

实施授课课堂、科研课堂、社会课堂的"三课堂"融合教学，通过授课课堂培养学生数理基础和专业素养，通过科研课堂培养学生的科研创新能力，通过社会课堂培养学生的社会实践能力；开展学科竞赛、企业实习、创新创业的"三实践"活动，通过学科竞赛培养学生实战能力，通过企业实习实训培养学生工程实践能力，通过创新创业训练培养学生资源整合能力；实行专属导师、学业导师、企业导师的"三导师"协同育人，全面提升学生的综合素养。

### （二）构建了"实验－竞赛－实训－双创"一体化网安实践教学体系

践行自主命题、自主分析、自主设计和自主实现的"四自主"创新实验教学环节，鼓励本科生以兴趣为导向拓展创新意识，设计兼具知识性、趣味性、挑战性和前沿性的实验内容，实现从"以教师为中心"向"以学生自主创新为中心"的转变；将实验课程、学科竞赛、实习实训、双创项目有机融合，组织学生参加网安学科竞赛、赴企业参加实习实训；建立双创培养，设立双创基金，促进双创实践与专业教育深度融合。

### （三）探索以国家级技术机构为主要依托的培养模式

联合培养的特色为：依托以企业为主体的实验环境进行硕士论文环节培养，企业导师切实起到导师作用，以主人翁精神安排学生培养和思想教育等全方位活动，融合网络计算和信息处理的实际应用需求，为校企联合培养提供了示范作用。

### （四）共同打造集卓越人才培养、科学研究、成果转化于一体的网络空间安全实践合作

校企双方共同申报的"5G应用安全创新示范中心（北京）"被遴选认定为2021年度"5G应用安全创新示范中心"，成为全国首批9个创新示范中心之一。该5G应用安全创新示范中心旨在提供一批具有辐射、示范作用的、全新的5G应用安全产品，为工业互联网、电力、车联网、港口、采矿等重点行业带来成熟的5G安全端到端解决方案，为5G领域培训建立安全人才梯队，为安全战略落地提供全方面的专业技术支撑，并提供标准、高效的5G安全服务，带动提升5G行业应用安全水平。

### （五）积极推广产教融合经验，带动市属高校学科发展

北航借助网络空间安全协同育人培养，通过学科共建、学术交流等，与北京市属高校联合开展科学研究，突破关键技术难题，增强北京市属高校学科实

力。与北京工业大学、北京信息科技大学、北方工业大学、北京印刷学院等高校深化教学科研合作，发挥北航网络安全学科优势，采取线上线下相结合的方式，实现精品教材、一流专业课程、虚拟科研平台资源共享。与北京工商大学签署学科共建协议，在数据安全、密码学与区块链应用等研究方向开展合作，采取教师互派、学生联合培养、项目联合申报等合作方式，促进网络安全学科学术团队的快速成长，共同增强学科建设实力。

## 五、典型案例

### （一）中央网信网络安全学院学生创新资助计划

在中央网信办指导下，北航网络空间安全学院、奇安信、中国网络空间安全协会、中国互联网发展基金会共同发起网络安全学院学生创新资助计划（以下简称"创新资助计划"），培育网络安全人才的创新能力。北航网络空间安全学院秉持"固网空天，紧盯前沿，创新机制，引领一流"的指导思想，创新"问题导向，平台保障，人才培养，机制改革"的工作模式，引导学院师生围绕奇安信的实际需求开展创新活动和科研攻关，实现产学研协同育人，培养又红又专的网络空间安全优秀人才。项目申请人为北航全日制在读本科生、硕士生、博士生，项目申请人和奇安信签署《网络安全学院学生创新资助计划资助协议》。学生遵循"市场需求，产业实际，兴趣驱动"原则，自由选择创新任务项目，并在指导教师的督促指导下，保质保量完成项目。北航网络空间安全学院全体师生积极参与创新资助计划，累计申报项目44项，其中有17项（12项为研究生）获得企业支持。

奇安信立项名单如表1所示。

表1 奇安信立项汇总表

| 序 号 | 项目名称 | 项目申请人 | 在读学位 | 就读专业 |
| --- | --- | --- | --- | --- |
| 1 | 基于流量还原的指纹模拟 | 任阳坤 | 博士 | 网络空间安全 |
| 2 | 推荐算法在SOAR系统中应用 | 李 勇 | 博士 | 网络空间安全 |
| 3 | 虚拟化设备指纹唯一性检测 | 刘 镝 | 博士 | 网络空间安全 |

续表

| 序 号 | 项目名称 | 项目申请人 | 在读学位 | 就读专业 |
|---|---|---|---|---|
| 4 | 实时更新的安全资产关系图谱 | 崔莹 | 博士 | 网络空间安全 |
| 5 | Web 类资产数据分级自动化标注组件研究项目 | 刘芝婷 | 博士 | 网络空间安全 |
| 6 | 关系型大数据抽样技术 | 孙炳利 | 博士 | 网络空间安全 |
| 7 | 白盒密码模块 | 陈至立 | 硕士 | 电子信息 |
| 8 | Android App 脱壳技术研究 | 李佩源 | 硕士 | 电子信息 |
| 9 | 基于 AI 算法的个人隐私数据关联性分析技术 | 张宇鹏 | 硕士 | 网络空间安全 |
| 10 | EBPF 在云环境下的应用研究 | 陈艳 | 硕士 | 网络空间安全 |
| 11 | 高性能结构化数据库表列识别技术 | 刘月琦 | 硕士 | 网络空间安全 |
| 12 | 基于二进制模糊测试的流程优化算法 | 张英鹏 | 硕士 | 网络空间安全 |

## （二）奇安信 5G 安全应用创新示范中心

北航联合奇安信等单位，获批工信部组织遴选的北京市 5G 应用安全创新示范中心。5G 应用安全创新示范中心面向重点行业 5G 应用发展中的安全需求，聚焦 5G 安全产品、5G 安全端到端解决方案、5G 安全服务、5G 安全人才培养等方向，在北京、绵阳、青岛、武汉、江苏、湖南、吉林等地部署培训。

5G 应用安全创新示范中心建设完成符合北航网络空间安全学院特色的 5G 网络安全人才培养方案与课程体系，配套提供最新相关技术、技能、应用场景，打造 5G 网络安全人才实习实训环境；建成绵阳、青岛、武汉三个基地，拥有 15 个实训室、2 个考试中心和包含 800 个床位的学员宿舍，可同时并行对 800 人进行实战培训；提供 CISP 注册考试与培训、CISP-PTE/PTS 注册考试与培训、CISP-IRE/IRS 注册考试与培训、标准攻防技术（初级）培训、标准攻防技术（中级）培训、标准攻防技术（高级）培训、CTF 培训、全流量威胁分析认证工程师培训、全流量威胁分析认证专家培训；提供网络安全法律法规内容教育，开展认证培训、师资培训，开展网络攻防竞技平台建设、认证考试平台建设，组织 5G 网络安全比赛对抗，达到以赛促练的目的。

　　5G 应用安全创新示范中心有专职讲师 20 余名，有 100 余名具有丰富实战经验的资深工程师作为项目带训导师。一线实战锻炼使高校学生、专业技术人员能够快速适应实际工作岗位，成长为合格的网络安全从业人员。

# 北航－国营芜湖机械厂专业学位研究生培养案例

## 一、培养概况

党的二十大报告明确提出"打造强大战略威慑力量体系，增加新域新质作战力量比重"。电磁作为一种新质新域力量，已正式登上大国博弈的主战场，在俄乌战争中初露峥嵘。我国在2021年颁布实施的新版《中华人民共和国国防法》中，首度将电磁列为"重大安全领域"，与领水、领陆、领空并列。电磁安全已成为国家安全的重要组成部分之一，事关电磁博弈的胜负。北航电磁兼容团队长期从事电磁兼容与电磁安全的教学科研工作，是国内培养该方向研究生的国家级团队。20余年来，北航在该方向已培养研究生500多人，90%以上博士生、85%以上硕士生毕业后投身国家电磁安全技术领域。但是目前我国电磁安全技术领域专业人才仍旧匮乏。在上述背景下，北航团队和航空航天相关单位积极合作，通过建立联合实验室、实践基地等开展相关人才的培养合作。

### （一）联合培养单位

国营芜湖机械厂（见图1）是国家投资的装备修理保障性企业，主要职能是维修保障。目前，该厂拥有大量实际系统，可供北航团队开展研究和人才培养。

在优势互补的情况下，北航和国营芜湖机械厂建立了"北京航空航天大学－国营芜湖机械厂专业学位研究生实习实践基地"。

图1　国营芜湖机械厂外景图

## （二）建设理念与目标

建设理念："扎根生产一线，理论紧密联系实际"，紧扣维修实际需求，在工程一线联合开展人才培养和科研课题合作。

建设目标：以联合课题研究为抓手，在实习实践过程中提升研究生发现问题和解决问题等能力，提高人才培养质量。

## （三）培养规模

实践基地的建设协议于2022年1月签订。截至2024年5月已运行2年多。从2022年起，双方围绕实际需求，由高校老师带队，安排学生实习实践。截至2024年5月，年均实习实践人数达20人次。预计未来五年内，累计参与实习实践的学生人数可达100人次，带队教师可达10名。

## （四）总体建设历程及进展

2020年，北京航空航天大学和国营芜湖机械厂签订了关于《航空装备维护与保障协同创新实验室》联合共建合作协议，围绕学生实习实践、双方科学研究等方面开展合作。上述合作协议的签订为联合培养建立了桥梁。北航在电磁兼容与电磁安全领域的优势地位，结合国营芜湖机械厂对电磁安全相关专业的需求，为学生实习实践提供了应用基础。

2021年5月初，北航电磁兼容团队负责人苏东林院士带领团队师生近

30人赴国营芜湖机械厂调研。在调研现场，双方围绕机械厂飞机电磁环境适应性维修能力提升、学生实习实践等进行了深入交流和讨论，初步达成合作意向。

以该次交流为契机，双方加深合作与交流，持续围绕飞机阶段的电磁兼容与电磁安全技术需求进行多轮次的交流，双方通过互相实地考察等，规划和论证了维修阶段电磁兼容性关键技术攻关和技术支持研究课题。

通过多轮次交流，双方于2021年10月签订了培养协议（见图2）。

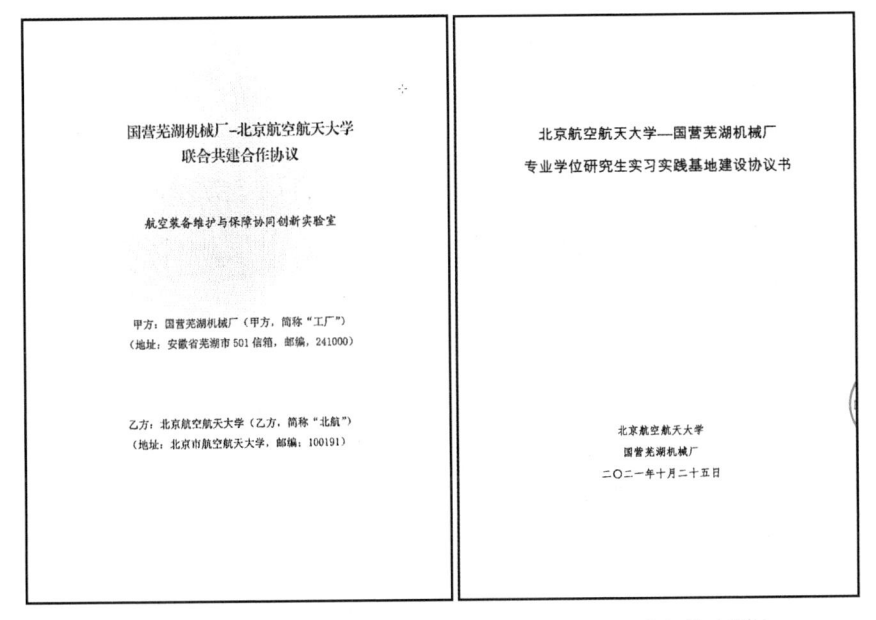

图2　北航与芜湖机械厂联合签署协议情况：左图为联合共建协议，右图为实习实践基地协议

## 二、联合培养举措

### （一）双导师队伍建设

在北航方面，联合培养主要依托北航电磁兼容研究团队。北航方面现有硕士研究生导师20余名，博士生导师12名，此外还有兼职博士生导师4名，专业方向为电磁兼容与电磁安全。在工厂方面，联合培养依托其技术科研部门，

聘请单位内部的五级专家、四级专家等10余人（专业覆盖电子、结构、机械等）担任企业导师，负责学生在现场的实习实践指导工作。

### （二）实践项目

双方围绕维修阶段电磁兼容性关键技术攻关需求，开展了深入的合作和研究。

### （三）条件保障

基础教学保障环境：国营芜湖机械厂拥有航空装备修理教学实践和员工从业资格培训基地，拥有一支专业的培训管理队伍，制度完善；拥有各类培训室、训练室，以及训练平台和验证平台。

实践工位环境：在运行过程，国营芜湖机械厂技术科研部门为本专业实习实践教师和学生提供专用行政办公区域（办公室），并根据各课题涉及研究部在维修现场设置实习实践点（临时工位）。

食宿环境：国营芜湖机械厂通过厂内职工宿舍、优惠住宿房等为实习实践教师和学生提供便利条件，为参与实习实践的师生提供便捷的用餐条件。

## 三、管理模式与制度建设

### （一）组织架构

实习实践基地实际依托于国营芜湖机械厂建立，相关责任部门有国营芜湖机械厂的培训管理部门、党建人事部门和技术科研部门，其中培训管理部门是工厂实践的归口部门，全面负责学员实践教学的运作管理，负责实践教学场所的建立、完善以及运行情况的监督、管理；党建人事部门负责与北航对接，安排学员来厂实践，提前沟通实践计划、实践时间和实践方式等（非实验室平台下高校实训对接）；技术科研部门作为联合课题抓总单位，全面负责实践环节中联合项目的合作和研究、实习实践课题和内容的落地实施等。

在北航方面，联合培养由北航电磁兼容团队负责具体落实。

## （二）师生管理

根据实习实践基地实际情况，指定 1 名北航老师作为具体带队老师，负责学生实习实践活动的联系、日常管理和监督。由带队老师负责每年或者每批次的实习实践活动安排，包括学生人数、实践时间、实践任务等。在工厂实习实践期间，师生执行"同住宿、同餐饮、同出行"的原则，即师生根据统一安排进行食宿和出行。

## （三）制度建设

### 1. 人员轮流制度

北航老师可按照如下方式进行实践带队：按月循环，每月持续 2 周；按半月循环，每月持续 1 周；按周循环，每周日抵达、下周三下午离开。若干学生可进行分组，各组学生按照如下方式进行实践：按月循环，每月持续 2 周；按半年循环，每半年持续 3 月。

### 2. 人才培养制度

在北航和国营芜湖机械厂双导师制下，在硕士和博士研究生的开题、中期和答辩环节以及其他关键环节，除了北航相关老师正常参与，国营芜湖机械厂相关导师也要求参与。部分培养环节（包括答辩）可结合实际情况，安排在国营芜湖机械厂现场。

### 3. 课程建设制度

国营芜湖机械厂拥有丰富的实践资源，可在北航或者机械厂现场开设实践教育课程；北航所开设的理论课程，也可根据实践需要在机械厂现场开设实践"第二课堂"。通过理论和实践课程相结合，完善培养课程体系。

### 4. 党建活动制度

由带队老师和学生中的党员成立北航电磁兼容团队入驻国营芜湖机械厂临时党小组，并设立党小组组长 1 名（一般由常驻领队或者轮值党员教师担任），每双周三下午为党员学习日，非党员一并参与。

### 5. 全过程反馈制度

北航和国营芜湖机械厂围绕各自需求，在完成一批次学生一个闭环周期的培养后，综合评估人才培养质量、企业需求等，然后对各自培养方式、招收人才方向等提出反馈意见，进一步提升整体的人才培养质量。

### （四）机制保障

资助体系。实践培养主要依靠合作课题和项目运行，相关经费支出由双方在合作课题中进行规定和约束，不单独设置专项资助经费。

激励机制。实践培养以实践项目成果为主导，对于在实习实践中表现优异、取得突出实习实践成果的学生，由国营芜湖机械厂进行表彰或者嘉奖。

协同攻关机制。协同攻关以一线派驻为主，校内科研为辅。一线派驻指高校导师和学生直接驻扎到企业一线，现场了解问题，结合实际需求进行指导或学习；校内科研则是在一线派驻的前提下，将部分科学问题反馈到校内进行科学研究。

资源共享机制。在符合国家保密要求的前提下，校企双方加强交流，对科研成果，尤其是共性基础理论和技术进行共同研究、共同开发、共同使用。

评估机制。定期结合所开展的合作课题效果，进行运行评估。

知识产权保护。在知识产权保护方面，校企双方采用一事一议的方式开展，根据合作项目的性质，在合同中予以明确规定。

## 四、特色及示范性经验

在运行和建设过程中，总结实践培养的主要特色及经验如下。

研究生担任基础理论的"专家"和"讲师"。在实习实践时，研究生通过参与带队老师定期组织的"专题研讨会"和"基础课程学习"等活动，在活动现场和厂方工程技术人员沟通交流，一方面从所学习和掌握理论知识的角度给现场人员"答疑解惑"，另一方面围绕个人研究课题进展给现场人员"传道授业"，在机械厂现场担任了电磁兼容领域的"专家"和"讲师"。通过这种角色的转变，让研究生的知识储备、人际交流等综合能力得到锻炼和提升。

以党建带动实习实践，将党员活动纳入日常。在实习实践过程中，注重发挥党组织作用和党员先锋模范带头作用。研究生中的党员和非党员同时参与到厂方日常党建活动中，在交流北航"电磁魂"精神的同时学习国营芜湖机械厂的"万无一失、一失万无"等精神；在日常联合课题研究中，研究生中的党员充分发挥先锋模范带头作用，时时想在前、处处干在前。

## 五、典型案例

集体案例：扎根一线、紧密联系实际。从2022年6月起，北航电磁兼容团队徐辉、李冰等数位老师结合实际课题需求，驻派周宗飞、彭珍珍、姜子恒等10余名同学在国营芜湖机械厂一线部门（初步按月进行轮换，大部分学生持续驻扎一个月），针对所合作课题和现场故障排故需求（见表1）进行交流与合作（见图3和图4）。与此同时，上述同学将所研制系统成果在国营芜湖机械厂进行了应用，并联合组队获得了2022年度"互联网+"比赛北京市一等奖。

表1 典型成果案例

| 序号 | 成果题目 | 完成人 姓名 | 完成人 研究方向 | 完成时间 | 实践导师 |
|---|---|---|---|---|---|
| 1 | 故障排故与分析 | 周宗飞、彭艳华、姜子恒 | 电磁敏感 | 2022.10 | 徐　辉（北航）史孔银（机械厂） |
| 2 | 受扰电磁机理分析 | 周宗飞、彭珍珍、周航屹 | 电磁发射 | 2022.09 | 徐　辉（北航）刘良勇（机械厂） |
| 3 | 受扰电磁机理分析 | 周宗飞、彭珍珍、周航屹 | 电磁敏感 | 2022.08 | 徐　辉（北航）周勇军（机械厂） |

图3 外场联合测试与排故（衢州）

图 4　工厂现场沟通与交流（工厂园区）

个人典型案例 1：周宗飞博士。2020 级博士生周宗飞，围绕线缆电磁耦合机理及应用，在芜湖机械厂开展实习实践，并针对性地围绕"故障排故与分析"进行实践活动。其撰写的《线缆耦合机理及分析报告》等有力支撑了上述故障的机理分析。在国营芜湖实践基地等单位的支持下，周宗飞获得北航 2022 年度中航工业一等奖学金。

个人典型案例 2：彭珍珍博士。2015 级博士生彭珍珍，围绕电路板电磁发射机理及传递规律，在国营芜湖机械厂开展实习实践，并具体围绕电路板上存在的电磁兼容性问题，对其电磁发射特性进行了机理分析和改进设计。通过实习实践，发表 SCI 论文 1 篇（题目为 *A Method of Extracting Transmission Characteristics of Interconnects from Near-Field Emissions in PCBs*，已刊出），EI 论文 1 篇（题目为 *Study of Ringing Caused by Discontinuities in High-Speed Digital Circuits*，已录用）。